(Conserve la Couverture) 1659

Voyage du paquebot « La Touraine »

Hommage de la  Cie Transatlantique

Vers L'Orient

PAR

ROBERT DE FLERS

PARIS

Vers l'Orient

IMPRIMERIE E. FLAMMARION, 26, RUE RACINE, PARIS.

Robert de FLERS

Vers l'Orient

PARIS

1896

La "Touraine"

La "Touraine"

— Tu pars ?
— Oui je pars.
— Tu vas ?
— En Italie, à Malte, je dis bonjour à la Sicile, je remonte le Nil jusqu'au Caire ; je jette un coup d'œil sur l'isthme de Suez...
— Bravo !
— Attends donc. Je visite les lieux saints, je m'extasie au pied du Parthénon, je m'émeus sur les bords de la mer Égée, je rase les belles falaises des Cyclades, je crie mon admiration sous la coupole de Sainte-Sophie, et je me livre à toutes les séductions de la terre d'Asie, qui m'attendent au bord du golfe de Smyrne.
— C'est tout ?
— Pas encore, je traverse la plus belle des mers jusqu'au bord de Tunis, je visite la patrie de Salammbô, Bizerte, notre nouveau port, et je vais m'échouer avec tous mes souvenirs, mon carnet de notes, et dans les

yeux la joie des couleurs du ciel et de la mer, à l'ombre des palmiers qui empanachent notre Alger.

— Est-ce tout, cette fois ?
— Oui.
— Eh bien au revoir, à dans deux ans.
— Tu dis ?
— A dans deux ans.
— A dans deux mois, tu veux dire.
— Tu voyages donc par le télégraphe ?
— Non, sur la *Touraine*.
— Le transatlantique que j'ai été inaugurer, il y a deux ans avec un tas de ministres, qui y ont bu autant de champagne que le bateau déplace d'eau ?
— Parfaitement. En trois mois, la *Touraine* part de New-York et y revient après avoir accompli l'itinéraire que je viens d'avoir l'honneur de t'indiquer, en y ajoutant Tanger et ses marocaines, Gibraltar, ses Anglais et ses singes, Barcelone enveloppée dans une mantille, et les côtes d'azur de notre belle France. Je ne puis disposer que de deux mois et je suis obligé de brûler une partie de ces belles étapes.

Tel est le petit dialogue que j'engageai sur le boulevard, le 21 février dernier. Le 23, la *Touraine* quittait Villefranche.

A bord du transatlantique, ce que fut cette traversée, ceux-là seuls qui l'auront faite pourront en juger.

A Port-Saïd, de petits fellahs ébahis criaient à travers les rues, qu'ils avaient vu « marcher sur la mer une maison à vapeur ». Et c'est là véritablement la sensation que l'on éprouve sur ce prodigieux bâtiment, logis spacieux et élégant comme un hôtel, sans cesse embelli par l'horizon monotone et charmant du flot tranquille ou moutonneux.

On pourra objecter que l'agrément de l'aventure disparaît, et que c'est là un grand malheur. La navigation à vapeur est sans doute semblable à la prose, tandis que la poésie voltige dans les voiles des caravelles et des petits bateaux de pêche. Il est inutile de contester cette vérité. Il me serait agréable, je l'avoue, de conter dans ces pages quelque noble bataille navale, avec des pirates infidèles embusqués dans l'ombre de quelque baie éloignée, ou encore les craquements sinistres du navire, coque de noix sur l'océan déchaîné, disparaissant entre les lames sous l'effort de la tempête. O corsaires aux armes brillantes, qu'êtes-vous devenus ? qu'avez-vous fait de vos férocités et de vos barbaries, alors que vous suspendiez par l'oreille au sommet de vos mâts les têtes sanglantes de vos ennemis, dont vous jetiez en pâture les corps encore chauds aux dauphins attirés dans votre sillage ? Songez un peu que M. de Lamartine fut obligé de faire le coup de feu le long des côtes de Grèce, et que ceci n'est point d'un médiocre secours pour le voyageur bavard et plumitif : mais c'est justement celui qui n'avait point besoin, pour parer son récit, de ces aventures héroïques, qui a le bonheur de nous émerveiller par la narration de ses prouesses.

Mais voilà que les vieux corsaires se sont évanouis, au fond des criques dont ils étaient jadis la terreur, avec les brouillards légers du matin ; voilà que la tempête imprime à peine à la masse du vaisseau une légère oscillation, voilà que les dauphins qui sautent au soleil nous suivent, non point dans l'espoir de quelque nourriture de chair humaine, mais pour entendre un air de la *Fille de Madame Angot* ou les couplets en vogue de la dernière opérette. Pauvres dauphins, subjugués par un peu de musiquette comme de vulgaires bourgeois ! Chaque soir au clair de lune un excellent

a.

orchestre charme les passagers, et, nouvel Orphée, les poissons musiciens. Les petites nymphes qui se débarbouillent chaque jour dans l'eau fraîche des rivages baignés de soleil ont ri de surprise, en voyant ce bateau-concert, et leurs camarades fin-de-siècle, petites nymphettes ayant voltigé quelque matin de printemps sur les bords de la Seine et, pour ce, affligées d'un grain de scepticisme, ont refusé de croire le récit de leurs sœurs immortelles.

Ces récits auraient pu leur sembler plus invraisemblables encore si les jolies ondines avaient conté tout ce qui, à défaut des attaques de brigands et des combats de corsaires, a rendu ce voyage séduisant entre tous.

Ce n'est pas seulement la musique qui distrait les passagers quand ils ne sont point attirés au dehors par quelque merveilleux spectacle; on fait à bord des conférences dans lesquelles sont données les explications les plus intéressantes sur les contrées que nous venons de traverser ou les villes que nous allons visiter. Il pourrait y avoir là un inconvénient si le tact le plus parfait ne présidait à ces discours, car les auditeurs pourraient croire qu'on veut leur imposer d'avance une opinion et s'en formaliser. Mais la Compagnie a confié ce rôle délicat à M. Lorin, élève de l'École normale supérieure, qui vient de passer brillamment ces temps derniers une thèse sur le Canada français pour laquelle il a reçu les plus flatteuses félicitations, et qui a su éviter tous les écueils et donner à ses entretiens à la fois l'intérêt le plus sérieux et la couleur la plus attirante. Pends-toi Bodinier! nous avons sur cette merveilleuse *Touraine* des matinées littéraires tout comme à la salle de la rue Saint-Lazare ou à la tour Eiffel, et le bruit des flots est un accompagnement bien autrement poétique que celui des couloirs d'un théâtre.

Les distractions de tous genres abondent, et dans le nombre on ne saurait oublier les repas, distraction agréable et obligatoire que l'on renouvelle fort souvent d'après la mode américaine, qui ne semble pas devoir de sitôt tomber en désuétude. Puis il y a une bibliothèque bien pourvue; sur les tables des salons de lecture : la *Revue de Paris*, la *Vie contemporaine*, etc. Un photographe installé dans un atelier vend de charmantes reproductions des lieux où l'on passe, aux amateurs qui ont beaucoup de talent et qui les rapportent chez eux comme leurs œuvres, à la grande admiration de leur famille. Ajoutez à cela le confort habituel du bateau qui tient à votre disposition coiffeur, blanchisseur, baigneur, doucheur, etc. Où s'arrêtera le progrès? Dieu seul le sait. Voici que les chansons deviennent menteuses, et lorsque l'enfant demandera à son père : « Papa les petits bateaux qui vont sur l'eau ont-ils des jambes? », il faudra lui répondre: « Mais oui, petit bêta; mais ils ont encore salons, dômes, galeries, musiciens, conférences, serviteurs de tous genres, sans cela ils ne marcheraient pas ». Comment voulez-vous chanter cela sur le vieil air?

A bord, les Américains sont en grande majorité; notre humeur casanière ne saurait lutter avec leur goût pour la circulation, et c'est dommage, car nous nous privons ainsi de grandes jouissances. La fréquence de semblables voyages pourrait peut-être entraîner davantage à l'étranger les Français et leur inspirer le désir d'y répandre un peu plus leurs goûts, leurs habitudes, leurs mœurs, et par là même leur influence.

Nous sommes trente Français environ sur la *Touraine*, on se retrouve, on s'entend de loin, et grâce aux soins du commandant Santelli, l'on est vite réuni et l'on a bientôt fait connaissance. L'amabilité et la complaisance du capitaine sont devenues proverbiales. Outre le soin constant avec lequel il s'occupe de ses passagers et veille à ce qu'ils ne manquent de rien, il nous a ménagé des surprises charmantes.

A Naples, la veille du départ, sous une tente édifiée à l'aide de pavillons français et américains, au retour des magnifiques excursions de Pompéi et de Sorrente, une troupe de Sorrentins et de Sorrentines en ravissants costumes attendaient les voyageurs sur le paquebot, et toute la soirée ce fut une succession de danses bien autrement réussies que les ballets de l'Opéra, de duos naïfs et gracieux et de couplets napolitains. Il faisait beau, les femmes étaient jolies, et dans le lointain le Vésuve, qui, lui aussi voulait être de la partie, allumait le bout de son bonnet... C'était un tableau inoubliable.

A Jaffa l'embarquement toujours difficile, rendu presque impossible ce jour-là par le gros temps, devint sinon commode du moins sans danger, grâce à la prévoyance du commandant qui fit tendre en avant de l'échelle une large toile pour couper le vent, et qui fit répandre de l'huile tout autour du bateau.

A Constantinople, alors que nous regardions avec un regret profond ces admirables rives du Bosphore, qu'il nous fallait quitter trop tôt, la *Touraine* nous a emmenés, à notre grande surprise et à notre grande joie, faire une promenade imprévue sur la mer Noire, et nous avons pu contempler à loisir la série des sites enchanteurs, des villas ombragées, des hauteurs boisées ou rocheuses, d'un pittoresque achevé, qui font de ces bords l'un des plus beaux panoramas du monde.

Notre paquebot, d'ailleurs, qui avait reçu partout l'accueil le plus flatteur et le plus chaleureux, a été particulièrement fêté dans la ville du Grand Turc.

Plus de 4.000 personnes sont venues le visiter. Un

grand déjeuner, offert à bord à l'ambassadeur de France et à quelques notabilités de la société française et ottomane, a été l'occasion des plus flatteurs compliments pour notre excellent commandant, pour la Compagnie Transatlantique et pour notre pavillon. M. Cambon a dit « qu'il était fier de voir nos couleurs se promener sur les mers orientales à la corne d'un des plus beaux bateaux du monde ». Il a porté un toast à S. M. le Sultan, et tous les assistants y ont répondu avec enthousiasme. Ces paroles, répétées à Abdul-Hamid II, l'ont vivement touché, et il a fait envoyer le lendemain matin de nombreuses caisses à bord de la *Touraine*, pour que des bonbons fussent distribués aux dames et des cigarettes aux hommes, trophées amicaux que nous rapportons de notre première croisade.

Cette réception si cordiale, nous la retrouvons auprès des nôtres à Alger. Aucun port n'avait pu jusque-là laisser entrer la *Touraine*, dont le tirant d'eau dépasse dix mètres; elle est arrivée à Alger jusqu'aux pontons grâce à l'habile aménagement organisé par M. Dorigny, représentant de la Compagnie, qui a su se faire ici une haute situation, justement méritée par son intelligence, son activité et sa bonne grâce.

Ce fut un beau spectacle que celui de cet immense paquebot accostant pour la première fois la terre devenue française, en face de ce spectacle merveilleux que présente la rade d'Alger; les acclamations l'accueillent de tous côtés, les drapeaux flottent au vent, et c'est par une ovation enthousiaste que se termine ce beau voyage.

Dans la course rapide et charmante que nous venons de faire avec la *Touraine* le long du littoral Méditerranéen, il plane au-dessus des impressions de tout genre que nous avons ressenties en des contrées différentes, en des fêtes joyeuses, en des traversées poétiques, un lien commun qui permet la vue d'ensemble, l'idée générale, tout en nous offrant la variété constante des mœurs et des paysages qui nous ont captivés; ce lien c'est la mer Méditerranée elle-même, qui a été le berceau des civilisations successives les plus opposées, recueillant les unes des autres le précieux héritage de celles qui les précédèrent, quitte parfois à n'en pas profiter, et au bord de laquelle nous réunissons aujourd'hui, en un précieux faisceau, les souvenirs artistiques historiques ou archéologiques, que nous emportons en quittant ces ondes bleues, et ces terres bénies où les dieux égarèrent leur pas.

EN MER

> Mon cœur se balançait comme un ange joyeux,
> Et planait librement à l'entour des cordages;
> Le navire roulait sous un ciel sans nuages,
> Comme un ange enivré de soleil radieux.
>
> (BAUDELAIRE.)

Le soir descend doucement sur la côte. Tout à l'heure encore, des rues étroites de Villefranche arrivait l'odeur du goudron des ateliers de pêcherie, mêlée au dernier relent de l'onctueux aïoli; les chansons violemment rythmées par l'accent provençal parvenaient jusqu'à nous : toutes les odeurs du terroir, que la petite ville envoyait à notre navire en partance. L'énorme hélice de la *Touraine* bat au cœur du paquebot et bouleverse les profondeurs de l'Océan. Sur la terre la silhouette des montagnes se voile d'une brume si légère que les derniers rayons du soleil la dissipent en quelques endroits. Maintenant l'escadre qui mouille dans les eaux de la rade, la ville, les rochers escarpés, les coteaux boisés ne forment plus qu'une masse confuse. L'azur du ciel se mêle avec les teintes mauves et roses des hautes cimes; les bois qui les couronnent nuancent cette double écharpe du pâle et charmant éclat des oliviers. Le vent qui s'élève est chargé du parfum des

La rade de Villefranche.

jasmins et des lauriers-roses que relève l'odeur de résine des grands pins.

On devine de loin la présence des haies où s'épanouissent les corolles blanches, roses ou jaunes des cystes, les calices plus délicats des myrtes et des arbousiers qui, après avoir pris part à la fête du printemps qu'ils parent de leurs feuilles et de leurs fleurs, égayent encore l'automne de la gaieté de leurs baies rouges. C'est le dernier bouquet que nous envoie la campagne et que nouent les chevelures mêlées d'un varech et d'une algue marine.

* * *

Le soleil s'abaisse vers la mer qu'il incendie; bientôt

il y plongera. Les pêcheurs de la côte sont si habitués à ce spectacle qu'ils l'appellent en langue provençale le « Naufrage du Soleil ». Pour eux c'est encore le « Dieu du Jour » et ils l'adorent au triomphe de midi en carguant leurs voiles, et en mangeant sur du pain bis le poisson séché au feu de sa lumière bienfaisante. Les « coursiers d'Hélios » seuls ont disparu ; ils s'en sont allés, délaissant leurs célestes écuries, vers des rives inconnues. La traînée de flammes qui rougeoyait tout à l'heure sur l'eau tranquille, s'éteint lentement, puis disparaît ; de petites vagues s'élèvent soudain comme si l'astre, en s'abîmant dans les flots, avait déplacé les couches liquides ; leurs crêtes parsèment de blanche écume la nappe tout à l'heure de soie turquoise, maintenant de velours bleu sombre. Les étoiles se lèvent ; elles semblent monter de la mer, comme naguère le soleil avait paru s'y engloutir. C'est là ce « mystérieux échange » dont parle Théocrite, ce « commerce sacré » qu'il était si doux d'adorer, alors qu'Apollon, ayant dévêtu le manteau de lumière dont il venait d'éclairer le monde, allait retrouver Amphitrite dans une grotte de coquillages, sur une couche d'herbes marines. Ce sont encore les effets de cette divine liaison qu'il nous plaira de rencontrer aussi bien sur le sable des côtes d'Égypte que sur les plages napolitaines et sur les rochers d'Ionie. Dans les yeux des femmes comme dans leur esprit, dans la beauté du site comme dans les actions des hommes, dans les fleurs de la plaine comme dans les mœurs de la ville, ne doit-on pas toujours retrouver au bord de cette Méditerranée bénie que les anciens comparaient à un « vase d'argile », le reflet du Soleil et de la Mer ?

Naples.

Naples.

> C'est le seul peuple qui comprenne la vie.
>
> (BYRON.)

Ce matin, en montant sur le pont, c'est une joie des yeux. La nappe bleue nous entoure, étincelante. Le jour encore bas laisse aux couleurs toute la délicatesse des nuances les plus fines. Auprès des récifs, le vert tendre succède au bleu clair, et des touffes d'algues marines, à travers le limpide cristal des eaux, teintent de rose pâle ces douces harmonies.

Le soleil monte. La mer semble se couvrir de pervenches et de violettes; bientôt il s'y mêle des bleuets. L'air est doux et léger. Le rivage se déroule, noyé de brume tiède, mauve d'abord, puis au soir « lorsque le bleu se sauve » tout rose vers les sommets. La côte d'Italie se dessine à l'horizon, que l'Apennin surplombe de ses cimes neigeuses. De temps à autre, une tache lumineuse atteste peut-être sur la rive la présence d'une ville. La campagne qu'on entr'aperçoit semble bénéficier du silence régnant et de ce flou qui nous la laisse à peine connaître. Elle apparaît comme à travers les vers exacts et vagues à la fois du divin Homère, et semble animée d'une vie diffuse, presque végétale, et délicieuse parce qu'on la dirait en marche vers la réalité et pas bien éloignée encore des régions inexistantes du rêve.

La féerie de la matinée vous arrache vite à cette contemplation lointaine. Le ciel et la mer se confondent sous un ruissellement de lumière; tous deux sont parfaitement bleus; on ne sait lequel reflète l'autre. Dans l'air il y a des mouettes qui tournoient en criant; sur le dos des vagues glissent de petites barques à voiles et l'on ne sait à vrai dire si ce sont les bateaux qui volent dans le ciel ou les oiseaux qui voguent sur les flots : peut-être changent-ils. Mais les uns et les autres en cette matinée, qu'ils soient fine plume ou dure toile, sont également touchants et d'un charme pareil, puisque petites barques ou grands oiseaux, déployant aile ou voile, nous offrent la page blanche où nous écrivons nos rêves.

A l'horizon, on distingue dans la brume la silhouette indécise du cap Misène et la bizarre découpure d'Ischia. Des pêcheurs et des jeunes mariés habitent l'île, et l'on y entend encore les éclats de rire des pauvres filles échappées à la catastrophe. De petites maisons blanches bordent la mer, toutes prêtes à être englouties; les flots en battent les murs; ce sont des auberges où l'on vient s'aimer et boire les vins de Sicile.

Voici le golfe de Naples, coupe joyeuse où resplendit la plus éclatante des mers. L'eau paresseuse efface à peine le sillage où les pâles émeraudes se mêlent aux plus ardents saphirs dans un bouillonnement frangé d'écume éblouissante : C'est bien là cette mer « pleine d'yeux », cette mer « qui regarde » dont parle Diodore de Sicile. Elle murmure aussi une langue confuse et musicale; les pêcheurs napolitains, le soir de leurs vingt ans, sont seuls à la comprendre. Ces yeux et ces chants sont ceux des naïades interpellant leurs sœurs, et ces dauphins qui sautent hors de l'eau, qu'ils couvrent de diamants, sont de superbes tritons ayant abandonné le chariot de corail et les conques radieuses de

Le golfe de Naples.

la blonde Nérée. Oui, c'est bien là le charmant séjour de la mythologie; le mystère de la mer y abrite les dieux exilés, les déesses méconnues; c'est leur dernier refuge, et lorsque lord Byron, un soir de lune, se pencha sur l'eau claire de quelque baie d'Italie, grisé d'air pur, de lumière et d'amour, est-ce que les lèvres qu'il crut toucher des siennes, ne furent pas, non celles de son image, mais réellement la « bouche fleurie » de Nausicaa, divine émigrante de la terre phéacienne, portant au poète le baiser qu'Ulysse y avait laissé?

Les flots semblent avoir conservé quelque chose de la

grandeur des peuples qui naquirent à leur musique. Leur bonté bienfaisante donna confiance aux pêcheurs de Phénicie; les étoiles les guidèrent; ils conquirent l'empire de la mer et l'agrément de l'aventure est toujours présent. L'ingéniosité hellénique et la dignité romaine n'en altérèrent point la mémoire; tous les marins qui parcoururent ces eaux favorables pensèrent toujours qu'elles étaient leur propriété, un champ liquide dont il leur appartenait de faire la moisson. Chacun dans sa langue la nomma : *Nostrum Mare*. Mais voilà que par une puissance mystérieuse, la mer si douce et si bleue, que tous les peuples voulurent dominer et qui se laissa dominer par tous, transmit au monde la renommée de leurs exploits et le flot garda leur mémoire comme une éternelle épave. — Ces rochers pittoresques, ces grèves d'or clair paraissent rehaussés par les souvenirs qui les illustrèrent, et, des rivages d'Italie aux côtes carthaginoises, la légèreté et la grâce des tartanes modernes dansant sur le flot, sous l'effort du vent qui s'engouffre dans leurs voiles latines, n'a pas plus effacé le sillon des trirèmes que la trace des pompeuses galères.

Le ciel napolitain est « fait d'azur et d'or vermeil ». Les couleurs vénitiennes du Canaletto mêlées aux eaux tièdes ou brûlées du Lorrain ne sauraient donner l'idée d'un pareil éclat. Ce sont des ondées de lumière qui tombent sur la ville toute pleine de bruit et de mouvement. De la haute mer on entend une rumeur confuse, et comme une lointaine chanson murmurée par un peuple tout entier. Et cela persiste, cela s'accentue, si bien que Naples semble une harpe immense où s'amuseraient les doigts musiciens du vent.

Voici la « molle courbe » si vantée qu'interrompt un instant le château de l'Œuf, presque détaché de la côte, et si romantique auprès des jardins fleuris et des tendre gazons, de la Villa Nazionale, qu'on dirait un hallebardier de Philippe II animé par Hugo, prenant son bain matinal; puis la longue suite des faubourgs et des villages de la banlieue napolitaine, tout blancs au soleil, bien qu'ils soient bâtis de lave et de basalte; la Marinella et la claire forêt de ses mâts et de ses voiles; Portici égayé par la note joyeuse de ses toits de briques; Torre del Greco, Torre dell'Annunziata, étagés au milieu des champs de jeunes vignes et des maïs vigoureux, sur les plus basses coulées du volcan; Castellamarre dont les vagues lèchent les premières maisons, les rochers de Sorrente et l'inoubliable Capri drapée dans une gaze violette. Le Vésuve empanache de sa fumée ou éclaire de ses flammes la féerie, rappelant au milieu de cet enchantement, et pour que rien ne manque à la suprême beauté du lieu, l'idée de la mort toujours présente.

Partout en effet c'est la joie de vivre qui anime ces coteaux et ces rivages, ces arbres et ces rochers. C'est le triomphe des couleurs. L'éclat du ciel enflamme cette nature, et pourtant quelle douceur, quel calme, quel repos charment et apaisent les montagnes et la mer, baignant d'ombre fraîche et d'eau limpide la « Bella Napoli »!

Voici venir vers le navire toute une flottille de petites barques; elles portent des musiciens et des chanteurs. Ils n'ont plus sur la tête le toquet de velours bleu que décore une plume de tourterelle, mais un feutre parisien aplati sur l'oreille. Leurs guitares et leurs mandolines s'accordent avec leurs voix : quelques notes d'une chanson française parviennent jusqu'à nous, et il nous faut nous apercevoir que les paroles italiennes ne sont que l'heureuse traduction d'un air de café-concert. Qu'importe puisque du faubourg de Santa-Lucia arrive déjà l'hymne populaire à la fête de la mer, à la douceur de la nuit :

> *Sul mare luccica,*
> *L'astro d'argento,*
> *Placida e l'onda.*
> *Prospero e il vento!*

« La mer lumineuse, l'astre de clair argent, l'eau tranquille, le vent favorable! » qui apaisèrent jadis le cœur chargé de crimes du vieux Tibère et qui charment encore l'étranger qui touche à cette terre bénie; tel est l'hymne quotidien du peuple de Naples.

* * *

La chanson se perd bientôt car on approche, et les mille cris du quai se confondent en un assourdissant vacarme.

Une foule compacte, bigarrée, souple et bruyante, se pressant, se bousculant, déborde de toutes les ruelles du quartier et vient confluer, — tels de petits ruisseaux qui courent au fleuve — dans la voie plus large du quai Santa-Lucia. C'est un véritable fourmillement humain.

Le carnaval n'est pas fini. La multitude des pêcheurs et des gens de la campagne, contadins au teint de brique, se presse autour des petites échoppes et « bottega » où s'exercent librement toutes les professions : on forge, on lime, on cuit, on glace, on coud, on change, on coupe, on coiffe, on peint. Les « acquaioli » (vendeurs d'eau fraîche) se disputent avec les marchands de pastèques et les débitants ambulants de pâles orangeades ou de jus de sureau. On chante et on parle; le grésillement des fritures interlopes répand une forte odeur d'huile rance qui se mêle au parfum du goudron et des fruits mûrs. Viandes, souliers, poissons, vêtements, onguents, drogues, chapelets, bretelles, mouchoirs, papiers peints, oranges, statuettes, citrons encombrent les étroits étalages et forment une file ininterrompue et multicolore. Il y a des marchands, des chalands et des oisifs. Les uns marchent; la plupart courent; il y en

Une barque de chanteurs.

a d'accroupis qui jouent au jeu de la « bazzica » avec des cartes huileuses; il y en a de couchés qui dorment dans une ornière, les pieds dans l'eau, la tête au soleil. Des charrettes surchargées de familles entières fendent péniblement la foule, les conducteurs hurlent le « guarda ! » obligatoire; un piano mécanique joue une valse nationale, rythmée par deux fausses notes qui, par malheur, reviennent sans cesse. Un charlatan, tout habillé de rouge, vocifère sur sa voiture dételée; le maigre bidet, comme Don Quichotte à l'ombre de sa lance, dort à l'ombre mince du brancard. Des forains appellent le client : on va jouer une « *bella farsa da ridere* »; un aveugle nasille, conduit par un chien qui gémit lamentablement. Des femmes rient aux éclats, devant une image de polichinelle grossièrement enluminée; l'une d'elles est une fille de Procida, le mouchoir sur la tête, couverte de bijoux « d'or vil », comme on appelle le cuivre dans ce pays où être c'est paraître; l'autre, drapée dans un châle sombre, est une montagnarde du Samnium. Elles rivalisent de volubilité, et attirée par leur gaîté, se joint à elles une belle Abruzzienne, au nez fin, à l'œil noir, haute de taille, aux cheveux crépus, tressés en petites nattes et bizarrement réunis sur le sommet de la tête.

Arrêtées autour d'une charrette où pour quelques centimes on distribue des éventails de papier, des femmes de Portici bavardent et se disputent avec un flux de paroles, de cris et d'injures. — Et dire que la « Muette » était leur compatriote ! Quelle ironie !

Pour la plupart les femmes sont laides; le visage est aplati, fendu d'une large bouche aux lèvres sensuelles, marquant plus de vivacité que d'expression. Elles se vêtissent de couleurs éclatantes, de draps aux nuances orangées et incarnadines; beaucoup emprisonnent leur cheveux dans des foulards rouge vif ou jaune foncé; l'usage en éteint les couleurs, mais le soleil se charge de réparer le dommage.

La foule est toute brillante, bien que couverte de poussière; c'est de l'or qui poudroie. Partout une activité que l'on voit souvent stérile et qui se dépense sans but, pour le plaisir. On court; non que l'on soit pressé, mais pour l'agrément de la course, pour bousculer quelques passants, pour attirer l'attention; et le verbe bruyant des promeneurs, qui leur valut le compliment d'Alfieri : « *Napoletani maestri in schiamazzare* » ne vise pas un autre but.

Les hommes ont parfois de jolies figures fines, le teint brun et mat, de longues dents blanches qu'ils montrent lorsqu'ils étalent le macaroni sur le pain noir, ou qu'une belle fille les coudoie dans la foule. La plupart pourtant sont d'aspect grossier, crépus, lippus, trapus, res-

Les quais de Naples.

semblant, sauf la couleur, à des nègres. Mais où sont les bonnets rouges des pêcheurs, les coiffures plates des femmes, les bijoux de vieil or, chefs-d'œuvre des anciens orfèvres? Ceux qui restent aujourd'hui sont conservés par de vieilles femmes dans des coffrets de bois, comme des souvenirs. La foule des pêcheurs, des barcaroles, des marchands d'huîtres que la « *furia francese* » peut seule tenir en respect, des « *guaglioni* » dont l'intolérable pétulance rappelle désagréablement le gamin de Paris et surtout le « titi » marseillais ; toute cette plèbe, qui vit de chansons, grâce aux aumônes qu'elles lui procurent, grouille confusément et semble une génération spontanée.

En voyant tous ces yeux gais ou tristes, selon la hauteur du soleil ou la couleur de la mer dont la mobilité sans cause est déjà l'indice de l'Orient plus proche, en écoutant ces cris de fureur ou ces paroles d'amour, cet enthousiasme pour un mandoliniste ou cette rage contre le favori d'hier, on comprend l'aventure d'un Mazaniello qui hurla durant huit journées juché sur les épaules des mariniers en délire, lesquels il est vrai le déposèrent à terre pour faire le même accueil à M. de Guise, jusqu'à ce que tous ces beaux gestes de révolte se transformassent en humbles courbettes aux souliers de cuir espagnol de M. le duc d'Arcos.

Quant aux « lazzaroni » il nous faut renoncer aux galantes descriptions que nous en ont laissées Mme de Staël et la bonne de Genlis. Ceux que l'on rencontre ne « se contentent plus de baisers et de pain noir »; ils préfèrent étaler sur celui-ci quelques *cannelonil* Ils dorment à la lune lorsque les lampes fumeuses des « *osteria* » sont éteintes; jusqu'à ce moment ils savent se rendre utiles aux humbles aubergistes et ils augmentent la légion redoutable des « *facchini* », habiles en l'art de vider les poches du malheureux consommateur, soit qu'ils fassent appel à sa charité, soit qu'ils aient recours à la dextérité de leurs mains indiscrètes.

« Quand un Napolitain cessera de jouer de sa guitare, dit un proverbe, c'est qu'il aura franchi les portes de l'enfer, car au ciel il en réjouira encore la Madone. »

Hélas! les guitares napolitaines se sont tues pour la plupart et c'est pour qu'elles chantent encore que les mendiants de Santa-Lucia égrènent leurs chapelets de coquillages, justifiant ainsi un autre dicton populaire qui n'est point sans charme : « Musiques à peine éteintes, prières aussitôt murmurées ».

Quelques chanteurs pourtant parcourent encore les rues en disant des romances qu'ils improvisent. Ce sont les « *rinaldi* », sorte de poètes déclamateurs. La foule perd le goût de les entendre; elle applaudit seulement les grossières bouffonneries de quelques-uns d'entre eux. J'ai vu sur le môle un vieux « *rinaldo* » qui chantait d'une belle voix douce et profonde en regardant la mer. Les passants en le voyant souriaient sans s'arrêter, mais des enfants faisaient cercle autour de lui et ne perdaient pas une de ses paroles; quand il eut fini, le petit auditoire se dispersa en silence; un « bambino » seul resta : il pleurait. Le bonhomme recommença pour lui, d'une voix fatiguée, l'air qu'il venait d'achever; et je ne crois pas que l'on puisse emporter de Naples un plus touchant souvenir que celui de la chanson du vieillard et des larmes de l'enfant. Ce sont les derniers artistes, bien pauvres il est vrai, bien déguenillés; mais ils vivent de si peu de chose! Quelques étoiles à travers le ciel, le feu d'artifice du Vésuve et la pastèque quotidienne! C'est ainsi que pour un sou « *si beve, si mangia, si lava la figura* ».

Mais si le nombre des « professionnels » est ainsi réduit, il ne faut pas en conclure que le goût de la musique ait disparu; chacun chante pour soi, le laboureur en poussant dans la campagne sa charrue attelée de petites vaches trapues et bien encornées, le pêcheur en faisant ses filets, l'artisan en travaillant au poinçon la lave du volcan ou en faisant sécher au soleil, sur des baguettes d'osier, les chevelures dorées des macaronis fraîchement pétris. Et toutes ces chansons, nées on ne sait quand, venues on ne sait d'où, qu'elles soient lyriques aux pentes du Vésuve ou narratives dans la plaine, ont une pénétrante saveur de terroir. Ce sont d'humbles petites fleurs, poussées à l'ombre d'un rocher ou dans la terre d'un sillon, mais leur odeur est agréable à respirer, alors même qu'on s'est enivré des parfums des lys qui croissent parmi les ruines du Tasse, ou des roses qui poussent dans les jardins du doux Pétrarque.

Outre les souvenirs de l'antiquité et l'influence du catholicisme, ces refrains populaires envolés à la fois de toutes les guitares d'Italie, ont aidé à l'éclosion des sentiments d'intérêt général, préparant ainsi l'unité encore lointaine que retardèrent jusqu'à notre siècle l'esprit municipal du moyen âge et l'intervention étrangère qui en fut la conséquence naturelle. Une poésie populaire franchit aisément les limites d'une province; la mélodie subsiste, et les paroles sont plus ou moins fidèlement traduites en divers patois. Tous les mariniers de la Péninsule, qui affluèrent au moyen âge vers la République vénitienne, apprirent au monde sa puissance et sa richesse en s'en faisant les premiers chanteurs, chacun en son dialecte, et en redisant à tous les rivages, de la proue de leurs navires : « Les marins de Venise sont mis comme des seigneurs; ils portent des chausses à l'espagnole; ils ont une maîtresse en tous pays et en changent à chaque escale ».

Tout bon Italien dans sa complainte amoureuse n'oubliait jamais de prononcer le nom du vicaire de Jésus-Christ, et, s'adressant à sa maîtresse : « Je t'aime, tu es belle; tes cheveux sont d'or fin, tes lèvres sont fleurs, et le pape te bénira puisque tu es née l'an du Jubilé, le dernier dimanche de l'Avent. »

C'est par leurs chansons pleines de concetti et de sarcasmes que les Napolitains reconduisaient chaque jour les Espagnols au quartier Saint-Jacques et les forçaient d'y rentrer dès quatre heures. Lorsqu'un sentiment de haine ou d'amour n'est point là pour faire naître une commune inspiration, la nature y supplée, et, du Nord au Midi, on célèbre les fleurs des citronniers et les fleurs d'absinthe. Les jolies armes pour briser une chaîne : des chansons et des fleurs !

Les pâtres calabrais s'amusent communément, sur la foi d'une vieille légende, à couper en morceaux les lézards qui se chauffent au soleil, sur la roche nue; puis exécutant sur leur flûte de roseau, un air du pays, ils attendent que les morceaux du reptile mélomane « cherchent à se réunir » au son de cette musique. N'est-ce pas l'histoire même de la Péninsule que symbolise ce récit de bonne femme ? Les tronçons de l'Italie ne se rapprochèrent-ils pas les uns des autres, ne « cherchèrent-ils pas à se réunir » jusqu'à ce qu'ils se joignissent et formassent un seul corps afin d'entendre les humbles chansons dont les bergers ont coutume d'égayer le silence de la campagne ?

Lorsque ce résultat fut obtenu, grâce à des secours étrangers, vieillards et jeunes hommes, femmes et filles entonnaient à l'envi un agréable refrain :

> Bravo Français, gentil Français,
> Joli sauveur de l'Italie, etc.

Depuis bien longtemps on n'entend plus cette chanson-là. Elle est oubliée sans doute ou plutôt on se souvient de la mélodie, mais on a perdu la mémoire des paroles.

* * *

En quittant Santa-Lucia, une promenade à la « *Villa Reale* » est un bienfaisant repos. C'est le plus joli jardin du monde. Il est aujourd'hui livré au public et n'est plus troublé par le bruit des hallebardes espagnoles.

Les feuillages mêlés et tout brillants de rosée des acacias, des orangers et des myrtes laissent au soleil le loisir de former sur le gazon des jeux divers; le soir, à travers ces beaux arbres svelles et harmonieux, la lune est une éternelle invitée. Dans les massifs il y a tout un monde de statues, de vases et de fontaines; d'un côté la mer baigne le pied des terrasses, de l'autre la « *riviera di Chiaja* » charrie la foule napolitaine; c'est une oasis de fraîcheur, de silence et de parfums où se réfugient les hirondelles de Naples. Les enfants viennent y jouer vers la chute du jour, accompagnés de leurs nourrices aux larges tailles, toutes sonnantes de bijoux, de chaînes et de bracelets. Les sous-officiers de bersaglieri, plumet au vent, les poursuivent de leurs assiduités. Les dieux de marbre, flûtistes ou citharèdes, qui chantent et se souviennent, sont les témoins indulgents de ces paisibles amours. Les bonnes d'enfants ont d'ailleurs pour la plupart le beau profil des femmes de Procida et d'Amalfi; ces humbles personnes ignorent sans doute qu'elles sont les dernières à témoigner de l'origine hellénique de Naples.

Mais c'est au Pausilippe qu'il faut aller pour goûter la saveur de l'antiquité toujours présente. Près de la mer on trouve une population uniquement composée de pêcheurs et de barcarolles, très pauvres, se nourrissant de lupin ou de poisson, d'un visage grave et régulier, enveloppés seulement d'un caban fané par le soleil et le sel marin. Ils dorment dans leurs barques, et, le matin, c'est tout un vol de petites voiles blanches qui gagne la haute mer. Ils ne connaissent ni Védius Pollion, l'élégant débauché de la Villa Sans-Souci, l'amateur de murènes engraissées de chair humaine et assaisonnées avec un peu de sang chaud mêlé aux fruits épicés des myrtes, ni le théâtre joujou du gourmet

Lucullus, ni le rocher de Nisida, témoin des larmes de Cicéron et de Porcia; ils ne savent pas davantage que la belle route neuve, la « strada nuova », dont ils sont si fiers, qui après avoir longé la mer s'élève peu à peu en lacets adroitement dessinés, est l'œuvre des ingénieurs de Murat, comme d'ailleurs le fameux « Port Militaire » est celle d'un architecte de François Ier (j'ai déjà dit que les Napolitains manquaient d'une certaine mémoire); mais un vieux nom a gardé sur leur esprit un grand prestige; ce n'est pas celui du bon Sannazar, qui vécut pourtant parmi eux, et dont les aimables poésies piscatoresques furent si plaisamment condamnées par M. de Fontenelle, déclarant « que les bergers étaient seuls en possession de l'églogue », mais le grand nom de Virgile; il voltige sur toutes les lèvres, et les petits enfants adressent leur plus belle prière à *Saint-Virgile*.

C'est peut-être là que repose le poète, selon le vœu qu'il en fit et qu'Auguste réalisa, auprès de la ville où il sentit la douce inspiration et le souffle puissant qui nous valurent *les Églogues* et *les Géorgiques*. Les savants affirment que le roi Robert d'Anjou vint lui-même au columbarium et en emporta l'urne cinéraire pour la mettre à l'abri du pillage. Les poètes du moyen âge content que Virgile, sur l'ordre qu'il en donna, fut coupé en morceaux dans une cave du château de l'Œuf, et mis dans un tonneau où s'égouttait l'huile d'une lampe merveilleuse; mais que le serviteur chargé de cette besogne, ayant été maladroit dans son exécution, le poète, au lieu de rajeunir, resta à tout jamais dans le cercueil qu'il n'avait choisi que provisoirement. Qui faut-il croire? les savants ou les poètes? N'est-il pas plus raisonnable, plus agréable aussi d'écouter le bon Donatus, innocent grammairien, et l'évêque Alfonso de

Heredia, prélat majestueux, qui louèrent Silius Italicus de la pieuse acquisition qu'il fit de la chambre mortuaire du Pausilippe. Croyons-en surtout la vocation de Boccace, révélée devant ces mânes glorieux, le souvenir de Dante et celui de Pétrarque, qui y laissa les deux fleurs qu'il cueillit par le monde, l'une pour ses lèvres, l'autre pour son front : le nom de Laure et une couronne de laurier. Sera-t-il nécessaire d'ajouter pour quelques-uns que Casimir Delavigne voulut renouveler le rameau sacré, mais qu'ignorant son immortelle jeunesse il prétendit, pour qu'il durât plus longtemps, le remplacer par des fleurs de papier peint.

Quoiqu'il en soit, pour les pauvres pêcheurs, Virgile est une sorte de bienfaisant magicien qui veille sur eux et les protège, un merveilleux ouvrier qui édifia la belle cité de Parthénope sur les œufs qu'il amassa au fond de la mer, le divin foreur de la grotte du Pausilippe, où se pratiqua dans le mystère des petites cavernes latérales, chapelles ténébreuses, le culte du velu Priape, dieu bouffon des vignes, des jardins et des plaisirs, et de Mithras, le prince à la tunique verte du Soleil et du Feu. N'est-il pas logique d'ailleurs que l'évocateur de la Sibylle, le poète des fleuves infernaux, soit vénéré à l'égal de Merlin l'Enchanteur? Les Romains cherchèrent des oracles dans ses vers et les premiers disciples du Christ voulurent y trouver des prophéties.

J'ai vu au Pausilippe une barque, un enfant, un chien et un vin plein de soleil d'une petite vigne voisine, décorés du nom du poète : les *sortes virgilianæ* existent encore, et c'est toujours avec le plus profond respect que l'on vous indique à l'éperon final du promontoire la *scuola di Virgilio* où se réunissaient les disciples de l'École noire.

Les élégantes villas qui couronnent les crêtes du

Pausilippe contrastent étrangement avec les humbles masures qui bordent la mer. Pline l'Ancien vanta les charmes de ce séjour, à cause des feuillages touffus des plaqueminiers, des grenadiers et des orangers, peut-être aussi pour la galante compagnie qu'on y rencontrait, et pour ces beautés si peu sévères que leurs contemporains ne purent moins faire que de les décorer du nom formé en leur honneur d'un singulier alliage : « d'Honestæ Meretrices ».

Les temps ont peu changé. Le soir, les terrasses des jolis cottages qui longent la *Strada nuova* arborent, à la place des tissus de pourpre et d'or que Lucullus, pour ses maîtresses, rapporta de Césaronte avec la graine des premiers cerisiers, toute la gamme des foulards Liberty qui, chiffonnés autour de visages dignes d'illustrer une affiche de Chéret et tamisant la flamme des yeux, semblent dans la nuit des lanternes vénitiennes. On voit encore dans un jardin fleuri de roses et d'héliotropes, à l'ombre légère des citronnelles, les restes d'une piscine taillée dans un beau marbre veiné d'azur, où l'on conduisait à volonté l'eau douce et l'eau salée. Aujourd'hui la maîtresse du lieu se sert d'une baignoire de nickel ; seules de petites fleurs sauvages se baignent encore dans la plus gracieuse des ruines quand, durant l'automne, l'eau du ciel s'y est amassée.

Mais, pour la grande société napolitaine, le Pausilippe n'est qu'une villégiature. C'est de la place du Plébiscite à la place Dante, dans la célèbre rue de Rome, l'ancienne Tolède, qu'évoluent calèches et landaus, cavaliers bottés de cuir jaune, un peu ténors à vrai dire, toujours prêts à chanter un air de bravoure ou d'amour. La police de Naples, dont on s'est moqué, obtient pourtant l'ordre le plus parfait dans le va-et-vient des voitures qui montent et qui descendent. Des jeunes gens élégamment vêtus, très pommadés, très parfumés, aux cheveux noirs luisants, se rangent contre les étalages luxueux des coiffeurs dont les boutiques sont dallées de marbre, ou des glaciers qui débitent les plus exquis *graniti*. Pour eux la rue est un spectacle de plus; ils sourient aux femmes avec une insolence qui, dans Tolède, n'est que de la politesse. Les officiers, fraîchement rasés jusqu'aux yeux, qu'ils ont très noirs, ont le visage presque de la même couleur que la cape de drap bleu dans laquelle ils sont enveloppés; leur désinvolture est si impertinente, leur taille est si bien prise dans leur uniforme que la phrase de don Juan à Leporello : « Donne-moi mon corset, maraud », semble prête à sortir de leurs lèvres.

Vers cinq heures du soir, sur les petits trottoirs qui, dans la grande rue, remplacent avantageusement les deux plans inclinés séparés par un ruisseau des autres voies napolitaines, c'est une véritable haie humaine qui se forme pour voir. Aussi la grande société a-t-elle soin de déployer tout le luxe possible; il faut bien en donner pour son argent à ce public qui ne paye pas, mais qui s'est dérangé; il faut lui montrer de beaux harnais bien brillants, ornés de couronnes plus ou moins authentiques, des chevaux fringants ou tout au moins piaffant assez élégamment pour le paraître (c'est toujours là l'essentiel à Naples); et des bijoux, et des robes, et des cravates, et des mouchoirs de fine batiste qui laissent sur le passage de la main qui les agite un parfum pénétrant. Ceux qui donnent ces quotidiennes représentations vivront du macaroni qu'ils feront cuire eux-mêmes et peut-être « n'auront-ils pas dîné pour s'acheter des gants ». Qu'importe que le roi ou le pape leur ait octroyé un parchemin qui les déclare princes de quelque localité ou de quelque ruine inconnue, pourvu qu'ils paraissent mener un train de princes ?

« Quel est ce personnage ? » demandez-vous à quelqu'un dans la foule. — « C'est un marquis. » — « Comment se nomme-t-il ? » — « Je ne sais, mais ne voyez-vous pas que c'est un marquis, que la livrée soutachée d'argent du cocher, que les grands ressorts de la voi-

Une place à Naples.

ture, que la poignée de cristal de cette canne annoncent un marquis ? » — Mais après la parade, lorsqu'il aura dépouillé toutes ces splendeurs, le pauvre personnage ! « Allons, saute, marquis ! » Peu importe, puisqu'il n'y a plus personne pour le voir et que demain vers la chute du jour il reprendra son rôle.

Et c'est ainsi que, malgré l'apparence d'une grande richesse, l'aristocratie napolitaine est en réalité la plus pauvre du monde. Le divertissement favori des salons est le spectacle des tableaux vivants : Apparaître et paraître, tout est là.

Après la promenade en voiture à Tolède et une heure passée dans ce grand colombier doré de San-Carlo, le noble napolitain ne doit plus rien à la société. Il a bien soin de rentrer au logis avant les douze coups de minuit, car, cette heure passée, il doit payer à son concierge une *lire* pour le dérangement qu'il lui occasionne.

Dans le dédale des petites rues ou impasses à gradins qui, comme toujours à Naples, succèdent sans transition au quartier riche, c'est au milieu d'une extrême agitation, d'un va-et-vient qui rappelle le quai de Sainte-Lucie, que l'on surprend les mille détails de la vie intime de cette plèbe grouillante. On dirait un polypier vu à travers un prodigieux microscope. Les ruelles étroites sont pavoisées de linge de toutes couleurs qui sèche sur les bâtons jetés d'une fenêtre à l'autre. Escaladant allègrement les gradins, les troupeaux de chèvres s'arrêtent devant les portes ; leur conducteur prend la meilleure laitière et monte avec elle jusqu'à l'étage du client. Sur les toits aplatis, d'autres étages sont édifiés; une seconde maison est échafaudée sur la première : ce sont les couches de la misère qui se stratifient. Et quelle malpropreté ! Tous ces taudis sont éclairés le soir par de petites torches fumeuses de mauvaise résine. Sur le seuil de la porte on mange, on boit, on travaille, on cause, on ne craint même pas de se livrer en public à cette chasse tout intime que Murillo immortalisa dans une toile célèbre. Aux fenêtres, des plantes grimpantes, les plus voyantes possible, fleurs jaunes ou rouges, ajoutent encore à la fantasmagorie des couleurs. Tout luit, brille, étincelle, ruisselle de clarté sous l'ardeur du soleil, depuis ces fumées d'en bas jusqu'aux petites fleurs d'en haut.

Pourtant, comme à Naples toute chose en dissimule quelqu'autre, l'apparence plus que nulle part ailleurs ayant coutume d'y être trompeuse, les habitants de ces misérables quartiers ont souvent une plus grande part de bonheur qu'on ne pense. Les locataires des plus hautes mansardes font descendre du toit au bout d'une corde, jusqu'au revendeur ambulant qui annonce dans la rue sa marchandise, le panier qu'ils feront remonter garni de beaux fruits, oranges ou fenouillets. Voici déjà la marque certaine de l'indolence orientale et en même temps un curieux mélange de cette indolence avec un reste d'ingéniosité et d'activité encore dû aux mœurs d'Occident et mis à profit par la paresse napolitaine dans ce mode de transport.

* *

Par sa situation géographique, l'Italie, jetée au milieu des mers, sépare à peu près exactement deux civilisations distinctes, presque deux mondes auxquels elle sert de trait d'union en mêlant le caractère des nations orientales aux coutumes des pays d'Occident. Mais voilà que par un singulier contraste, cette Italie, dont la destinée semble être d'amortir le choc des peuples les plus divers, subit à travers l'histoire de brusques changements, de soudaines révolutions, sans qu'aucune transition vienne atténuer d'aussi rudes secousses. Le rôle qu'elle-même joue au profit de l'Europe, aucun petit état, aucune classe sociale, aucune institution ne le remplit à son égard. Mais si ces bouleversements faisaient déjà comparer par l'historien Vico dans les « Principes d'une Science nouvelle relative à la Nature commune des Nations », les phases de l'histoire de l'Italie au cours d'un torrent qu'arrêtent de nombreuses cataractes, ils ont largement contribué, en dépit de différences inévitables, à créer de plus fréquents rapports et à réveiller une sorte de familiarité entre les diverses classes d'une même société. Il est merveilleux en effet de retrouver dans les ruelles de la haute Naples bien des habitudes de vie, bien des petits faits sans importance par eux-mêmes, mais dignes d'être notés pour leur commune origine, déjà surpris devant la porte des glaciers à la mode ou sur la terrasse du café Cambrinus. Aucun de ces menus incidents, sans doute, ne révélera un caractère national; on s'aperçoit vite que le peuple napolitain n'est pas un peuple. La féodalité des Normands, l'inquisition de Charles-Quint, la conscription de Murat, ont laissé chacune des traces durables, ce qui empêche que l'une prévale sur les autres. L'histoire de Naples ressemble un peu à ce Poupazzo, au manteau fait de pièces de toutes couleurs dont le temps modifie les nuances diverses, sans pouvoir les unifier.

A qui Naples devait-elle obéir? Elle n'en a jamais rien su; aussi n'a-t-elle pas obéi du tout.

J'ai vu chez un libraire de la Chiaja, un vieux livre innocemment mis à l'étalage par ce commerçant, dont le titre est à la fois triste et plaisant : « Relation de la vingt-septième révolte de la très fidèle ville de Naples. » Là est le secret de cette curieuse histoire. Une révolution peut former un peuple; les révoltes empêchent cette œuvre de s'accomplir. Les Napolitains n'ont jamais fait une révolution et chaque fois qu'il manqua une cérémonie à l'église ou des acteurs au théâtre, pour s'amuser, pour se donner à eux-mêmes une représentation, ils ont fait des émeutes.

Naples connut la domination grecque, arabe, normande, espagnole, autrichienne et française; mais on chercherait en vain le nom d'un souverain napolitain. Aussi retrouve-t-on dans le caractère de la population l'élégance grecque, le fatalisme arabe, la duplicité normande, l'exagération espagnole, la pompe autrichienne et la vivacité française, mais pas un trait distinctif, original, sinon une prodigieuse facilité d'assimilation, un merveilleux don d'imitation qui permit au peuple de Naples de couper dans les draps étrangers les morceaux d'étoffes qu'il réussit à coudre ensemble pour se draper plus à son aise. Il est vrai qu'il se vengea en se moquant de ses divers fournisseurs et qu'il se consola de ne point avoir d'humour en ayant du brio. Naples nous est moins reconnaissante encore qu'aucune autre partie de l'Italie du secours que nous lui avons prêté; elle feint d'ailleurs d'ignorer l'unité italienne, et tout bon Napolitain qui part pour Rome annonce bien fort qu'il va en province. Le Français est l'objet d'une exploitation particulière, spéciale; c'est une bonne proie pour les *facchini*, fructueuse et facile à duper. Il va sans dire qu'on se gausse tout à l'aise de gens aussi agréables à fréquenter. Cet état d'esprit est d'ailleurs fort explicable, car la France est toujours apparue à l'Italie comme une sorte de cantinière des zouaves pontificaux dont le rôle fut certes noble et désintéressé, mais non exempt, aux yeux du peuple, d'un soupçon de ridicule.

***

Les siècles n'ont pas réussi à donner aux Napolitains des idées politiques communes; le Vésuve, dès le premier jour éveilla chez chacun d'eux les mêmes instincts et accomplit l'unité du caractère. Le Vésuve, c'est Naples tout entière; c'est son âme. Les maisons sont bâties de lave; dans la cendre qui couvre le pays de Labour, poussent les épis chargés de grain dont la riche moisson a fait dire à Polybe qu'il semble qu'en cette terre les dieux aient fait assaut de munificence. Les femmes portent au cou, taillés dans la basalte, des camées vulgaires. Les dieux habitèrent parmi les flammes du volcan; ce fut la montagne chère à Bacchus, qui la préférait même aux collines indiennes de Nisa, et qui cueillit, pour couronner son front, les pampres verts de ses coteaux. L'idée de la mort toujours présente, de ces torrents de lave auxquels il ne faudrait qu'un instant pour submerger toute la ville, plane sans cesse sur Naples. Cette fine cendre qui flotte dans l'air, ce commerce mystérieux de la mer et du feu, ces secousses quotidiennes qui agitent le sol jusqu'en ses profondeurs, ces grondements souterrains, toute cette force mystérieuse et puissante au milieu de la fête de la nature, sous l'éclat de ce ciel si pur, près de ces flots d'azur et d'or liquide, voilà le secret du caractère napolitain, avec ses instincts de fête, de spectacle et de parade, ses amours passagères et ses brusques colères, ses prières et ses chansons : le sentiment d'un danger soudain, mortel, inéluctable ne mêle-t-il pas à toutes les joies l'amertume et l'emportement sans lesquels il n'y a point de parfaite volupté?

Comment, sous cette perpétuelle menace et en face de cette admirable féerie, le seigneur de Tolède et le barcarolle de Santa-Lucia n'arriveraient-ils pas à vivre selon les mêmes principes et à en puiser la force aux mêmes sources de rêve et de folie? L'un et l'autre sont tout d'abord amenés à aimer passionnément la vie qui se manifeste à eux dans toute sa splendeur, et à ne point trop s'effrayer du « saut à faire » en donnant à « l'au-delà » tant de charmes matériels, à leur imagination un tel empire qu'il n'y ait plus de place pour le doute.

Cette pensée nous accompagnera au Campo-Santo et nous suivra dans les églises.

* * *

Bien que nous soyons aujourd'hui en plein carnaval, le cimetière n'est pas oublié. J'y ai vu passer des masques et des femmes costumées en folies qui s'amusaient à quelque jeu derrière les pierres des tombes. En tout autre lieu cette mascarade eût paru macabre, mais dans ce champ de roses et d'églantines qui fleurissent à l'abri des plus beaux ombrages de Naples, au milieu même de cette radieuse manifestation de la vie, il n'y a là rien qui choque. Seule, la tombe du ténor Nourrit, qui se suicida pour un faux dièze, met dans cet admirable paysage une note de cabotinage. Les cyprès ont de légers feuillages, les croix des mausolées se profilent sur la mer, et tous les nids des moineaux s'éveillent à la fois dans ce champ des morts ! Tout invite à la joie dans le lieu funèbre dont l'aspect annonce déjà les cimetières d'Orient et qui semble dire à ceux qui dorment pour toujours : « Voyez comme il fait bon de vivre, comme il fait beau temps, comme les vivants vous oublient sous cette moisson fleurie qui cachera bientôt les pierres mêmes de vos tombes. ». Et pourtant, en dépit de cette hymne ironique de la nature, ne pense-t-on pas avec Foscolo, charmant et mélancolique poète, qu' « à l'ombre des cyprès et dans l'urne que rafraîchit une rosée de pleurs, peut-être le sommeil de la mort est moins pénible ? » Aussi à Naples la mort n'est-elle pas une affaire.

Les chars funèbres entièrement dorés sont couverts de fleurs, et il n'y a pas d'humble enterrement où le cercueil ne disparaisse sous un tapis de capucines et de bleuets. On place le corps sous la voiture, comme un colis. Les chevaux vont au trot, les parents suivent grand train aussi; c'est le dernier voyage, pourquoi le faire plus lentement que les autres? Sur le passage du cortège la foule ne s'écarte pas; on se découvre pourtant, on se tait un instant, puis on chante de plus belle; on a salué le camarade, l'ami, parce qu'on n'a pas pu comme hier lui donner une poignée de main.

Pour arriver à cette complète indifférence vis-à-vis de la mort, les Napolitains ont deux puissantes aides : leur foi et leur amour de la vie.

« Leurs ardentes imaginations, » trouve-t-on dans l'*Essai sur les Mœurs et l'Esprit des Nations*, « ont besoin de signes visibles qui les mettent continuellement sous la main de la divinité. » Aussi leurs églises sont-elles pleines des plus riches reliques, de crucifix miraculeux, de statues guérisseuses et d'empreintes sacrées. Pour eux la superstition n'est pas, selon le mot de saint Thomas : « *Vitium per excessum religioni oppositum* », le vice opposé par excès à la religion, mais bien la religion même. Pour croire à saint Janvier, pour l'aimer, le peuple de Naples a besoin de voir chaque année se liquéfier son sang précieux, que contient une fiole de cristal, de contempler la longue file des vieilles femmes qui, étant *parentes du saint*, ont le droit de l'apostropher, parfois rudement, lorsque le miracle ne se fait pas assez vite; tous ressemblent un peu à ces aveugles qui, pour ne pas se perdre dans l'église le jour de la *festa del sangue*, se tiennent par une ceinture rouge à gland de soie verte; comme eux ils ont besoin de toucher pour croire. Il y a dans la ville beaucoup de pauvres gens privés de la vue; « c'est la faute du soleil de Naples », dit la chanson. Une salle leur est réservée dans la bibliothèque (où l'on peut admirer l'écriture somptueuse du Tasse et la plume volontaire de saint Thomas d'Aquin) et, moyennant quelques sous, on leur fait la lecture.

* * *

Les prêtres ou séminaristes qu'on rencontre dans la rue sont aussi soignés, aussi corsetés, aussi pommadés que les officiers. Ils ont un air épanoui que leur donne sans doute la conscience de leur pouvoir; mais il s'y mêle aussi un peu d'ironie, comme s'ils voulaient afficher par une expression narquoise qu'ils ont moins de crédulité que leurs fidèles et qu'ils savent parfaitement que les cheveux de la statue du Christ, que l'on adore à Santa-Maria-del-Carmine et que l'on coupe annuellement, ne sont qu'une simple perruque.

Les Napolitains sont fiers de la richesse de leurs trois cents églises. Elles sont toutes d'une déplorable architecture et s'alourdissent de la pompe et du mauvais goût espagnols. « En Italie, dit Vico, Messieurs les Espagnols eurent de l'orgueil sans fierté et les façades de leurs chapelles portent l'empreinte d'une ostentation sans grandeur : » Santa-Maria-della-Pietra, Saint-Jacques, l'Incoronata, sorte de cachot humide qu'anoblissent les toiles de Giotto et surtout ce Louis de Hongrie, après la mort de son frère André, qui est l'image même de la vengeance frémissante, et dont l'attitude montre que le carnage va commencer. Combien est saisissant aussi le mariage de la reine Jeanne et de Louis de Tarente, son cousin et son amant, meurtrier d'André, son premier mari. L'expression du remords se lit, éveillé pour la première fois dans les yeux de la nouvelle épousée. Au fond une foule de domestiques en brillante livrée, dansent et rient; on leur a ordonné sans doute de se réjouir, espérant s'égayer un peu par contagion; mais le contraste accroît l'angoisse des coupables qui semblent trembler encore devant ceux qui les regardent.

Saint-Dominique-Majeur, en dépit de quelques agréments gothiques, Saint-Gennaro, sorte de halle à prières, Sainte-Marie-des-Grâces, Saint-Aniello, Santa-Maria-del-Carmine, triste comme le meurtre de Couradin dont le corps repose à côté de celui de Masaniello, deux enfants qui ont voulu jouer au grand homme! Santa-Maria-del-Jesu, Santa-Maria-del-Nuova, etc., etc. A quoi bon continuer l'énumération de ces mornes façades dénuées de tout intérêt?

A l'intérieur, ce ne sont que décorations et ornements, que rosaces, que surcharges de très petits morceaux de marbre sur de très grands morceaux de stuc, que guirlandes de papier d'argent, sans compter les avalanches de lys et de roses de carton, les forêts de cierges de toutes couleurs, les cascades de raisins de verre reliés par des faveurs fanées, et la multitude de lampes fumeuses où sèche un peu d'huile rancie. C'est un véritable peuple de petites vierges pomponnées et peinturlurées, de petites saintes en robes de bal, de petits moines au crâne enduit d'une belle pâte rose, de saints Joseph très cavaliers. Au milieu de ce fouillis apparaît encore la trace espagnole dans les interminables inscriptions gravées sur les tombeaux et qui célèbrent la gloire des héros « *famosos, illustrissimos, imbencibles* ». On dirait vraiment que ce sont les étiquettes de toute cette pieuse confiserie et de ces « pupazzi » de la religion napolitaine. On s'étonne que le sacristain vous dise que celui-ci guérit de la cécité, que celui-là fait disparaître la paralysie, qu'un autre vient en aide aux filles insoumises, qu'un dernier est secourable aux ivrognes repentants, au lieu de se contenter, en vous expliquant l'étalage, de vous apprendre que la petite sainte qui est toute rose d'avoir au-dessus d'elle un vitrail vieux carmin, dit très bien « *papa et maman* ».

Le paradis des Napolitains, c'est un peu le paradis des enfants. Leurs saints sont des joujoux dont ils s'amusent durant la vie entière, parce qu'ils ont toujours des âmes d'enfants émus par une douce sensualité, et que les beaux jouets qu'une main clémente leur a donnés sont incassables.

Cet appareil de la religion est bien un peu païen. Les fausses perspectives architecturales des églises, tout ce clinquant dans l'ornementation est l'image exacte de ces sentiments religieux. De même que les Romains admettaient toujours dans leur Panthéon de nouveaux dieux, sans cesser pour cela d'adorer les anciens qui devenaient pour ainsi dire des amis divins, les Napolitains ont conservé, en dépit de leur dévotion chrétienne, le souvenir attendri de cette sirène qui, la première, se suicida par amour. Dans leur imagination, la douce Parthénope est un peu la sœur céleste du bon saint Janvier, évêque de Bénévent, qui ne songe pas à s'en plaindre. Il faut avouer d'ailleurs, que ce saint Janvier eut une singulière fortune, lui qui trouva grâce devant Machiavel qui défendit son culte, et devant Voltaire, qui rompit en sa faveur de nombreuses lances contre Addison et les écrivains protestants.

Voilà, j'espère, de quoi embellir ce terrible « saut à faire » et, selon l'énergique expression du désespéré Leopardi, de quoi « mettre des lèvres sur les dents de la mort ».

***

Maintenant qu'ils ont couvert de fleurs le mystère de l'au-delà, les Napolitains n'ont plus qu'à remplir la vie d'agréments, à l'orner, à l'enguirlander, à l'illuminer comme une fête publique, de girandoles et de lampions, à la parer, comme un éternel carnaval, de tous les costumes d'une mascarade. Il faut que ce ne soient que danses et musiques et, depuis qu'on ne va plus à Naples comme à un rendez-vous, les derniers donneurs de sérénades accordent leurs guitares pour la distraction de tous et pour réjouir l'âme même de la cité. Ces jours derniers, c'était réjouissance publique, grand bal à San-Carlo. Depuis hier tout est terminé et pourtant il n'y a point dans la rue moins de gaîté, moins de chansons.

C'est la constante menace du volcan qui allume toutes ces lanternes de la fête napolitaine, comme elle éclairait tout à l'heure les petites chapelles en plein vent accrochées à tous les coins de rue, depuis qu'un prélat, habile administrateur, en suggéra l'idée à ses fidèles, espérant ainsi assurer la sécurité de la voie publique. Ce besoin de tout orner, de créer un luxe apparent, se révèle dans les moindres choses. Les petites voitures des marchands d'oranges sont peintes et endimanchées de festons et de chandelles. La mule du moindre corricolo est couverte de plumes, de grelots, de plaques de cuivre; et, dans la campagne, il n'y a pas une fenêtre, pas une porte où n'éclatent les rouges chapelets des piments et des baies sauvages.

Les femmes les plus pauvres se parent de haillons comme d'une belle soie, et les filles de Baïa se font la plus jolie coiffure d'une branche de laurier mêlée à leurs cheveux. Chacune a, de se sentir parée, le même plaisir qu'ont les autres à contempler cette parure. Ce sont là les petits spectacles. Le même goût se retrouve dans l'ordonnance d'une fête, d'une représentation. Une soirée à San-Carlino est d'un grand divertissement.

J'y ai fait la connaissance de Polichinelle et de son interprète. Le Polichinelle napolitain semble être plutôt une sorte de Pierrot qui aurait des bosses et dont on aurait noirci le bout du nez. Il incarne la bourgeoisie et l'honnêteté moyenne ; c'est une sorte de fripon hypocrite sans s'en rendre compte, ayant grand peur des coups qu'il pourrait recevoir et s'empressant d'en donner lorsqu'il espère en tirer quelque profit sans compromettre sa tranquillité. Il ne commettrait pas un crime, mais il en laisserait faire un ; il ne nuirait pas à son prochain, mais il jouit de son malheur. — C'est une joie de voir ce public exubérant et spontané que ne dirigent pas la routine et la claque. Les acteurs ont un jeu d'une vivacité et d'une gaieté inexprimables. Ils ajoutent chaque jour des plaisanteries de leur invention et l'on juge de leur nouveauté et de leur saveur à l'hilarité générale. L'intrigue même de la pièce est parfois modifiée et l'on trouve à ce spectacle le plaisir imprévu et l'originalité de la *Comedia dell' Arte* dont San-Carlino est le dernier refuge. C'est ce que l'interprète de Polichinelle, qui est un peu le directeur de la compagnie, veut bien m'expliquer après la représentation en dégustant des boissons parfumées à l'amarena et à l'anis.

« Voyez-vous, Monsieur, ce n'est pas pour me vanter, je n'ai pas cette mauvaise habitude, mais je préfère jouer les farces de San-Carlino que d'être Mounet-Sully, qui a beaucoup de talent cependant, ou Irving, qui en a davantage, ou n'importe qui. Ici je suis directeur, auteur, acteur ; je change chaque soir la plupart de mes répliques; et selon mon bon plaisir, d'après le temps qu'il fait, les phases de la lune ou la physionomie de la salle, je modifie l'intrigue. Hier, je jouais le rôle du plus parfait honnête homme; ce soir, je le transformerai en canaille accomplie. Un jour, j'épouse la fille de mon propriétaire, et le lendemain, sans qu'elle sache pourquoi, ni moi non plus du reste, je la refuse avec mépris. J'ai même à cette occasion renvoyé une jeune comédienne qui avait été choquée du procédé. Après un bon repas, l'invention est meilleure. J'ai connu un vieux premier grotesque qui n'entrait point en scène sans s'être enivré avec du vin de Chianti. En ce temps-là, pour chaque bon mot qui faisait rire le public, l'acteur qui l'inventait recevait une gratification. Mais on tomba vite dans la plus méprisable obscénité.

« Pourtant nous n'avons pas changé le côté farce de nos représentations. Nos joyeuses bouffonneries feraient le bonheur de Molière, qu'on ne comprend pas en France, parce qu'on le joue sèchement et solennellement.

« Il y a plusieurs années, nous avons donné une comédie très curieuse, presque de moi; j'en avais eu l'idée en lisant l'*Avare*. Eh bien, au moment où Harpagon (bien entendu, j'avais changé le nom) s'aperçoit du vol de la cassette, il descendait dans la salle, menaçait les uns, implorait les autres et allait se rouler à terre, au milieu de l'orchestre. L'effet était saisissant.

« Nous n'ignorons pas que le théâtre est renouvelé; nous nous tenons au courant de toutes les œuvres récentes et nos petites pièces se ressentent parfaitement de l'influence des auteurs norvégiens; j'ai lu Ibsen tout entier. Polichinelle n'a-t-il pas toujours été un être symbolique, comme la plupart des personnages de la comédie italienne? Le symbole a varié, voilà tout, et, après avoir été le farceur incomparable, le fripon et le porte-voix par lequel passaient tous les quolibets de la foule, il est devenu le type du bourgeois enjoueur ou bafoué, selon le cas.

« Vous voyez, Monsieur, que non seulement nous connaissons l'œuvre des poètes du Nord, mais que nous les avons devancés et qu'ils nous ont peut-être emprunté quelque chose. »

* * *

« Comment Naples, Espagnole ou Italienne, n'aurait-elle pas le goût des fêtes et des cérémonies ! Byron, en parlant de Ravenne, s'écriait : « Elle aura cette année quelques reflets des belles fêtes de Naples. Il doit y avoir spectacle, foire, opéra en avril et un autre opéra en juin. C'est le seul peuple qui comprenne la vie. »

Les fêtes de Naples sont l'objet de la charité publique, et, de même que l'« auberge des pauvres » héberge des milliers de malheureux, il existe une académie qui s'occupe de divertissements et de bals publics et gratuits. La plèbe crie toujours : *Panem et circenses*. Il lui faut quelque chose « pour rire », et elle préfère le plaisir d'aujourd'hui au bonheur de demain. La raison de ce calcul, qui est justement de n'en pas avoir, est inscrite sur le mur d'un bouge de la Mergellina : « Amis, buvons, mangeons joyeusement tant qu'il y a de l'huile dans la lampe ; qui sait si dans l'autre monde il y a une taverne ? » La chanson de Naples, voulant excuser l'infidélité de ses musiciens, exprime la même pensée : « Si je n'aime plus ma maîtresse, c'est que je l'ai trop aimée, craignant plus tard de ne pouvoir l'aimer assez. »

Il est admirable d'abord de voir combien ce goût des spectacles se confond avec celui de la pompe religieuse dans cette cité où les théâtres ont des noms de saints. Une vieille dame napolitaine, Mme de L....., assez détachée de sa ville natale pour la juger exactement, m'a conté l'histoire d'un de ses contemporains, « mandoliniste distingué », qui semble être la fidèle image du caractère napolitain.

M. B....., amoureux à la folie d'une belle grecque de la haute société, obtint d'elle une heure d'amour sous l'expresse condition qu'il se tuerait avant le lendemain. M. B..... tint parole : en quittant l'hôtel de la dame, il se confessa, et, après avoir visité deux ou trois églises, se fit conduire par son cocher jusqu'au bord de la mer. Il renvoya le serviteur après lui avoir donné sa montre et son porte-cigares. Il avait à la main sa mandoline, dans sa poche une orange et à ses pieds un tambour de basque. Il joua une heure durant du tambour et de la mandoline, puis, comme le jour se levait, comme il allait être demain, il mangea l'orange et se jeta dans la mer.

De ce singulier mélange de dévotion et de plaisir naquit l'immoralité qu'on a coutume d'attribuer au peuple de Naples. Ne serait-il pas plus exact de le taxer d'*amoralité* ?

Comme je rencontrai sur le largo di Castello une voiture cellulaire que suivait une grande foule, un napolitain que j'interrogeai me répondit : « C'est un homme qui a eu un malheur; il a tué sa femme et ses deux enfants. » Sous ce climat le bras obéit aux pulsations de la main.

D'après un avocat napolitain, les mobiles du crime sont presque toujours la jalousie ou la vengeance, ou même parfois la fausse conception de la justice. « J'ai vu, me disait mon interlocuteur, des hommes en tuer d'autres et dépouiller leur victime pour payer une dette. »

Stendhal ne rapporte-t-il pas cette réponse d'un paysan de la Terre de Labour qui ne pouvait acquitter l'impôt, à un préfet des Bourbons : « Que voulez-vous ? la grande route ne produit rien. Ma carabine et moi nous y allons pourtant tous les jours ; mais, comptez sur moi : je vous promets de ne pas manquer l'affût un seul soir jusqu'à ce que j'aie réuni la somme qu'il vous faut. »

Un tel état d'esprit est bien le résultat de l'ignorance et de l'inconscience. Le forfait accompli, le criminel cherche un refuge dans la montagne, et sa situation redevient presque régulière. Fra Diavolo n'obtint-il pas de la reine Caroline un brevet de colonel par une lettre où la souveraine lui donnait du « mon ami »; et ne vit-on pas le clergé napolitain célébrer la « messe des brigands » pour le redoutable Pasquale Romano ? — Cette situation tend à se modifier. Peut-être commence-t-on à s'apercevoir que la loi du talion est insuffisante, et que la force n'est pas toujours le droit. Jusqu'à ce siècle l'histoire de Naples s'était chargée de démontrer le contraire aux Napolitains.

Ce qui subsiste et subsistera, c'est le caractère d'entremetteur du peuple de Naples, Scapin loqueteux toujours en quête d'un Léandre à servir et d'un Géronte à tromper ; cette tendance d'ailleurs s'affirme jusqu'en de moindres services : on ne peut avoir une discussion avec son cocher sans qu'un individu surgisse on ne sait d'où et vous offre de vous mettre d'accord, moyennant rétribution. C'est un lieu commun que l'histoire du voleur de Portici, qui se dépêche de tuer sa victime parce que la cloche du couvent lui annonce l'heure de la messe.

La religion, telle qu'ils la comprennent, n'est donc point pour les Napolitains une entrave aux pratiques malhonnêtes ni même aux crimes. Ils s'étourdissent

4

volontairement dans des éclats de gaieté bruyante, auxquels ils doivent de goûter non seulement le plaisir positif du divertissement dont ils sont avides, mais aussi le plaisir négatif de l'oubli de tout remords, de l'engourdissement de toute douleur morale ou physique.

Le recueillement n'est possible à Naples qu'en de rares endroits. Il faut gravir la colline de San-Martino, sorte de vaste terrier où végètent dans la roche creusée de malheureuses familles, pour trouver sous les murs du château Saint-Elme un peu de calme et de silence.

Dans Naples, Saint-Elme ne pouvait devenir qu'une prison. Les Espagnols, qui la transformèrent successivement, ne connaissaient ni la ville qu'ils devaient embellir, ni cette loi essentielle qui veut que l'art soit fait pour le pays ; ils alourdirent la forteresse de remparts trop massifs, l'isolèrent par des fossés taillés dans le roc, l'assombrirent de galeries souterraines et de citernes profondes ; la citadelle était imprenable, disait-on ; et pourtant un château de carton bariolé de couleurs, avec une vierge dans une niche au lieu de sentinelle dans une guérite, en eût imposé davantage à la turbulence napolitaine ; la répression, elle aussi, doit être faite pour le pays.

Dans l'ombre de Saint-Elme, le couvent de San-Martino eût été une pépinière de moines fanatiques, un merveilleux nid d'aiglons inquisiteurs si la clémence du ciel, la douceur des fruits, la brise favorable n'eût eu le secret d'adoucir les esprits et les cœurs, en inspirant aux religieux une salutaire indifférence au lieu du besoin de dominer la gent misérable qui fait sécher ses haillons au soleil, sur les rochers de la colline. Les moines devinrent alors d'aimables amateurs ; ils se plurent à fleurir leur église et à orner leur jardin. Ils nous ont laissé le témoignage de leur indulgence et de leur goût dans les allées d'oliviers et les bosquets de glycine et de vigne vierge qui ombragent leur terrasse, dans les portiques de marbre blanc où ils abritèrent leur piété, dans la grâce de la chapelle où ils firent éclore douze roses de granit égyptien, enfin dans tout ce qui rappelle leur présence en ce couvent qui fut un peu la chartreuse du Rêve et de l'Idéal.

Les exigences de l'administration ont fait de San-Martino, où l'on jouit de la plus belle vue qui soit sur Naples et la mer, un hospice pour les aveugles. Il n'est pas moins singulier de voir la poudrière au pied même du Vésuve.

Le palais de Capo-di-Monte est aussi un tranquille séjour, mais il est triste de voir ces froides murailles qui entourent la régularité et la précision des jardins français. Ici, point de statues de marbre, point d'eaux vives; les Espagnols ont passé par là.

Mais c'est encore au Musée qu'il est le plus facile de méditer. Le *Philippe II* du Titien apparaît dans cette atmosphère de soleil et de joie comme un puissant contresens, bien fait pour inspirer au spectateur d'émouvantes réflexions. Le portrait du souverain qui aimait tant son peintre, bien qu'il le payât fort mal s'il faut en croire les lettres du Titien lui-même, ressemble peut-être moins à son modèle qu'à l'histoire même de la monarchie espagnole, à la succession de ces rois dont Philippe II fut le type, dont il régla les attitudes comme on avait réglé les siennes, dont en un mot il fixa et figea le geste. Dans cette œuvre il dépensa une énergie constante, une volonté obtuse mais indomptable; c'est ce dont témoignent à la postérité ce front bas et carré, ces yeux clairs, froids comme l'acier d'une lame, ces grosses lèvres exsangues, crispées par la contraction des muscles. Il est l'image même de l'opiniâtreté accomplissant la pensée qui lui vient d'ailleurs, l'effigie d'une force toujours présente et qui ne connaît point d'obstacles, au service de l'idée assez puissante pour suggérer, assez habile pour ne pas exécuter elle-même.

« Pâle en son noir pourpoint, la toison d'or au cou »,

il est l'image même de la catholique Espagne, guettant

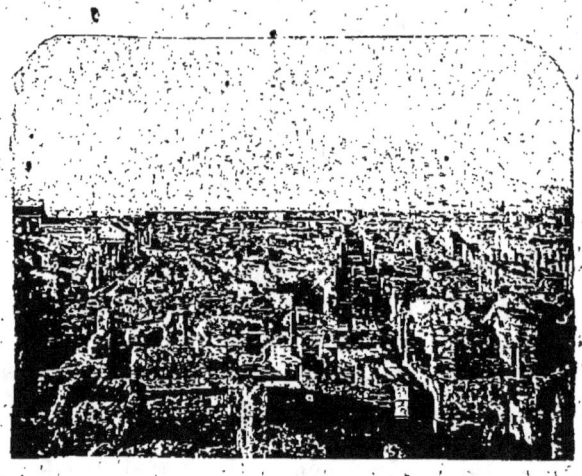

Pompéi.

dans la pénombre d'une cathédrale les victimes du prochain autodafé.

Les Salvator Rosa sont de moindre valeur; on y cherche en vain l'effet d'une imagination sombre et capricieuse. *Jésus disputant avec les docteurs* a un geste déplorable d'avocat embarrassé. La *Vierge* du Vinci, qui tient en ses bras le bambino, a je ne sais quelle grâce énigmatique et charmante. Dans l'exécution, la vivacité italienne est amoindrie par une gravité germanique;

mais combien est plus noble et plus touchante la figure de sainte Anne, si divinement grand'mère dans la *Sainte-Famille* de Raphaël! Pour examiner quelques toiles on doit en négliger bien d'autres. Il faut cependant s'arrêter devant les Ribeira, devant la belle anatomie musculaire, même un peu trop exubérante du *Silène*, et devant les chairs douloureuses du *saint Sébastien*. Les paysages ténébreux et livides, les ciels

Pompéi : Maison et Fontaine du Faune.

de cuivre noirci qui forment les fonds, donnent à ces figures l'expression intense de la souffrance du corps; l'âme en est un peu absente. Tout cet appareil de terreur et de torture indique bien l'esprit cruel et violent, sujet à l'outrance, du peintre qui ne sortait dans la rue qu'entouré de spadassins et qui ne craignait point d'user des lacets des sbires ou du poison des sorcières pour se débarrasser des collègues capables de lui porter ombrage.

Les peintures de Pompéi ont plus d'intérêt comme

documents que comme œuvres d'art. Elles ne visaient pas sans doute à impressionner vivement le maître du logis, mais bien plutôt à décorer agréablement la salle dont elles couvraient les parois, à réjouir l'esprit de celui qui y pénétrait, et, selon l'heure du jour, elles le préparaient à remplir quelque fonction de la vie quotidienne. Dans la salle de festin, ces combats de coqs représentés en vives couleurs, ces poissons aux écailles argentées, ces fruits à l'aspect savoureux invitent le convive à goûter avec plus de joie aux mets qu'on lui présente, à mieux apprécier la chair parfumée au safran de ces dorades illustres, dont Pline vantait si fort la succulence, et dont il semble avoir transmis le goût à son neveu l'épistolaire.

Dans la chambre du maître du logis, ce robuste Mars, qui fait si volontiers aux pieds de Vénus le sacrifice de sa cuirasse et de sa rudesse, n'est-il pas une agréable provocation à des plaisirs d'amour, que les hommes auraient eu mauvaise grâce à ne pas écouter, alors que les dieux leur en donnaient de si merveilleux exemples.

* * *

La fête de Naples continue au bord de la mer, le long de ces heureux rivages; les tambours de basque résonnent toujours dans les pierres ruinées de Bacoli et de Baïes. Aussi le petit golfe de Pouzzoles est-il plus touchant encore par le contraste dans sa solitude où planent le silence et la mort. Quelques arbustes tordus par le vent, quelques vignes accrochées aux rochers et enguirlandées de plantes grimpantes qui mêlent leurs liserons aux grappes mûries, attestent seules aujourd'hui la présence de ces « tièdes vergers » dont parle Horace, de ces tonnelles où achevait de s'attrister et de mourir auprès de ses courtisanes la jeunesse de Rome. Mais, en revanche, quelle gaîté folle, exubérante, anime la rive méridionale du golfe; Portici, Castellamare, Torre-del Annunziata, Torre-del-Greco huit fois détruite, huit fois relevée de ses cendres ! La lave est à peine refroidie, à peine solidifiée, que les habitants viennent y tailler des pierres pour reconstruire leurs maisons renversées; avec une joyeuse indifférence qui semble augmenter dans le voisinage de la mort, ils dorment contents et tranquilles sur cette terre où se sont stratifiés en couches successives les cadavres de huit générations. Chacun aime d'autant plus son coin de terre, les fruits de son oranger ou le raisin de sa vigne, qu'il sent que ces richesses sont plus éphémères. A mesure qu'on se rapproche du terrible cratère, on devine plus étroitement mêlés le besoin d'une réalité joyeuse et d'un idéal toujours présent; les Vésuviens comparent aujourd'hui leur vin aux larmes du Christ comme ils le comparaient jadis au sang de Bacchus.

Pompéi seul montre à découvert le dernier geste de la vie surpris et figé par la mort; on ressent à ce spectacle une double impression. Tout d'abord on est saisi par cette révélation soudaine de la vie antique, l'admiration et la curiosité ne laissent place à aucun autre sentiment en face de cette « voie des tombeaux »; de ce forum que l'on repeuple en esprit d'orateurs et de soldats; de ces fontaines dont la pierre usée montre l'endroit où l'on avait coutume de poser la main en puisant l'eau; de cette boutique du boulanger où l'on retrouve dans le four des pains tout cuits; de l'étalage du marchand d'huile avec ses amphores soigneusement rangées; de ces bijoux, de ces poignards, de ces armures, de ces chars, de ces instruments de chirurgie, en un mot de tous ces mille détails de la vie intime.

Plus l'objet exhumé est de minime importance : simple hameçon pour la pêche, onguents ou fards d'une dame romaine, plus on est intéressé, plus on voit le geste même de celui qui s'en servit, et je ne crois pas que l'ouvrier qui trouva l'affiche de théâtre annonçant tel

La maison du boulanger.

spectacle pour tel jour des ides de Mars, ait été moins heureux que celui qui eut le bonheur de mettre au jour la célèbre maison du Faune. Peu à peu cette impression devient si vive que l'intérêt archéologique s'efface pour faire place à un sentiment plus intense et plus humain ; les habitants de la ville ne sont plus seulement pour nous des Romains, nous apportant à travers les siècles des trésors de renseignements sur leur civilisation, mais surtout des hommes, nos frères, ayant vécu et souffert comme nous.

Pompéi nous produit alors à peu près l'émotion d'une sorte de grand fait-divers à sensation qui se serait passé il y a dix-huit cents ans, et cette émotion est d'autant plus forte qu'il s'agit non d'un incident isolé, mais d'une ville de trente mille âmes qui nous est rendue avec la trace du dernier char qui y a passé, avec la caricature que le dernier gamin esquissa sur le mur, dans tout l'ensemble de sa vie subitement arrêtée.

La boutique du marchand d'huiles.

Aussi, de tous les souvenirs que l'on emporte de Pompéi, le plus saisissant est-il celui de ces corps pétrifiés dans l'attitude qu'ils avaient lorsque la catastrophe survint, de cette femme, de ces hommes, de cet enfant, de ce chien qui ne sont aujourd'hui qu'un morceau de pierre, mais qui nous bouleversent parce qu'ils nous rendent après dix-huit siècles les frissons, les spasmes, la dernière convulsion d'êtres semblables à nous. L'histoire disparaît devant l'humanité.

* * *

Sous ce climat un cimetière est toujours proche des

plus beaux jardins. Sorrente n'est pas loin de Pompéi. On y arrive après avoir parcouru une merveilleuse route en corniche, tout ombragée d'arbres et de rochers ; les ombrelles des pins, les rameaux torses des oliviers, la neige des myrtes et la pourpre des caroubiers mêlent leurs fleurs et leurs feuilles, et la musique lointaine des abeilles bourdonne dans l'ombre bleuâtre des éryx ; le ciel un peu couvert éclaire d'un jour fauve les ravins longs et étroits. Après une dernière montée, l'on parvient à Sorrente, toute plate, presque banale, avec ses maisons pauvres et régulières, ses hôtels tenus à l'américaine et ses routes soigneusement entretenues, mais profondément séduisante pour la belle falaise jusqu'au bord de laquelle elle s'avance et pour une vue infinie et souriante sur les horizons libres du ciel et de la mer. Les jardins qui entourent les dernières maisons ont une grâce souveraine ; des allées pleines de lumière y circulent embaumées du parfum acide et pénétrant des oranges et des citrons. Ces forêts merveilleuses se prolongent jusqu'à la côte ; quelques arbres même, dont les graines ont été retenues dans l'anfractuosité d'une roche, ont poussé au penchant de la falaise ; on ne peut en cueillir les fruits qui, trop lourds aux branches qui les supportent, tombent à peine mûrs dans la mer. Cette belle herbe fraîche, que ne dessèche point le feu du soleil et le sel de la mer, toute cette végétation à la fois luxuriante et aromatique depuis la sombre verdure du laurier jusqu'au pâle feuillage du tremble, tout s'harmonise ; et les moindres nuances se fondent sur le ciel dont l'éclat est apaisé par les vapeurs qui montent de la vague dans la tiède douceur de l'atmosphère.

Sur la petite place, une modeste église, des maisons basses et sans couleur ; les fenêtres à petits rideaux blancs sont à peine égayées par les longs chapelets des gousses d'ail et des oignons dorés au soleil. Assis sur le pavé, des enfants ayant de grands yeux noirs qui leur mangent tout le visage, poussent des cris et se roulent dans la poussière ; le sol autour d'eux est parsemé de débris d'oranges éventrées, montrant dans leur écorce rutilante leurs entrailles d'une belle couleur chaude et safranée. Toujours à Sorrente, les fruits sont pour quelque chose dans le paysage ; leur périssable beauté n'est pas inutile et sert à parer les belles mains cuivrées qui les cueillirent et les lèvres qui s'y amusent, appelées par leur douceur. Aussi, lorsqu'on admire ces paniers pleins de gros citrons que les mendiants vendent en récitant des prières, on ne tarde pas à voir apparaître ces Sorrentines dont le nom ne contient pas en vain la promesse d'une grâce à la fois vive et nonchalante.

La journée est finie, et les rues qui mènent à la falaise, où souffle à travers les orangers le vent salé du large, se remplissent lentement d'une foule d'ouvriers, de femmes et d'enfants. Quelques filles sont fardées, mais délicieusement ; le carmin, maladroitement posé sur la belle chair de leurs lèvres qui ont la couleur de roses presque noires, un peu fortes et très mobiles et qui ne cessent de faire des petites grimaces d'enfantine sensualité, fait ressortir la pâleur mate des joues et les jolies rousseurs de la nuque, où tombe le jais bleuâtre d'une lourde chevelure.

Des petites filles qui, sous notre climat, seraient des enfants, presque des femmes sous ce ciel d'Italie, pour leur démarche qui cambre leur taille jusqu'à renverser en arrière leur col effilé et brûlé de soleil, sont troublantes par l'incertitude où l'on est de leur âge et du sentiment qui découvre leurs dents sans amener leur bouche à l'épanouissement du rire, lorsqu'elles croisent un beau garçon dont la chemise entr'ouverte laisse voir la nudité d'une poitrine vigoureuse. Et pourtant leurs mains sont mignonnes et gamines, et ne trahissent point un corps né pour l'amour. L'une d'elles, le bras levé, fait flotter en l'air un foulard de soie rouge imprégné de quelque parfum; ses compagnes marchent

Pompéi : Rue et fontaine de l'Abondance.

derrière elle, dressent la tête, dilatent les ailes fines et frissonnantes de leurs narines; elles semblent se plaire à ce jeu et disparaissent au tournant de la ruelle, dans la même attitude d'inconcevable plaisir. A travers une large porte dont les deux battants sont grand ouverts, on aperçoit des femmes qui vont et viennent, se livrant aux travaux divers de la lessive. Elles ont les bras nus et bronzés, mûris comme des fruits; la plus jeune, qui lie en paquets des bâtons de macaroni, chante d'une voix basse et vibrante une vieille chanson :

« Sainte Catherine, sainte Catherine, donne-moi un pêcheur pour mari, un beau jeteur de filets qui m'aimera bien fort. M'y voici. Mon Dieu! comme l'eau que j'ai sentie sur son épaule est rude et salée! Mais ses baisers aussi sont rudes et amers comme la feuille de l'olivier, comme mon amour, plein de jalousie. Sainte Catherine, sainte Catherine, donne-moi un pêcheur pour mari! »

Pompéi : Forum et Temple de Jupiter.

La sensualité qui se dégage de tous ces coins de vie, surpris au passage, n'est point triste et basse. Ces femmes, si gracieusement déshabillées par le moindre coup de vent et même par leur démarche abandonnée, n'ont pas plus de gêne à montrer leurs beaux cheveux, leurs robustes hanches ou leurs souples mollets que les fleurs aperçues tout à l'heure aux jardins de la falaise, à sentir bon et à être belles. Elles sont violentes et exaspérées dans cette lourde atmosphère où les parfums sont essence, et leurs petits pieds frémissent à la brûlure d'un sol surchauffé. Il y aurait là, pour les poètes désenchantés d'admirables maîtresses, propres à les ranimer par l'intensité de leur vie, qui passe tout entière dans un de leurs regards; et si quelque soir, lassés de cette beauté tranquille, ils se plaisaient à soulager leurs sombres humeurs en éveillant chez ces belles créatures la douleur jusqu'alors inconnue, ils auraient la joie suprême de voir au fond de ces yeux noirs et secs trembler à leur aurore des larmes nouvelles.

Cette vie excitée et qui n'a point perdu pourtant toute grâce paresseuse, s'accommoderait mal du voisinage des ruines, aussi n'y en a-t-il point à Sorrente. Seulement, au bas du rocher, dans une sorte de jolie grotte qui n'est ni verte ni bleue, mais qui se contente de recevoir une beauté changeante des rayons plus ou moins hauts du soleil, il faut avoir entendu gémir la mer brisée par les récifs, d'une voix douce et apaisée, contre la paroi qui cède toujours à cette plainte éternelle; la piété populaire l'embellit encore du nom de « Bain de Diane ».

Mais il est un souvenir que l'on ne peut détacher de Sorrente, celui du Tasse qui y naquit et dont la gloire alla jusqu'au bout du monde. On voit encore au bord de la mer un pan de mur écroulé : c'est tout ce qui reste de la maison du poète; le flot, en déferlant contre le rivage, ne nous a laissé comme témoignage d'une humble et illustre demeure que ces quelques pierres rongées par la vague. C'est assez pour nous émouvoir. Ces misérables débris, auxquels le nom toujours pompeux de ruines ne saurait convenir, en disent plus que bien des palais; l'imagination reconnaissante aime à partir de peu de chose pour embellir le souvenir.

C'est là qu'après sept ans de captivité, revint pleurer

le prisonnier de Ferrare; c'est la beauté de ce paysage qui lui valut la qualité de son génie. Ne retrouve-t-on pas en effet dans les jardins de Sorrente, une nature semblable à sa poésie, toute de luxe et de plaisir, illuminée d'une clarté légère? Et ne lui dut-il pas de ne pas être seulement une sorte de géographe poétique comme la plupart des Italiens? Le merveilleux berceau, tout d'ajonc doré, de roses trémières et de lilas, et bien fait pour recevoir celui qui semblait être né des amours de quelque sirène majestueuse et fleurie et d'un joyeux lutin de Bergame! Le Tasse n'eut-il pas toute la gravité que pouvait comporter une vive et gracieuse lascivité, sans cesse trahie par de voluptueuses allégories, par de galants sonnets et par de mutines chansons? N'eût-il pas toute la grandeur et l'idéal de la mer et du ciel sur lesquels il ouvrit les yeux; et aussi, comme les petites fleurs des parterres, toutes les gentillesses et toutes les mièvreries? Aux heures douteuses du soir ne fut-il pas ému, à travers les rues toutes pleines de femmes et de fruits mûrs, par une élégante décadence encore toute matinale? Et ce sont tous les rayons, toutes les corolles, tous les parfums et tous les propos d'amour de Sorrente que le poète jeta sur les murs sacrés de Jérusalem d'une main délicieuse et profane; à travers la magie du poème, cette jolie croisade semble une divine tarentelle.

Un beau vieillard sorrentin, auquel une légère folie donne des allures de prophète, prétend connaître deux gentilles nymphes qui viennent souvent jouer dans la lune, sur les pierres écroulées du logis de Torquato. Pourquoi ne pas penser avec lui que ce sont les deux servantes que rencontrent les chevaliers devant le palais d'Armide, où ils vont délivrer le pauvre Renaud? En entendant le bruit des armures, les deux jeunes filles s'enfuient sur l'onde et, pour faire semblant de se cacher aux yeux des guerriers, elles se couvrent en riant de leurs cheveux, joyeuses de cette malice et de cette inutile pudeur; toute la vie amoureuse et parfumée de Sorrente ne respire-t-elle point dans ces chevelures dénouées?

* * *

A la nuit, à bord de la *Touraine*, une troupe de danseurs est descendue de Sorrente; la plupart sont des

Cadavre d'un enfant.

paysans et des paysannes, qui dans la journée ont fait la cueillette des fruits mûrs dans les bois d'orangers. L'une d'elles, la plus jeune, se balance le poing sur la hanche, avec de grands sourires joyeux et inattendus. Sa beauté fruste et violente éclate comme un coquelicot dans les champs; ses cheveux sont très noirs, ses dents très blanches, ses lèvres très rouges, sa voix sonore, pleine de soleil, pleine de promesse, chaude et caressante; tantôt vive, tantôt alanguie; elle regarde, s'étonne et rit : elle s'appelle Immaculata.

Le tambour de basque résonne, les guitares s'accordent, les écharpes se développent et la tarentelle peu à peu s'anime. Ce sont d'abord des pas, des saluts, des

Immaculata.

cérémonies, mais bientôt la danse s'échauffe, les hanches se balancent, laissant le torse droit et fier, le mouvement augmente, les gorges se renversent, les têtes s'inclinent, puis brusquement se redressent sur les épaules, et la cadence plus rapide devient excessive, folle ; les visages se rapprochent, les lèvres s'offrent, les yeux brillent, étincellent, les bras s'agitent, frémissent et à travers les fichus et les robes on devine les corps épuisés, frissonnants ; des mots et des petits cris s'entre-croisent, retentissent, couvrant les paroles à voix basse échangées à l'oreille et, dans une fièvre indescriptible et passionnée, la danse frénétique, presque brutale fait rage, fureur ; les dents grincent, les yeux mordent et c'est une ronde nerveuse, irritée, pleine de secousses imprévues, de sursauts et de déhanchements, autour de la statue invisible et présente du monstre Désir. Brusquement la musique cesse et les danseurs à bout de forces se quittent enivrés de fatigue et de plaisir, souples, élégants, avec sur la bouche un sourire de voluptueuse indifférence. Immaculata à demi pâmée, rendue plus violente encore par la danse furieuse, rit aux éclats sans comprendre à tous les compliments qu'on lui fait. Le chef de la troupe mène grand bruit autour d'elle et conte éloquemment son histoire.

Tous les étrangers qui l'ont vue lui ont fait d'inutiles déclarations. Un prince musulman voulut se convertir pour elle et répéta en son honneur le vers que Michel-Ange adressait dans Ischia à la marquise de Pescaire : « Le regard de cette femme est le rayon de lumière qui me conduit jusqu'à Dieu. »

Un jeune passager pourtant ne paraît pas se décourager pour si peu, et elle lui donne pour quelque argent des sourires et un collier de verroterie.

Une barque attend les danseurs et peu après s'éloigne

rapidement vers la côte. Les guitares s'accordent une dernière fois pour un chant vif et clair comme cette nuit toute parfumée de bouquets d'étoiles; les voix s'unissent au bruit du flot, la mélodie par instants, arrive encore dans une brise légère, musicale et harmonieuse comme ces paysages endormis dans des ténèbres transparentes. Les mille lumières de la côte font au golfe une couronne de feu et la rumeur de Naples parvient affaiblie à nos oreilles.

Soudain une flamme jaillit du Vésuve avec un grondement sourd, mais s'éteint aussitôt. Demain peut-être un flot de lave recouvrira ces rives heureuses d'un linceul de pierre.

S'il prend un jour à quelque archéologue le désir de fouiller la ville ensevelie, il y retrouvera des cordes de guitares, des statues de la Madone, la défroque de Polichinelle, des fleurs, des fruits, des lampions et un flacon de Lacryma-Christi, où le peuple, comme le Roland de l'Arioste... a depuis longtemps enfermé sa raison avec un rayon de soleil. C'est tout ce qui restera de la Fête de Naples.

Trois Iles.

Trois Îles.

*Me insulæ expectabunt ; et bracchium
meum sustinebunt.*
(ISAÏE, ch. II, v. 5.)

I. CAPRI

La brise qui passe sur Capri est imprégnée du parfum sauvage des acanthes, des genêts d'Espagne, fleuris d'or clair, et des câpriers. Jadis, sans doute, des chèvres paissaient parmi ces verdures sombres et chaudes, toutes baignées de tiède lumière, et elles donnèrent leur nom à cette île, qui nous séduit et nous émeut par son mélange de feuillages et de rochers, par l'humilité de ses petites fleurs rampant sur les lichens, toujours mauves, n'osant être ni bleues ni roses, et qui ne perdent point leur charme pour être les voisines et les hôtes de l'ombre majestueuse des chênes toujours verts, que l'on décore du nom d'yeuses.

La mer, qui bat furieusement les rivages de l'île, ne laisse à découvert que quelques galets; c'est ce que les habitants appellent, et non sans fierté : la plage. La silhouette de l'île se découpe bizarrement sur un ciel admirablement bleu, où les seuls nuages sont la poussière soulevée, où un peu de fumée qui s'élève de quelques toits. Des vols d'oiseaux de mer tournoient en criant au-dessus du mont Solaro et les dauphins se laissent porter par la vague jusqu'au pied même des rochers. Gracieuse île, sorte d'arche fleurie qui a jeté l'ancre, où viennent s'ébattre et s'amuser oiseaux et poissons, tandis que les chèvres, que l'on ne voit plus, sont endormies sans doute auprès du thym brouté, à la fraîcheur des néfliers sauvages !

L'on s'étonne parmi ces jeux de la nature de trouver la trace de l'homme, de voir ces escaliers glissants, taillés dans le roc même; ce sont, d'ailleurs, les seuls chemins qui mènent aux deux petites cités capriotes. L'éternelle rivalité de Capri et d'Anacapri, auprès de laquelle la haine des Capulets contre les Montaigus n'était qu'une querelle d'enfants, est si plaisante qu'elle est sans doute l'ironie de la nature sous ce ciel et près de cette mer, dont l'harmonie est si parfaite que, sans avoir recours à la concession des nuances, elle semble émaner d'un sentiment d'amour mutuel : « Le ciel et la mer, » dit Pline l'Ancien, « chérissent la terre qu'ils baignent de leurs flots et de leur lumière. »

En montant vers Capri, l'on ne tarde pas à s'apercevoir que, si près qu'on soit de Naples, on a déjà fait un pas vers l'Orient ! Ses sources vives qui en nombre d'endroits jaillissent du sol, baignent de merveilleux orangers et des citronniers chargés de fruits; les jardins sont entourés de haies de mûriers, de lentisques et de nopals; et là-haut, à l'extrémité de la roche qui se termine en aiguille et menace le ciel, croissent des palmiers nains, dont la graine fut apportée par le vent « divin semeur » de quelque golfe d'Afrique.

La ville même a, elle aussi, un petit cachet oriental. Les rues en sont étroites, et quelques-unes d'entre elles sont couvertes. De loin, les maisons sont toutes blanches; le calcaire abondant à Capri fournit la chaux nécessaire à un badigeonnage annuel. Regardant vers la mer, des terrasses reçoivent l'ombre des oliviers, auxquels la brise du large a conservé un aspect de fraîcheur. Quelques toits aplatis sont surmontés par des coupoles de maladroite exécution, et l'église avec ses contreforts, ses chapelles ajoutées après coup, a déjà quelque chose d'une mosquée.

C'est dimanche; une petite cloche à la voix argentine et qui domine un peu, bien qu'à peine, le bruit de la vague battant la falaise, appelle les fidèles à la prière. A travers le dédale des rues taillées en gradins, montent des femmes et des filles; la fontaine est proche, et elles ont placé sur leur tête leurs cruches vides, pour rapporter après l'office l'eau fraîche. Elles se disséminent dans l'église en petits groupes; le curé, qui ne manque point d'une certaine élégance et qui, au dire des habitants, fait à Naples une visite quotidienne, commence un sermon verbeux avec force gestes. La voix est belle, profonde, la physionomie expressive; il « joue très bien », me dit un guide. Et nous voici encore en présence de ce qui nous troublait tant à Naples, de ce voisinage du théâtre et de l'église, de cette mandoline qui sert au chant des vêpres comme aux aubades nocturnes : « mystérieuse frontière, ligne idéale, où la dévotion, l'amour et le sentiment de la mort se confondent. » Dans l'auditoire, quelques femmes ouvrent de grands yeux noirs, pleins de sincérité et de repentir; l'une d'elles a des larmes qui coulent sur la peau brune de ses joues. D'autres manient leur chapelet et y amusent leurs doigts, déjà dociles aux coutumes orientales. Derrière un pilier, une petite fille d'une quinzaine d'années, dont le tablier multicolore est rempli de coquelicots, les place dans ses cheveux qu'elle noue et dénoue sans cesse, tandis que sa sœur, plus âgée, très belle encore, mais plus charmante dans sa tristesse, se débarrasse de l'enfant qu'elle tient sur les bras en l'asseyant sur le rebord du bénitier.

Dans un coin, un beau gars, le seul indigène qui soit dans l'église (tous les autres transportent les bagages des voyageurs nouvellement débarqués), fait des signes de croix répétés pour se donner une contenance et regarde fixement vers le milieu de la nef. Je ne sais quelle femme attirait son attention, mais je pense que c'était la pleureuse, car c'est la seule qui ne se soit pas retournée. Un Capriote m'a dit plus tard que c'était une jeune veuve et que son mari avait péri dans la tempête, un soir où il pêchait avec un homme plus jeune; et, en parlant, il me montrait du coin de l'œil le beau faiseur de signes de croix. Si tant de crimes passionnels se commettent sous ce climat, la faute n'en est-elle pas, non seulement au caractère des habitants, mais aussi aux rencontres fortuites, si fréquentes au milieu du carnaval de l'existence qu'est la vie au bord du golfe; le hasard devient ainsi la seule origine des liens d'amour, au mépris des sentiments vrais qu'il blesse et bouleverse, et dont il empêche l'éclosion normale.

Mais le sermon est terminé; quatre heures viennent de sonner, les femmes sortent de l'église; le bambin se laisse choir au fond du bénitier et pousse des cris terribles, sa mère l'en tire et l'emmène; la coiffure de la jeune fille aux coquelicots est achevée, elle est fière de son chignon retroussé et fleuri. Les femmes, peu à peu, se dirigent vers la fontaine; celle qui pleurait se lève la dernière, ses larmes sont taries. Arrivée sur le seuil, elle donne quelques baïocs à un mendiant, et un sourire au gars de tout à l'heure; et, satisfaite de sa double aumône, elle prend le chemin de la place: elle ne pense plus sans doute au pauvre pêcheur perdu dans la tempête; mais qu'importe, puisqu'il a trouvé dans les flots l'oubli qu'elle a trouvé plus vite encore dans la vie? D'ailleurs, il se consolerait peut-être s'il savait que tout à l'heure, quand elle pleurait, elle était plus belle encore.

Le curé gagne la porte, qu'il ferme derrière lui et descend vers la plage; une petite barque l'attend. Il est l'heure d'aller à Naples.

* * *

Dès notre arrivée à Capri, nous avions entendu parler du grand maître de l'île, de Tibère! Ici, tout est « à la Tibère », depuis le vin clair du terroir, qu'agrémente un petit goût de violette, jusqu'aux femmes qui ont la singulière fierté de se croire les descendantes des concubines du vieil empereur. Elles sont, pour la plupart, très grandes et c'est dans cette conformation physique qu'elles trouvent la preuve de leur noble origine, car tous les habitants de l'île, qui savent par cœur le paragraphe 68 de la *Vie des Douze Césars* de Suétone, ne manquent pas de vous affirmer que leur ancêtre était « gros, robuste, et d'une stature au-dessus de la moyenne, large des épaules et de la poitrine, et que, de la tête aux pieds, ses membres étaient bien faits et bien proportionnés. » Leurs grand'mères n'auraient pas pu en dire davantage.

Un aubergiste bien « nature » me dit : « Notre Tibère, voyez-vous c'est une bénédiction; grâce à lui, nous pouvons arriver à payer l'impôt, et il est rude l'impôt! »
— Curieux de connaître les difficultés budgétaires d'un

territoire, aussi important, j'en demande les causes :
« C'est de la faute du saint » — continue l'aubergiste.
« Quel saint ? » — Et lui, très étonné : « Mais San Costanzo ! » — « Qui, San Costanzo ? » — « Je ne sais pas,
personne n'en sait rien, le curé non plus ; seulement ce
saint faisait beaucoup de bien à l'île ; il était très populaire, et pourtant il n'avait qu'une statue de bois. Alors,
on a voulu lui en faire une en argent, qui a coûté quinze
mille ducats ; et depuis ce temps-là, l'impôt est doublé.
Je pense bien que la statue est payée, mais l'impôt continue tout de même. En voilà un saint qui nous a
donné du tracas ! Tibère vaut bien mieux. Je ne sais pas
ce qu'il a été dans le temps, mais aujourd'hui c'est un
bien brave homme ! » Et mon interlocuteur me quitte
pour vendre à un Anglais une brochure dont le titre
était : *L'Ile de Tibère*.

Sans contester la valeur des connaissances plus pratiques qu'historiques de mon hôtelier, sa conversation
ne prouve-t-elle pas combien sont grands les hasards
des jugements de la postérité, et que, grâce à eux, la
mémoire des saints et des démons est soumise à de
curieuses destinées.

Les Capriotes d'ailleurs ne dédaignent point, pour
subvenir aux nécessités de la vie présente, de tirer du
passé tout ce qu'ils peuvent. Depuis ce matin trois
guides, qui sont venus m'offrir leurs services, m'ont
promis de me faire voir la fille de la maîtresse d'Hudson Lowe, le geôlier de Napoléon à Sainte-Hélène, qui
commandait les forts de l'île, qu'il disait être imprenables lorsque le général Lamarque l'en délogea avec une
poignée de grenadiers français, sous le feu plongeant
des batteries anglaises. Le premier guide m'assure que
cette mémorable personne est brune, le second qu'elle
est blonde, le troisième qu'elle est rousse. Il est facile

d'en tirer un important renseignement historique, en déduisant que la maîtresse d'Hudson Lowe eût plusieurs filles, ou, ce qui n'est pas moins vraisemblable, que celui-ci eût plusieurs maîtresses.

Le Capriote paraît d'ailleurs peu actif. Autour de la ville, des hommes dorment au soleil et goûtent le charme du *farniente*, cette paresse aussi italienne que son nom, qu'on n'a pu traduire en une autre langue. Le passage des cailles est, paraît-il, le seul événement qui les tire de cette apathie : c'est une véritable richesse qui s'abat deux fois par an sur ce rocher. L'évêque de Capri avait autrefois le monopole de cette chasse et tirait un gros revenu de ce gibier, qui est bien par sa succulence, par sa graisse fine et douillette, un mets de prélat; et cependant, sur le marché de Naples, une caille ne vaut guère plus d'un sou !

Mais il y a longtemps que nous avons quitté Tibère. Voici pourtant, à la pointe extrême de ce rocher, abrupt les ruines de son palais; et, plus haut, l'emplacement des douze villas dédiées, sous le nom des douze grands dieux, à la sénilité de ses débauches. La beauté du site lui avait sans doute paru favorable à l'oubli de tout. Mais la vie douce et riante de ces calmes rivages, que souilla seule sa présence, n'était-elle pas pour lui, le plus constant des reproches ? Ce que la flatterie des hommes lui avait caché, des fleurs et des rochers, auprès d'une mer apaisée et sous un ciel indulgent, le lui rappelaient sans cesse.

* * *

La route qui monte vers les ruines est bordée de jardins qu'ombragent des orangers; des figuiers, des oliviers, dont les feuillages gris vert sont égayés par les baies mûres des arbousiers. Parfois un fût de colonne brisée, un pied de table de marbre antique, celle peut-être qui portait les onguents et les styptiques destinés à embellir les chairs des femmes sacrifiées au désir ou aux cruautés du despote; un débris de statue, un socle mutilé, gisent à terre; des vignes et des plantes grimpantes s'y enroulent, et les consolent de leur oubli.

C'est ainsi que l'on arrive jusqu'aux substructions, seuls restes des constructions romaines. Plus on approche, plus les arbres sont rares, mais en revanche le sol se couvre de fleurs; les lianes rampantes et légères des liserons s'enlacent aux tiges plus fortes des giroflées; les églantiers s'étalent en larges massifs, les clématites courent sur les pierres qu'elles recouvrent de leur fraîcheur; l'on dirait que la nature veut se venger et s'efforce de cacher les derniers vestiges de ces lieux d'orgie. L'on retrouva, il y a quelques années, tordue par une vigne vierge, au point qu'elle se brisa quand on voulut la redresser, une coupe d'argent, celle de l'Empereur peut-être, ornée de sujets obscènes. Partout, les fleurs poursuivent leur œuvre destructive. Les murs de la villa dédiée à Jupiter, la seule dont nous puissions contempler les débris, la seule dont Suétone indique à peu près l'emplacement, en offrent un merveilleux exemple. Quelques pierres, unies par ce fameux ciment romain qui a résisté même au battement des flots, ont été descellées par l'action dissolvante des vrilles et des circuits des lierres sauvages. Dans la salle des festins, envahie aujourd'hui par une exubérante végétation de genêts et d'herbes folles, paissent tranquillement des petits ânes campaniens, de couleur gris perle. L'un d'eux lampe bruyamment un peu d'eau recueillie dans les débris d'une vasque de marbre. A terre, gisent des fragments de mosaïque. Une vieille femme, parmi toute cette mort, glane des épis de blé, poussés au hasard.

Ici, point de fouilles à faire. La roche qui servit de fondation affleure au ras du sol ; la terre paraît se refuser à toute conservation. Lorsqu'on voulut déblayer une sorte de caverne, agrandie et appropriée par la main de l'homme et qui servait sans doute de prison, on n'eût pas à lutter contre la résistance du granit, l'adhérence de l'argile ou les éboulements du calcaire, mais bien encore contre un fouillis inextricable, contre un impénétrable réseau d'épines, de ronces et de broussailles, fleuries de baies et d'églantines. L'on peut encore s'asseoir sur la margelle des citernes de Tibère et voir les dernières traces que les flots laissent subsister du Palazzo-di-Mare.

Après avoir visité Capri-Capulet, il nous faut voir Anacapri-Montaigu.

Anacapri n'a pas de ruines, pas de fleurs. Entre les habitants des deux cités ennemies, c'est une lutte perpétuelle ; pour eux, tout est motif à discussion : la pêche, la chasse des cailles, l'exploitation des étrangers, autre gibier de bonne prise. Mais Capri l'emporte de beaucoup, et la pauvre Ana mériterait quelques compensations, elle dont les femmes ne descendent point des courtisanes impériales, elle qui ne possède pas une seule petite maîtresse d'Hudson Lowe, elle enfin qui n'a pas Tibère. Aussi ses jugements sur l'histoire romaine sont-ils empreints du plus violent mépris. Il n'est pas besoin d'ajouter qu'Anacapri étant bourbonienne, Capri appuya de tout son pouvoir Garibaldi.

La grotte d'azur est pourtant pour les Anacapriotes l'occasion d'un bénéfice quotidien. Cette illustre caverne, où la lumière ne pénètre qu'à travers l'épaisseur des couches liquides qui la décomposent et qui ne laissent parvenir à l'intérieur que les rayons bleus, fut découverte par des Anglais. Ce n'est que justice, car c'est bien là une curiosité pour Anglais. Bien que ce soit l'œuvre de la seule nature, il s'y mêle néanmoins quelque chose d'un peu artificiel, d'un peu trop féerique. A l'intérieur de la caverne assez vaste, la couleur de l'eau est pourtant merveilleuse; l'air frais et imprégné de sels marins est délicieux à respirer. Vers le fond, un escalier taillé dans le roc, que l'on dit comme de juste avoir servi aux basses œuvres de Tibère, conduit à une large cavité. Sur les marches naissent de petites plantes, toujours fraîches, fleuries de blanc et de rose, mais qui paraissent d'azur et d'argent dans cette atmosphère. Un jeune garçon gros et joufflu, pour quelques sous, plonge auprès de nos barques; son corps est couvert de paillettes scintillantes, d'écailles lumineuses; il semble un triton dans la grotte des naïades. On subit le charme de ce palais de turquoises et de saphirs, de toutes ces nuances douces à l'œil, depuis le bleu clair jusqu'au sombre indigo. Mais la réclame bruyante et l'odieuse exploitation de ce petit lac, où la couleur du ciel se mêle à celle de la mer, en gâtent l'agrément.

Les filles de Capri y vont parfois toutes ensemble amuser leurs pieds nus; et riant aux éclats de se voir toutes bleues, elles se prennent pour les petites princesses des contes de fées dont leurs grand'mères leur ont transmis la merveilleuse tradition. Mais alors, hélas! la grotte est interdite au jeune triton et même aux simples mortels. Ce sont ces jours-là, cependant, qu'il faudrait la visiter, tandis que les femmes réveillent les échos qu'elles seules connaissent, et rendent au paysage tout son pittoresque, en l'habitant et en l'animant selon la nature; elles sont un peu l'âme même de ces eaux lumineuses.

***

Le bateau partira à la nuit. Allons contempler, de la cime du mont Solaro, ce que les paysans appellent si bien le spectacle de : « la quittée du jour. » La mer douce et bleue est éclaboussée par endroits des roses que le soleil, avant de disparaître, sème sur le dos des vagues comme un dernier et magnifique présent; plus près du rivage, de longues algues jaunies et safranées se nuancent à travers l'eau de claire émeraude. Le sommet du Vésuve commence à s'illuminer en même temps que le ciel se remplit d'étoiles. Sur tout le golfe, ce soir, c'est fête de nuit. Il y a bal, sans doute, chez toutes les petites nymphes de la terre et de l'onde, qui revêtent leurs plus belles ceintures pour s'amuser au clair de lune, dans les flots ou dans les bosquets.

Maintenant, noyée dans l'ombre, Capri s'endort, douce gardienne de ces ébats divins. Elle laisse, comme une chevelure, flotter les verdures fleuries de ses sommets. Hélas! c'est bien « la Belle aux flots dormants » qu'il va nous falloir quitter. Demain, les fleurs seront encore fraîches, les sources encore vives, chaque rocher sera toujours un prétexte à plaisir et à mélancolie; et, tandis que « l'Aurore aux doigts de rose » incendiera le plumage des ramiers, le Printemps, ce prince charmant qui ne se lasse point de séduire, éveillera la fée et la vêtira de sa merveilleuse parure.

II. VILLES SICILIENNES

MESSINE

De la pleine mer on aperçoit toute dorée au soleil, à la hauteur même des vagues, la longue plage du Faro qui s'effile et se termine en cap; puis soudain se dresse le massif colossal de l'Etna, empanaché de fumée, dont les pentes abruptes ont quelque chose de torride et de majestueux. Après avoir passé entre Charybde et Scylla, — sans aller de l'un à l'autre, — au fond de sa belle rade, Messine apparaît, toute rose au jour levant. Charybde et Scylla semblent à vrai dire le premier un simple remou, le second un rocher qui, comme le fait justement remarquer un voyageur dont je n'ai pas à apprécier la distinction, « ne vaut pas la peine qu'on fasse tant de bruit autour de son nom. » Le célèbre péril, en effet, semble si peu terrible que les antiques aventures en paraissent diminuées et qu'on en arrive à douter du courage d'Anchise qui s'en effraya si fort « alors qu'il voyait le gouffre absorber l'eau pure pour la rejeter toute souillée. » — Le danger évanoui vaut-il qu'on perde de si belles illusions? — Et pourtant, entre les deux écueils, au fond de la mer, gît toujours la coupe d'or qu'y jeta Frédéric de Sicile, et tous les nageurs qui voulurent la chercher pour satisfaire une royale fantaisie ne sont point revenus pour dire s'ils y avaient trempé leurs lèvres.

A égale distance entre les deux monstres, les petites barques dansent comme de simples coquilles. La mer semble ici un fleuve majestueux par sa largeur, par la beauté molle et sévère des rives qu'elle baigne. Un petit mousse, qui est de Messine, se met à chanter en italien : « Béni soit celui qui a fait le monde, le ciel arrondi, les étoiles, la mer et les vagues, les barques qui sillonnent les flots et les oiseaux qui guident les navires. » Nous avons heureusement d'autres pilotes, car la fantaisie des mouettes qui volent dans le soleil les conduit de Scylla, où elles pêchent dans le gouffre de petits poissons, à Charybde, où elles se perchent pour les digérer à l'aise. Le détroit est si peu large que Silius Italicus n'a pas menti cette fois en disant que « l'aboiement des chiens se fait entendre d'un rivage à l'autre ainsi que le chant matinal des oiseaux : *Matutino volucrum cantus.* » De l'autre côté, la Calabre déploie la grandeur d'une belle aridité et la fierté sauvage de ses âpres montagnes. Seule Reggio s'éveille au milieu d'une oasis de fraîcheur et de verdure.

Jusqu'à la mer, la rive sicilienne étale de vastes prairies, et les vaches au poil luisant, qu'aimait Horace, y paissent à côté de chevaux de petite race, aux naseaux frémissants, que recherchaient les cavaleries anciennes. Sur un chemin qui longe le détroit, on aperçoit une longue file de voitures chargées de monceaux de tomates. C'est véritablement la pomme de terre sicilienne. La fumée de l'Etna s'élève lentement dans l'air tranquille. Le volcan est fort sage; il y a longtemps sans doute « que le géant Encelade n'a changé de côté. » Le feu de son cratère éclaire la neige de son sommet : *Mirabile dictu*, disaient les anciens.

Le ciel d'une admirable pureté, l'atmosphère légère et transparente, la lumière diaphane laissent aux nuances de moindre valeur toute leur délicatesse et tout leur charme. Vers la mer Tyrrhénienne et la rade de Messine, s'envole tout un essaim de barques à voiles latines. Cette rade est large et spacieuse, et c'est à travers la forêt des mâtures que l'on aperçoit la ligne régulière des quais bordés par les arcades de maisons bien alignées. « C'est ici que se tient la plus grande foire des marchands infidèles, disait Ebn-Djobaïr avec mépris ; mais on ne voit aucun musulman dans cette ville qui regorge d'adorateurs de croix. »

Des bateliers nous conduisent à terre dans de petites embarcations. Il y a un peu de vagues ; ils luttent contre le flot et, s'entr'aidant de quelque exclamation, ils ne manquent pas de réunir le souvenir du paganisme à la démonstration de leur foi chrétienne, et ils ajoutent au cri de « Sangue di Diana » ou de « Corpo di Baccho », le fameux « Madona ! Madona ! »

Au premier abord la ville semble banale. Elle est traversée par de grandes rues régulières, parallèles ou se coupant à angle droit. Point de monuments ; seuls des balcons aux rampes de fer forgé, où donnent de larges croisées, ont quelque cachet. Les femmes viennent s'y accouder et regardent la rue comme un spectacle. « Messine est une ville étrange et surannée », dit un poète. Certes il ne faut pas en douter, mais par malheur on ne peut guère contempler le charme de cette étrangeté et de cette grâce surannée que dans de faibles débris. Sur la plupart des points elle semble une cité moderne édifiée pour les besoins de l'industrie, puis abandonnée par elle. On y trouve, il est vrai, la trace d'une grande débauche qui s'étale en plein jour. En entrant dans la cathédrale, deux pauvres diables d'aspect minable me tendent de l'eau bénite. Avec un bon sourire tout à fait sincère et accueillant, le premier me propose une belle « ragazza », et le second me fait avec la même ingénuité des offres moins honorables. Ils s'en vont fort dépités, et l'un d'eux fait à l'autre cette réflexion dont il nous faut tirer un enseignement : « J'avais cru qu'il était français. »

La cathédrale d'ailleurs, outre les singuliers bedeaux

qui tiennent le goupillon, est d'un style peu religieux, presque byzantin, et d'un goût oriental. L'autel est couvert de pierres brillantes, de colonnes de granit de grosseur inégale; la voûte est une charpente décorée de grossières enluminures. Ce sont les débris du temple de Neptune placés jadis à la pointe du Faro et, jusqu'à ces matériaux, jusqu'au pied du bénitier dont l'inscription grecque prouve qu'il servit de support à un *ex-voto* à Esculape et à Hygie, divinité protectrice de la ville, tout atteste l'étroit et intime mélange des antiques croyances et de la religion nouvelle.

Il y a eu aujourd'hui même, dans la cathédrale, une grande cérémonie. Il s'agissait de l'investiture d'un nouveau chanoine. Plusieurs membres du chapitre sont encore en prières dans leurs stalles, ils ont de belles figures osseuses et méditatives et sont coiffés de la mitre blanche. Des femmes et des hommes font leurs dévotions devant tel tableau ou telle image particulière; ils se frappent la poitrine et paraissent en extase. Comme à Naples, ils semblent s'émouvoir délicieusement au souvenir des coupables actions qu'ils sont venus expier par un touchant repentir; quelquefois même ils demandent à sainte Rosalie, fille de Sinibaldo, seigneur de Rosas, du noble sang de Charlemagne, et qui poussa dans la grotte du mont Pellegrino des soupirs d'une ineffable douceur, qu'elle les préserve de telle tentation, de tels yeux, de telles lèvres, de telle rencontre près de tel bois de myrtes, et ils trouvent sans doute à la pensée de ces dangers qu'ils espèrent éviter, un secret et voluptueux plaisir.

Ils ont l'air, en un mot, avec leurs mains abandonnées à l'oraison et leurs yeux vagues et rayonnants, de chercher à embellir et à diviniser leur sensualité en en confessant les effets. Ils élèvent ainsi jusqu'à la dignité de la prière leurs plus adorables faiblesses, et peut-être cet homme déjà mûr, agenouillé devant l'armoire qui contient la lettre que la Madone envoya aux Messinois par saint Paul, goûte-t-il une joie sans mélange à savourer le charme de la religion en pensant à la grâce de sa maîtresse. Le texte même de cette lettre est sans doute l'œuvre apocryphe du fameux Constantin Lascaris, qui a l'honneur d'être l'auteur du premier ouvrage imprimé en caractères grecs.

Ce texte, d'ailleurs, n'est pas dépourvu d'un certain agrément : « *Marie, vierge, fille de Joachim, très humble mère du Christ, Jésus crucifié, de la tribu de Juda de la race de David, à tous les Messinois, salut et bénédiction de Dieu le Père tout-puissant.* »

Le petit orgueil qui se fait jour à travers l'énumération de ces titres est tout à fait enfantin, ainsi que la qualité de vierge si gentiment affichée. Mais ce document, quelque évidente qu'en soit la fausseté, plaît aux Siciliens. La religion chez eux est véritablement populaire; chacun pour sa petite part contribue à la solennité des cérémonies et, en l'honneur du simple fait assez ordinaire qu'est la réception d'un nouveau chanoine au chapitre, les fenêtres de plusieurs hôtels sont aujourd'hui garnies de géraniums, et les plus humbles demeures de guirlandes de papier peint.

La fête de la Madone est l'occasion d'un nouveau spectacle public. Sur la fontaine de la place Saint-Jean, dans un énorme bassin de 150 pieds de long au centre duquel jaillit une fontaine, on dispose, parée de festons et de banderolles, une galère, image de celle qui apporta à Messine la précieuse épître. « C'est si beau que je n'ai rien vu de si beau, même à Rome », me conte avec enthousiasme une dévote personne de bonne bourgeoisie sicilienne. « Nos chanoines, ce jour-là, mettent un splendide costume, bien plus riche que celui du pape »; et la petite femme, qui a de grands yeux noirs très vifs et très brillants, gesticule, joint les mains, lève les yeux au ciel pour la manifestation de sa piété, de son amour-propre de citadine messinoise et de son goût des spectacles; elle semble une sorte de petite « Madame Bovary » à qui l'amour mystique a su éviter la mystification de l'amour, laissant intacte sa bruyante ingénuité. Ces naïves effusions ne révèlent-elles pas une âme semblable à celle que désigne Dante en ce charmant verset du Purgatoire : « qui sort simplette de la main de Celui qui en elle se complaît avant qu'elle soit; comme un petit enfant qui rit et pleure et ignore pourquoi, elle ne sait rien, sinon qu'elle a été créée pour le bonheur, et volontiers elle se tourne vers ce qui la rend joyeuse. »

En faisant le tour de la ville, on trouve les sept portes qui donnent sur la campagne, et dans les maisons qu'elles encadrent on aperçoit des débris de créneaux et de meurtrières. Au hasard de la promenade, des fontaines et des palais vous apparaissent. Les bibliothèques sont envahies par une foule d'étudiants bavards, démonstratifs, qui semblent, à les voir, remuer en leur cerveau un nombre d'idées suffisant pour bouleverser le monde, ou tout au moins la Sicile. Il paraît qu'il n'en est rien, et que leurs paroles ne déplacent que les couches d'air traversées par les nombreux gestes dont ils les accompagnent. — La sortie de l'Université, ce soir, m'a prouvé tout au moins, par la vivacité de quelques discussions, qu'ils avaient à leur service des poings remplaçant avantageusement les meilleurs arguments des rhéteurs.

Dans tous les monuments, point d'art; tout au plus un curieux mélange de styles dans une fontaine à la fois gothique et byzantine. Mais on est frappé de la dignité, de la « tenue » de ces places, de ces rues larges, dallées de lave, défiant les reproches de la plus scrupuleuse édilité. Messine ne fut point en vain surnommée : « la noble », et, malgré sa parfaite restauration, il lui reste quelque chose de fier et d'orgueilleux.

Vers la haute ville seulement, on retrouve quelques ruelles tortueuses, des bouges et des auberges enfumées. De vieilles maisons tendent leurs gargouilles vers la lumière et jettent sur le sol leur ombre fantastique, que les pavés irréguliers et déchaussés déforment encore. A travers ces rues brûlantes, l'imagination peut se plaire à de petits détails propres à lui fournir les meilleurs matériaux; on y entend des chansons qui, plus proches de l'Orient, se sont ralenties depuis Naples et dont le rythme s'alanguit déjà en mélopée. Près d'une fontaine jadis de marbre, que l'on crut suffisant de réparer avec de la chaux pour une aussi misérable population, un petit arbre au pied d'une masure, pousse son feuillage à l'intérieur d'une croisée, y apportant sans doute le parfum de l'air pur et l'odeur grisante de ses feuilles déjà roussies au soleil.

* * *

Les hommes ont un type plus caractéristique que les femmes. D'épais et noirs sourcils avançant sur l'œil leur donnent un air sauvage, et leurs mouvements accompagnent les signes de leur joie ou de leur colère. Dans ce mur, au coin de ces deux rues, et au-dessus d'une statue de la Madone encore enfant, toute jeunette dans sa robe de fine étoffe bleue, un peu indécente pour le charme des formes qu'elle trahit, est creusée une sorte de cachette, et l'on voit encore dans la pierre la trace d'une serrure. Jadis deux couteaux y étaient placés, et ceux qui en avaient besoin après quelque discussion, un coup de vin ou deux baisers, allaient les y prendre. Dans les écoles d'ailleurs, l'escrime au couteau fit longtemps partie de l'enseignement public.

C'est une remarque très exacte, bien que fort ancienne, que jamais les peuples insulaires ne dépouillent tout à fait leur barbarie primitive. On parle encore en Sicile de brigandages quotidiens. Un guide, prolixe de ses paroles et de ses jugements, laisse percer à travers ses récits une véritable admiration pour les auteurs de ces rapines ; il semble les aimer pour leur manière à eux de sentir, de haïr et de combattre. La « Maffia » qui réunit la foule des esclaves, des blasés, des oisifs et des ambitieux, compose ce qu'on nomme le « malandrinage » qui, sous peu sans doute, ne sera plus qu'un nom. En me parlant d'un « maffioso », mon guide lui donne les épithètes « de subtil, d'audacieux et d'élégant ». Le pauvre homme est évidemment fasciné. D'ailleurs les opinions des « malandrins » ne diffèrent pas essentiellement de l'opinion générale. Les moyens seuls leur sont particuliers et se rapprochent assez de ce que nous appelons la « propagande par le fait ». Les « malandrins, » formaient entre eux une sorte de franc-maçonnerie ; on les considérait comme une association secrète ; mais, comme ils étaient plus forts que l'État, ils obtenaient l'appoint du respect et de la crainte. Ils avaient un véritable code : *l'Omertà*, que les paysans eux-mêmes appelaient : *le code des gens de cœur* et qui proclamait le principe de l'anarchie : « A chi toglie il pane e tu togli la vita. »

Le succès des malandrins n'inquiéta pas seulement le gouvernement, mais encore excita contre lui parmi les habitants une sourde irritation. N'est-il pas naturel

7.

que le peuple qui par instinct est hostile à la police, transporte son mépris, quand il est en présence d'un désordre et d'une autorité qui n'y peut mais, des fauteurs de ces troubles aux gouvernements impuissants à les réprimer? L'imagination populaire est pleine de ces heureux voleurs. Elle les mêle à la religion, fait célébrer en leur honneur la « messe des décollés », présente saint Pierre comme un de leurs compagnons et les fait glorifier par la voix du Christ lui-même. Qu'on en juge plutôt par l'aventure que voici :

« Le Maître, — content les Siciliens, — cheminait un jour avec ses apôtres; la nuit le prit en pleine campagne. — Pierre, comment ferons-nous ce soir? — Ce n'est rien, dit Pierre, je vois là-bas une hutte, et je sais une bergerie; venez avec moi. » — Vite, vite, l'un derrière l'autre, ils sont arrivés à la bergerie. — « Grâce de Dieu, et vive Marie! pouvez-vous nous donner asile pour cette nuit? Nous sommes de pauvres pèlerins fatigués et morts de faim. — Grâce de Dieu et vive Marie! répondirent le maître berger et la bergère » et, sans faire un pas vers eux, ils leur montrèrent la hutte où ils les envoyèrent coucher. Ils étaient en train de pétrir la pâte; mais donner à manger à treize, en risquant de rester la panse vide, ils n'y tenaient pas du tout. Le pauvre Maître et ses apôtres allèrent se coucher sans dire un mot. Survint une bande de voleurs qui entrèrent en poussant des jurons. Ils tombèrent à tour de bras sur la bergère et sur le maître berger. Ceux-ci en criant miséricorde prirent la fuite illico. Les voleurs nettoyèrent la bergerie en un clin d'œil, après quoi ils allèrent à la hutte. — « Tous debout! Qui est là? — Nous sommes treize pauvres pèlerins fatigués et affamés, car ceux de la bergerie nous ont traités comme des chiens, sans même nous dire : il y a ici une chaise. — Si c'est comme cela, venez; la pâte est encore intacte; rassasiez-vous à la barbe de ces mauvaises gens, car nous allons suivre notre chemin. » — Les malheureux, qui avaient une faim de loup, ne se le firent pas dire deux fois et se mirent à table. « Bénis soient les voleurs, dit saint Pierre, car ils pensent aux affamés plus que les riches. — Bénis soient les voleurs, dirent les Apôtres, et ils se remplirent gaîment la panse. — Saint Pierre a raison, dit le Maître; bénis soient les voleurs. »

* * *

Les Siciliens, d'ailleurs, furent toujours malheureux. Leur histoire n'est qu'une longue série de violations et d'injustices. On a beaucoup parlé de leurs sentiments républicains; ces opinions ne sont pas pour eux des principes. Leurs perpétuelles émeutes n'ont jamais été que de la légitime défense; la fidélité qu'atteste le chien qui figure dans leurs armes ne fut pas illusoire. Les Siciliens auraient été naturellement portés à défendre la monarchie, étant pour la plupart ignorants et ne reconnaissant comme leur étant supérieurs que ceux qui les dominent par le rang. Aucun des contes émanés de l'imagination populaire ne se dispense de ce préliminaire : « Il y avait une fois un roi et une reine, etc. » Mais ils voulurent que leur monarchie fût bien à eux, et ils ne virent jamais ce rêve s'accomplir.

Ce n'est pas là pourtant la véritable cause de leur situation présente. A la nature géologique de la Sicile correspond une sorte de géologie morale qui lui est étrangement analogue. L'île est toute de tuf friable et docile aux empreintes des objets qu'il supporte. La Sicile fut possédée par trop de peuples divers : Sicules, Phéniciens, Grecs, Carthaginois, Romains, Goths,

Arabes, Normands, Levantins, Espagnols, Italiens. Chacun d'eux, en disparaissant après une plus ou moins longue domination, laissa après lui une influence qui persista; les traditions se stratifièrent, mais ne se confondirent point. Les religions successives disparurent, mais pas entièrement, et chacune d'elles laissa quelque trace.

L'élégance et la suavité grecques ne furent point anéanties sous l'éclat de la pourpre romaine; leur souvenir subsista dans l'esprit et dans le cœur des habitants de la grande île, dont le caractère commença à prendre la forme du paysage et la gaîté du climat. Les hymnes musulmans retentirent alors, et, sans étouffer cette originalité naissante, la bercèrent et l'endormirent à leur charme monotone.

Il y a dans un humble cabaret des hauts quartiers de Messine, peinte à fresque sur le mur, une scène assez agréable qui semble à vrai dire être une allégorie et symboliser toute l'histoire de la Sicile. La naïveté du dessin, l'inexpérience et l'initiative du peintre, quelque rustre sans ouvrage auquel l'aubergiste paya ses bonshommes de couleur en tenant sans cesse auprès de lui un verre plein d'un joli vin de Sicile, donnent à cette pauvre image une saveur singulière.

Le sujet en est fort simple. Un Italien au nez mince, aux lèvres fines, est attablé et d'un air joyeux savoure le macaroni qui remplit une assiette d'étain. Sur la poitrine il porte une petite croix de vieil or, un bijoux égaré que cisela un ancien orfèvre. Debout à côté de lui, tout enveloppée de laines aux nuances safranées, les bras nus laissant voir une peau fine et pétrie de soleil, une courtisane sarrazine regarde le convive d'un air tranquille, à la fois amoureux et dominateur.

Dans un gobelet posé sur la table, elle verse un breuvage couleur d'opale que contient une petite aiguière d'argent incrustée de coraux et de turquoises. Sur ses lèvres roses brunies erre un vague sourire que semble éveiller la vue de la croix de vieil or, tandis qu'en ses cheveux brille un croissant d'un métal plus vil, mais plus éclatant.

N'est-ce pas du commerce de ces deux êtres réunis auprès de cet humble repas : le chanteur affamé de son mets favori, la Sarrazine guettant la proie que lui livrent les charmes mêlés de ses longs yeux tristes et résolus et de quelque philtre d'amour, que naquit l'étrange et gracieuse population qui habite les rivages de cette terre « des lourds épis et des grands lys? » N'est-ce pas du regard de l'infidèle fixé sur le cœur du chrétien parce que la petite croix de vieil or y repose, tandis que lui contemple, comme une étoile plus basse que les autres et qu'il veut saisir, le croissant qui brille parmi les cheveux de celle qui se fait sa servante pour devenir sa maîtresse, que provient le charme délicat, la grâce mystérieuse et tranquille, la démarche hautaine et voluptueuse des femmes qui, au matin, à travers les bois de lentisques, d'orangers et de lauriers-roses, descendent vers la mer pour faire la cueillette des coquillages, après avoir parfumé leurs pieds nus aux fleurs de la sauge et du thym? N'est-ce pas le joli clairet sicilien, auquel se mêla une goutte de quelque élixir oriental, qui nous vaut le vin fameux de Mars-el-Allah (Marsala), où chantent à la fois la gaîté du soleil d'Italie et la brise chaude et odorante que nous envoient d'autres rivages.

Si les maîtres de l'île varièrent, tous du moins s'appliquèrent aux mêmes spoliations. Depuis la vieille Rome, qui en fit un grenier à blé pour les jours de sa décrépitude, jusqu'à la maison d'Anjou qui vint y régner par suite de la maladresse des Hohenstaufen, et qui n'eut pas lieu de s'en féliciter, les souverains étrangers agirent un peu avec elle comme avec une vieille tante à héritage que l'on craint pour son expérience de la vie, que l'on aime pour ses richesses et qui, malgré les mauvais traitements dont elle est l'objet, ne se décide pas à disparaître. Ceux-là seuls qui s'appellent autochtones et qui sont nés du sol comme les cigales sont exempts de ces pénibles divergences, de ce confus mélange d'idées, de sentiments et de coutumes dont ils ne peuvent être responsables, puisque c'est là l'œuvre des siècles. Et voilà peut-être pourquoi la Sicile embrasse toutes les idées qu'on lui présente, quel qu'en soit le propagateur.

Le sentiment religieux subit les mêmes effets. A Catane, il y a peu d'années, un jeune berger prétendit être le fils de Jupiter; il affirmait que, durant un fort orage, s'étant réfugié dans une grotte voisine, le dieu lui était apparu et lui avait révélé qu'il était né de ses amours avec une nymphe trinacrienne. Le pâtre, touché de ce souvenir, fit retentir les roches de la campagne d'hymnes prophétiques. Il se servit d'ailleurs de la gloire que ne manqua pas d'attirer sur lui la connaissance de sa divine origine, pour suivre l'exemple paternel en séduisant une belle Catanaise. Mais le pauvre garçon eut vite brisé son Olympe de carton. Après ces exploits amoureux le fils de Jupin, ayant perdu tout crédit auprès de ses compatriotes, s'en fut dans la montagne où il se fit « malandrin. »

Depuis quelques jours la Sicile est agitée par l'apparition d'un nouveau Messie qui s'incarne cette fois dans la personne de Sébastien Riggio, surnommé « Lait de Brebis », comme il est naturel au pays où Théocrite chanta les pipeaux et les bergeries. Sa renommée ne cessé de grandir, et tous les habitants de la contrée de Rocazza baisent la terre qu'il foula de ses sandales et le suivent, en chantant des cantiques, dans les montagnes et près de la mer. « Lait de Brebis » sait lire, il sait écrire, et il assemble sur le sable des cailloux qui dessinent les arrêts du destin. On se presse sur ses pas! Sur le sable des plages, chauffées au soleil, il prêche le communisme des biens et des femmes.

La campagne de Messine explique assez cet amour de la religion et cette religion de l'amour. Au pied du volcan ces épaisses forêts de cactus, ces plaines de roseaux gigantesques où le vent entre en sifflant et où, comme sur des flûtes, il s'adoucit vite et se fond en musique; près des rochers ces giroflées dont le parfum quintessencié imprègne l'atmosphère, ces géraniums, véritables petits arbres chargés de fleurs; ces oliviers, ces aloès dont les feuillages métalliques tranchent sur les chaudes couleurs des lauriers, tout cet épanouissement, après avoir élargi le sentiment que nous en ressentons, le dépasse et le domine; il y a là je ne sais quoi qui rapetisse l'homme à ses propres yeux et qui l'exalte en même temps; le cœur s'élève jusqu'à la dignité de l'amour, l'âme jusqu'à la ferveur de la foi, fût-elle inspirée par un prophète d'occasion.

Tous les exilés de cette terre brûlante de fièvre et de parfums ont laissé flotter sur la beauté exubérante et joyeuse de ses forêts la tristesse de leurs souvenirs. Aussi, lorsque les conquérants vaincus durent à leur tour quitter la Sicile, lui laissèrent-ils le présent de leurs larmes.

Du sommet de l'Etna, par un soir de fête et d'incendie, tandis que Roger-le-Normand, accompagné d'une foule de chevaliers « dont Dieu et ses saints furent seuls à connaître le nombre », soulevait un nuage de poussière, le poète arabe laissa tomber sur la plaine cet adieu que répétèrent dans la suite la voix de tous ceux que leur destin éloigna de ces heureux rivages : « O campagnes de la Sicile, votre souvenir fait mon espoir. Si les larmes n'étaient pas si amères, je croirais que mes pleurs font les fleuves de cette île fortunée; celui-là seul qui viendrait du Paradis saurait raconter les merveilles de la Sicile. »

SYRACUSE

Quelle que soit la dignité de Messine la Noble, Syracuse est plus touchante pour la vie plus active et plus personnelle de la ville moderne, réduite à présent à l'île d'Ortygie qu'elle couvre tout entière, et les cailles, qui lui ont donné son nom, si elles y passaient encore, tomberaient sur les toits et dans les cheminées et arriveraient ainsi toutes rôties à ses heureux habitants. D'un côté de l'île, les rochers tombent à pic dans la mer, tandis que de l'autre, sur une pente doucement inclinée, la dernière vague laisse la frange d'écume de sa crête sur le dernier gazon des prairies. Plus belle aussi pour le calme des eaux qui la baignent, pour ses ports comme enfermés dans ses murailles, pour ainsi dire sous ses yeux, vides aujourd'hui, égayés à peine par de petites barques de pêche, mais encore tout frémissants du choc des birèmes, des navires à éperons, des galères à trois rangs de rames et des vaisseaux liburnes, Syracuse est plus voluptueuse pour le voisinage de l'antique cité abandonnée, pleine d'ombre et de silence; plus riche enfin du souvenir d'un passé, qui repose tout entier parmi ses jardins et ses ruines.

De tous les points de la ville, de tous les balcons des maisons, on aperçoit la mer; l'horizon des verts pâtu-

rages et des flots bleus, que la qualité de la lumière
unit sans transition, fournit au spectateur la douceur
et l'agrément d'un paysage de Théocrite. La nature
humaine n'a pas en elle de quoi résister à de tels
enchantements; la personnalité disparaît, s'annihile
et comme tout autre, Théocrite a subi cet effet. En
entendant du rivage bêler les agneaux qui broutent les
herbes salées, en voyant encore les bergers préparer la

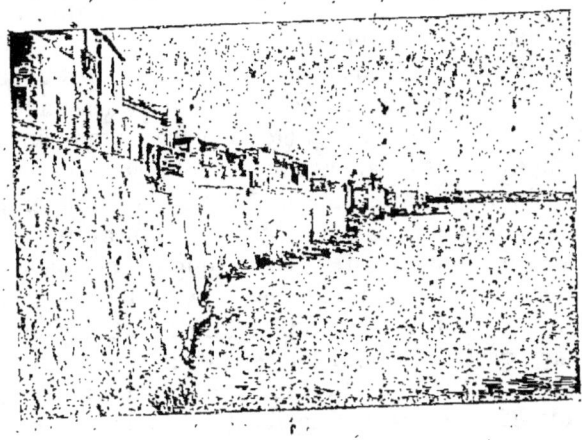

Syracuse.

prochaine fête de la moisson sur les flûtes que leur
fournissent depuis deux mille ans les joncs bordant les
ruisseaux, on comprend que là, la poésie provient d'une
exactitude pittoresque.

Sur le port, d'assez beaux hommes à moitié nus
raccommodent des filets; des gamins de cinq à six ans,
qui paraissent déguisés en ecclésiastiques, se promènent
les mains dans les poches de leur minuscule soutane,
avec une gravité comique; et, sur la terrasse qui domine
les quais, des femmes sont assises, agitant leurs éventails.

et leurs ombrelles. La vie semble très moderne, mais sans affectation, et le mouvement des bazars, des marchés, des caravansérails, des bains, dont les plus riches sortent oints d'essences, tandis que les plus humbles sont frottés d'huile vulgaire, n'offrent point un spectacle bien original; on y remarque pourtant une certaine beauté de formes et l'on arrive vite à s'intéresser à la saine et robuste harmonie des muscles. En dépit de la banalité du costume, malgré l'abandon des vieux usages, les couleurs des étoffes et des foulards sont plus vives; je ne sais quelle grâce surannée persiste. La démarche de ces filles, qui descendent les escaliers vers la mer, a quelque chose de nonchalant et de singulier : les hanches sont mobiles, mais le torse profondément cambré ne suit point leur mouvement et reste droit et fier. Les gens du peuple ont une véritable distinction; leurs mains assez longues et fines, leurs oreilles souvent petites, leur front haut et dégagé attestent d'anciennes et nobles origines. Leurs attitudes et leurs gestes mesurés indiquent qu'ils savent goûter de telles élégances. Chez eux, la sensualité religieuse semble effacée par la sensibilité artistique. Ils paraissent connaître le devoir qui leur incombe de se souvenir d'une gloire abolie, sans doute, mais que chaque pierre révèle; et les vingt mille habitants de la petite ville sont fiers de représenter aujourd'hui les sept cent mille citoyens de la plus grande cité du monde grec.

La majesté des ruines n'interrompt en rien leur vie quotidienne et n'y mêle pas la pensée du cabotinage, que ne manque point de faire naître l'exploitation du passé. A distance, ils en subissent l'influence bienfaisante; ils sentent, plus qu'il ne comprennent, qu'il y a là, tout près d'eux, quelque chose de grand, de presque divin, qui sommeille.

* **

La vieille Syracuse occupait une surface à peine inférieure à celle de notre Paris actuel et se divisait en quatre quartiers illustres : Achradine, Tyché, Néapolis et les Épipoles, d'où l'on aperçoit la haute mer. Ces ruines, dont la dernière pierre écroulée n'a pas été enlevée, habitées seulement aujourd'hui par tout un monde d'arbres, de fleurs et d'oiseaux, passent en beauté les plus nobles mélancolies.

Ces « Latomies » dont l'histoire syracusaine est toute remplie, sont des carrières à ciel ouvert, au fond desquelles poussent des jardins luxuriants de figuiers, d'orangers et de nopals, à l'ombre de véritables falaises taillées à la scie dans le calcaire. Du milieu de ce lac de feuillage surgit la tour, d'où le gardien surveillait le travail des prisonniers. Les latomies sont agréables et touchantes pour leur fraîcheur et pour leurs souvenirs. Philoxène préféra y retourner plutôt que d'applaudir les vers du tyran; les lauriers qui y poussent lui tressent encore des couronnes. Ce qu'il y a d'admirable dans ce mélange de pierres, de ciel, de mer et de verdure, c'est la combinaison de l'art et du hasard : ici, l'on a permis au temps de devenir et de rester un merveilleux artiste. L'impression, peut-être, a quelque chose d'un peu théâtral, mais c'est là aussi la condition de l'imprévu qui en fait le charme.

L'amphithéâtre semble encore tout prêt pour les combats de demain : la place des anneaux où l'on attachait les bêtes est toujours marquée dans le mur; la piscine centrale, remplie aujourd'hui par l'eau de la pluie, paraît toujours disposée pour les joutes ou « naumachies » entre lutteurs et crocodiles, ainsi que le couloir souterrain servant à emporter les corps des vaincus, hommes ou reptiles. L'aqueduc qui conduisait l'eau au cirque en même temps qu'aux bains publics existe encore, par endroits, en parfait état.

Voici le théâtre, l'un des plus grands de l'antiquité, avec ses soixante et une rangées de gradins et ses trois « précinctions » réservées aux trois classes de la société. Voici la place des Vestales encore désignée. Voici les trous et les rainures pour la machinerie et les décors; voici l'en-

Le Théâtre de Syracuse.

trée des acteurs ou de ces prisonniers, qui, en échange d'un fragment de Sophocle et d'Euripide, surent conquérir la liberté. Comment les tyrans ne se seraient-ils pas adoucis en écoutant les vers de ces divins poètes et en voyant se dérouler sous leurs yeux la côte fleurie, baignée par les vagues douces et musicales! Un merveilleux instinct, à Syracuse comme à Taormina, poussa toujours les Grecs à placer leurs théâtres sur le point d'où la vue était la plus belle et la plus étendue. Leur art ne voulait même point que le décor fût artificiel et la nature était, à leurs yeux, le seul cadre digne d'une tragédie d'Eschyle. Jusqu'au moindre débris, jusqu'à ces colonnes isolées abandonnées au milieu des champs, jusqu'aux larges dalles de marbre envahies par l'herbe de l'autel d'Hiéron II où quatre cent cinquante taureaux étaient à la fois immolés, jusqu'au « nymphée » où l'on trouva l'Apollon du Belvédère, tout semble prêt à accueillir la vie antique : les fêtes, les processions, la foule des marchands et des démagogues, les sacrifices, et de beaux jeunes gens tout nus habiles à la palestre.

C'est en vain. « L'oreille de Denys », d'une sensi-

La Voie des Tombeaux.

bilité merveilleuse, chambre creusée dans le roc où le tyran allait jadis épier les complots ourdis à voix basse par les prisonniers, est toujours ouverte sur les « latomies »; mais elle ne surprend plus que les conversations ininterrompues des palombes des Abruzzes et des rossignols siciliens, qui viennent au printemps accrocher leurs nids aux faibles branches des lauriers-roses.

De la cité que Plutarque compare à Carthage, si vaste qu'on la considéra comme la réunion de plusieurs villes et que l'on donna à son nom la forme pluriel de *Syracusæ*, si magnifique que sa richesse était jadis proverbiale chez tous les peuples, il ne reste aujourd'hui

8.

que les trésors de ses souvenirs réservés à une élite.

Mais c'est encore en suivant la voie des tombeaux creusés dans la muraille du roc, qui borde la route montant de Néapolis aux Épipoles, que l'évocation du passé est la plus spontanée. C'est une ironie que, dans les villes mortes, ce soient toujours les sépultures qui ressuscitent l'image la plus intense de la vie.

Ici, un nom s'attache à toutes les pierres : celui d'Archimède. Près du sépulcre à demi hypogée, qu'il est agréable de lui voir attribuer sans qu'on ait aucune indication et simplement parce que c'est le plus grand, un petit enfant joue avec des cailloux : « Sa mère l'envoie là parce que ça lui fait du bien », me dit mon guide. Cette brave femme, paraît-il, rebelle aux découvertes de la science moderne, s'en tient pour élever l'eau et pour faire des épuisements à la vis d'Archimède. Elle est aujourd'hui, me dit-on, dans le plus complet dénuement. Touchante misère, qu'il faut entretenir avec soin pour la beauté de cette dévotion païenne.

Ici, cette piscine à la margelle brisée est peut-être celle d'où le savant sortit, sans prendre le temps de se vêtir, après avoir découvert pour la plus grande confusion des orfèvres de la couronne d'Hiéron le principe hydrostatique, en criant : « Je l'ai trouvé, je l'ai trouvé ! ». Plus haut, c'est de ce rocher qu'il enflamma, à l'aide de lentilles, les vaisseaux de Marcellus ; et, là-bas, c'est sur cette petite plage de sable qu'il reçut la mort de la main d'un soldat ignorant.

Mais c'est surtout dans la campagne qu'il faut demander à ces ombres de ne nous point quitter auprès des colonnes mutilées, seul reste du temple de Jupiter olympien, et aux bords inoubliables de la petite rivière de l'Anapus. Là seulement on goûte tout le charme de l'antiquité, non plus dans la beauté des édifices, dans la majesté des temples ou dans la grandeur des théâtres, mais dans la nature même qui, jusqu'en ses moindres brins d'herbe, sait éveiller en notre esprit les plus chers souvenirs. Ici, l'émotion ne se charge pas d'admiration; elle est toute seule, toute voisine des larmes.

L'Oreille de Denys.

La fraîcheur de la campagne syracusaine provient de l'eau abondante et limpide du petit fleuve. En le remontant la barque, presque aussi large que son lit, dérange toute une floraison aquatique, une véritable forêt flottante qui se reforme dans le sillage même. L'on arrive ainsi à travers une étonnante avenue de papyrus et de roseaux jusqu'à la fontaine Cyanée, ou « Source bleue de bluets », et cette double répétition où la couleur et la nuance de la fleur se confondent, n'est point inutile pour peindre, bien imparfaitement encore, la teinte merveilleuse de cette eau bouillonnante. C'est ainsi que devaient être les yeux de la nymphe Cyanée, qui, n'ayant pu empêcher Pluton d'enlever Proserpine, laissa couler d'intarissables larmes.

Quelques femmes sont assises au bord de l'eau. Jusqu'en des temps voisins elles y lavaient à moitié nues, et vraiment, dans ce paysage, leur beauté devait être pareille à celle de cette merveilleuse Vénus trouvée dans le jardin Bonavia, et dont la grâce pudique et l'inconsciente volupté retiennent cette draperie qui la couvre si peu.

Les vers de Virgile semblent chanter la même musique que le bruissement des eaux vives :

Entremum hunc Arethusa mihi concede laborem.

Aréthuse, pourtant, qui reçut dans ses ondes poissonneuses « son cher Alphée, qui porte sur sa tête une couronne sacrée », a disparu, quoiqu'en veuillent dire les Syracusains. Elle subsiste seulement sur les monnaies antiques que l'on trouve encore en grand nombre dans la campagne.

> Le temps passe, tout meurt, le marbre même s'use,
> Agrigente n'est plus qu'une ombre, et Syracuse
> Dort sous le bleu linceul de son ciel indulgent ;
>
> Et seul, le dur métal que l'amour fit docile
> Garde encore en sa fleur, aux médailles d'argent,
> L'immortelle beauté des vierges de Sicile.

Maintenant, il est vrai, les « vierges de Sicile » ont pour les garder de l'oubli, outre les antiques effigies, la ciselure plus belle et plus profonde encore de ces vers admirables de M. José-Maria de Hérédia.

Le soir vient, il faut regagner Ortygie ; la fraîcheur

La Vénus de la villa.

de ces eaux profondes est dangereuse. En chemin, les moines de Sainte-Lucie nous offrent de vieux vins de Syracuse. Ce sont des moines délicieux, jeunes pour la plupart, aux visages élégants, aux fines lèvres, aux yeux un peu éteints; mais qui gardent la trace de la flamme. Ils ont un jardin régulier où la note sombre des cyprès tranche sur le vert adouci des tilleuls et qu'embaument de prodigieux œillets. Deux religieux se promènent à petits pas, plongés dans une méditation qu'embellit le petit horizon de treilles et de feuillages de l'enclos. Leurs sandales découvertes laissent voir des pieds charmants de fin ivoire veiné de bleu, des pieds à être crucifiés. — En nous donnant une bouteille au col effilé, le moine, qui se fait notre aubergiste, la tourne vers l'Orient pour en éclairer la transparence du peu de lumière qui reste encore au ciel, et, tandis que nous buvons, notre hôte s'agenouille et se met en prières ! De temps en temps il jette un coup d'œil en arrière pour voir si nous goûtons son vin, puis il reprend son oraison : il a les yeux levés vers la crête du mur. Était-ce hasard ou intention, entre deux pierres il y avait là un fragment de sculpture, une tête éplorée, dont la mutilation s'accordait avec l'expression de désespoir, sans doute le visage d'Aréthuse, la chaste nymphe, qui recevait aujourd'hui le présent de quelque pieuse litanie. Les pas des dieux ne sont pas effacés sur le sable des plages siciliennes.

Dans les « latomies », les rossignols commencent d'interminables concerts; du large, le vent s'élève et des étoiles toutes blanches commencent à s'allumer, des rayons de lune tombent dans la campagne. Les nymphes de l'Anapus s'éveillent sans doute, glissent sur l'herbe; il ne faut pas les troubler. Partons, la nuit tombe sur Syracuse.

III. MALTE

Les prairies de Sicile et le rocher de Malte sont unis par une sorte de pont fleuri, tant sont nombreux les « speronari », chalands chargés de roses siciliennes, de fruits et de quartiers de glace descendus de l'Etna. La mer en est toute remplie. Depuis ce matin on aperçoit, tranchant sur le saphir des flots, des cargaisons de tomates qui rutilent au soleil levant. Puis ce sont des monceaux de terre végétale qui vont combler, dans les environs de Città-Vecchia, quelques cavités de rochers. C'est le sol même que l'on transporte, un véritable commerce de verdure et d'ombre; et, depuis de longs siècles déjà, c'est aux plaines catanaises que Malte emprunte le charme de ses bosquets, la beauté de ses fruits et jusqu'à l'agrément de ces petites glaces parfumées au citron et à l'absinthe que l'on déguste le soir en regardant la mer. Si la petite île est la « fleur du monde », c'est que ses plantes poussent leurs racines sur d'autres rivages et que, boutons hier dans les vergers de Sicile, s'entr'ouvrant aujourd'hui à la douceur de la brise marine pendant la traversée, les roses demain commenceront d'éclore, embaumeront l'eau des citernes et vêtiront l'aridité du sol. Mais ce sont là de petits trésors cachés qu'il nous faudra découvrir et qui, pour cette recherche, nous paraîtront plus charmants encore.

Du large en effet, les rochers à pic de Malte la rendent semblable à quelque cuirassé à l'ancre, et au sommet du phare, qui est bien le mât du vaisseau, flottent les couleurs anglaises. Plus près on distingue de hautes maisons régulières, bien construites, qui doivent être un revenu magnifique pour la société d'immeubles qui les administre. — Le vent apporte le son aigrelet, véritablement égoïste puisqu'il se contente de faire du bruit, des fifres britanniques. Partout apparaissent les effets d'une administration soigneuse et d'une puissante organisation commerciale. A première vue Malte est une forteresse qu'habiteraient des marchands et des commissaires de police. Depuis l'antiquité il en est ainsi, et c'est parce qu'elle est une sorte de caillou jeté au milieu de la mer que chacun prétendit s'en servir en dépit de sa nudité, de son pittoresque et de son abandon, pour y abriter ses bateaux, pour y placer un observatoire politique et pour braquer, au nord et au midi, par toutes les échancrures que la tempête a taillées dans les falaises, les gueules de ses canons.

L'industrie phénicienne s'y campa et l'habileté grecque vint lui créer des débouchés. Ce n'est point la fière silhouette de leur île, la beauté de son horizon où se confondent la mer bleu de ciel et le ciel bleu de mer, que célèbrent les premiers témoignages de ses habitants; mais la toison de ses moutons et la finesse de ses étoffes : *Telaque superba lanigera Melita.* Ce nom de « Melita », si doux aux lèvres, ne veut point glorifier sans doute la suavité d'un miel égalant celui de l'Hymette, ni les abeilles volant en liberté et déposant au gré de leur fantaisie leur délicieux butin comme aux pentes du Mont-Hybla; mais les monnaies d'or et d'argent que ne manquaient point de rapporter les rangées de ruches régulièrement disposées et les essaims habilement domestiqués. Pourtant, sous ce ciel qui prend déjà les teintes de l'Orient, il faut bien que la nature, si âpre qu'elle soit, reprenne ses droits sur cette occupation utilitaire.

Au cours d'une promenade à travers l'île, on cherche

la campagne; on la trouve péniblement créée et toute
cachée derrière les enclaves des hautes murailles et les
terrasses de pierre; mais alors on y découvre une vigueur
humble et trapue, et, sur ces arbres qui courbent la
tête pour éviter l'effort du siroco, une prodigieuse
abondance de citrons et d'oranges; de nombreux palmiers sont les prémices de la végétation orientale; une
herbe grasse et molle pousse à leur ombre, et c'est sur

Malte.

une étendue de quelques mètres seulement que l'on
aperçoit cet épanouissement. Partout la pierre grise et
sèche borne la vue et l'on dirait un champ dévasté, une
sorte de plaine d'où surgit au loin la silhouette de
l'épiscopale Città-Vecchia, que le soleil à son zénith
mitre d'or clair. L'étroitesse de ces petites oasis, si proches les unes des autres bien qu'elles s'ignorent mutuellement entre les haies pierreuses, permet que l'on goûte
tout leur charme; les sensations qu'elles nous procurent
dépassent leur humble objet, et c'est une joie intense que
la vue du frisson de chaque brindillon d'herbe fraîche exha-

lant son imperceptible parfum, joie saisissable seulement en un tel lieu et décuplée de l'aridité environnante. Ici, les vers de Lucrèce s'imposent avec la douce férocité du « suave marimagnisme ». Et lorsqu'on s'est laissé pénétrer par l'originalité de ce paysage, on s'étonne que les sensations qu'on en reçoit soient étrangères à ce sol, semblent être venues d'ailleurs, comme si elles avaient été transportées avec la terre d'autres pays.

On a prétendu que « celui-là seul connaîtrait la vraie science de la vie humaine, qui aurait passé quelques semaines dans une île déserte. » Malte, peuplée et civilisée, en cet avril déjà gai, n'est-elle pas plus capable encore d'éveiller cette merveilleuse impression ? Cette trace partout visible de la main de l'homme, cette nature née de ses sueurs au milieu de la mer infinie, près de ces rochers sauvages qu'il dut briser pour les fleurir, ne disent-elles pas assez son pouvoir, sa volonté et la douceur de vivre auprès de ce que lui-même a créé ?

Pourtant, dans les rues de la capitale, cette opulente et brillante Lavalette, les hommes ont sur le visage je ne sais quel air de tristesse et de résignation. Ils sont actifs, et tous les ports méditerranéens se disputent leur main-d'œuvre ; mais peut-être sentent-ils que leur île est pour eux, comme pour les oiseaux, une terre de passage ? leur idiome mêlé d'arabe, de grec, d'italien et de quelques dialectes encore, leur montre assez que d'autres les ont précédés, luttant aussi contre la roche, qui ne sont plus là cependant pour récolter les moissons dans les sillons qu'ils ont creusés. Ils ont sans doute au dernier point le sentiment de l'éphémère et de la tristesse qu'il procure. N'est-il pas funèbrement paré avec une macabre coquetterie, le symbole de la mort représenté par un crâne où sont fixées des ailes de papillon ?

La bourgeoisie, au contraire, qui n'est point attachée au sol et dont les écus auraient vite fait de passer en un autre pays, paraît insouciante en cette belle journée, dans les rues aussi blanches que la façade des maisons. Au-dessus des trottoirs, des vérandahs, des loggias laissent voir des femmes renversées dans de larges fauteuils, fumant ou buvant quelque boisson fraîche. Dans leurs yeux éclate je ne sais quel reste de violence espa-

Patrouille anglaise.

gnole qu'adoucissent déjà le charme et l'indifférence de la grâce orientale. Les filles du peuple ont moins d'abandon et plus de saveur. Sur leur tête, n'importe quel capuchon se drape élégamment et arbore la fierté et l'insolence de la mantille. Leur vêtement, nommé *faldetta*, est une sorte de jupon qu'elles ramènent sur leur tête et devant leur visage, au moyen d'une baleine qu'elles gardent à la main et qu'elles manient avec une ineffable coquetterie.

Les soldats anglais défilent au milieu de tous ces

contrastes sans s'en émouvoir. Leur devoir est d'être
là, et ils y sont; cela suffit. Ils paraissent de bons serviteurs, bien instruits, bien dressés; mais leur élégance,
qui est celle des gens de maison, n'a rien de militaire.
Ces éléments divers s'ignorent sans doute en l'absence de liens communs. Un seul souvenir plane
également sur tous (en en exceptant, bien entendu,
l'occupant anglais trop absorbé par le présent et surtout
par l'avenir pour prêter quelque attention au passé).
Ce souvenir n'est point celui de Calypso (encore une
nymphe larmoyante, bien qu'elle n'ait rien de la chas-
teté d'Aréthuse); les guides seuls la connaissent et l'un
d'eux montre l'emplacement hypothétique de la célèbre
grotte que Malte, en rivalité sur ce point avec l'îlot de
Gozzo, a la prétention de posséder. « Ce fut une femme
— me dit mon cicerone avec une singulière exactitude
— qui vivait il y a longtemps, qui a aimé un homme
qui ne voulait pas d'elle pour des raisons de famille, et
qui n'a jamais pu se consoler parce qu'elle ne pouvait
pas mourir. J'ai une sœur qu'on appelait Calypso pour de
rire, mais ça lui a porté malheur; seulement ça n'a pas
été comme pour celle d'autrefois, elle s'est consolée. »
— Et le bonhomme ajouta plus bas : « Elle est morte. »

Saint Paul a bien aussi quelque renommée dans l'île.
Il y fit naufrage, disent les Bollandistes, en allant
de Jérusalem à Rome, où il voulait en appeler à la
justice de César; et les Maltais se félicitent que, lors de
son passage involontaire dans leur pays, il ait eu l'idée
d'y détruire les vipères.

Mais, de la nymphe et de l'apôtre, on ne parle plus
guère; les chevaliers seuls sont en possession du souvenir. Tout, en effet, atteste leur séjour dans l'île. C'est
la cathédrale de San-Giovanni, pavée des pierres tombales de jaspe ou de porphyre de quatre cents chevaliers,

assemblées en une mosaïque funéraire, tout ornée de sculptures et de rinceaux dorés en or de ducats, dont les voûtes disparaissent sous les fleurs de lys et les croix de Malte, splendidement orgueilleuses. Dans une crypte dorment les grands maîtres de l'Isle Adam et de Lavalette, sous un marbre que soutiennent des chimères et des lions. — C'est le palais du gouverneur, l'ancienne résidence du grand maître, avec la salle du conseil dont les murs sont couverts de sombres tapisseries; avec ses corridors aux mille détours, garnis de portraits terribles et menaçants; avec sa salle d'armes pleine de trophées, de panoplies et de cuirasses entre-croisées et qui paraissent frémir, comme pour se pourfendre encore; avec ses gorgerins bosselés par les boulets des balistes ou troués par les flèches sarrazines, étoilés de la croix de l'Ordre; avec toutes ces dépouilles qui proviennent à la fois d'un monastère et d'une caserne. C'est enfin, parmi les gens du peuple, ce mélange de respect et d'ironie pour ces chevaliers qui, pendant des siècles, leur donnèrent la gloire, quitte parfois à leur emprunter leurs femmes.

Lorsque les Hospitaliers, chassés de Rhodes, abordèrent en cet îlot, ils ne purent oublier les fleurs et les jardins de cette terre fortunée; pourtant leurs ardeurs guerrières n'en furent point diminuées, et, placés entre les Turcs et les Barbaresques, ils poursuivirent le cours de leurs exploits; mais peu à peu ils se mêlèrent au siècle et, en dépit de l'aridité de leur asile, poussés peut-être par le regret et le souvenir des riantes vallées d'Asie, leur gloire ne leur suffit plus et, leur but perdant de son intérêt, ils cherchèrent des émotions nouvelles en unissant à leur humilité, à leur religion et à leur courage un certain goût de licence et de galanterie.

La foi religieuse commençait à décroître, l'amour à se banaliser, la folie guerrière à perdre l'agrément d'une aventure ; tout cela était trop simple, trop dépourvu de complexité ; il fallait une renaissance dans l'ordre sentimental comme dans l'ordre artistique ; il fallait, pour créer une nouvelle manière de sentir, mêler entre eux les sentiments ; — c'est ce que firent sur ce rocher de Malte quelques chevaliers qui portaient au côté une épée et un chapelet et, sur le cœur, parfois reliés ensemble, un livre d'heures et un recueil de poésies amoureuses. La sensibilité humaine n'en fut-elle pas merveilleusement étendue ? Ne goûtèrent-ils pas en effet dans toute leur intensité des sensations nouvelles, ceux-là qui, après avoir respiré dans les batailles l'odeur du sang encore chaud, vinrent s'agenouiller au pied des saints autels, y connurent les douceurs de la pénitence, appliquèrent dans les hospices les baumes et les onguents sur les corps souffrants de « Messieurs les pauvres malades » pour aller ensuite dans les bras des belles Maltaises commettre tous les péchés d'amour qu'ils avaient expiés par avance ? Pour la première fois ils éprouvèrent le charme du voisinage de l'amour et de la mort, source intarissable de volupté à laquelle Naples se grise au bord de son golfe.

Cette pensée nous suivant dans Malte ne nous permet point de voir sans un certain trouble le jardin du *boschetto*, d'où s'échappaient pour la chasse favorite des chevaliers les daims de Corse ou les cerfs d'Irlande et, tout au fond de la vallée, cette petite maison disparaissant sous des vignes sauvages, qui servait à la fois de fauconnerie et, au retour, de galant rendez-vous. Ils ne sont pas moins saisissants, ces rochers à pic qui regardent la haute mer du côté de l'Afrique, où se posent seuls aujourd'hui les oiseaux et d'où jadis, pour voir plus longtemps ceux qui partaient, les femmes venaient verser des larmes, tandis que sur les galères en marche vers les rivages infidèles, les chevaliers mêlaient les baisers qu'ils envoyaient à leurs maîtresses, et ceux, que dévotement, ils posaient sur leurs épées en forme de croix.

Un jour vint où Malte devint le théâtre de scènes moins grandioses, mais plus piquantes. Les mœurs galantes des chevaliers finirent par exercer leur influence sur les habitants de l'île. Comme Arlequin, ils furent polis par l'amour; c'est là que naquit la politesse.

Les quais de Malte.

Peut-être y eut-il à cela aussi une autre cause. Sur ce territoire exigu où l'on ne pouvait s'éviter, les cadets des meilleures familles de l'Europe entière, une véritable foule de grands seigneurs ayant gardé chacun leur caractère national et particulier, et cherchant à ce qu'il ne s'effaçât point, se trouvèrent un jour réunis. Une familiarité inévitable, la nécessité de vivre en bonne entente malgré des opinions et des mœurs diverses, firent naître ces petites concessions qui ne servent guère qu'à éviter les grandes, ce langage dont la complication ne provient que du désir de ne rien exprimer, en un mot: la politesse. Il y a encore de nos jours à Malte une vieille dame qui, de deux heures à quatre heures, trois fois par semaine, donne des consultations sur les bons usages.

Tout ceci maintenant n'est plus qu'une comédie négligeable. Mais si on se laisse envahir par les vieux souvenirs, le prestige de Malte, à la fois élégante et recueillie, survit dans ses plus âpres rochers comme dans ces salles que l'orgueil, la piété et la galanterie des chevaliers à noblement, coquettement et dévotement ornées.

Les moindres asiles de la terre maltaise, auberges ou bosquets, gardent encore la marque du passage des femmes, des prêtres et des soldats. Dans le palais du gouverneur ce sont pourtant les armures et les chasubles qui dominent; il semble que l'on soit en présence du cérémonial d'une messe militaire. Mais s'il fallait emporter d'ici quelque souvenir capable de rappeler sans cesse la profonde impression ressentie dans cette île, ce ne seraient point ces hallebardes, ces pieux ornements, ces fruits mûrs, ou bien telle maltaise entrevue sous une vérandah buvant à longs traits une boisson fraîche et se renversant en arrière pour mieux goûter le breuvage, peut-être aussi pour mieux montrer l'élégance de son col et la grâce de sa poitrine, mais un gant de cuir fin aperçu en quelque palais, élégant, souple, sans broderies, et froissé comme s'il était encore chaud de la main qui l'animait jadis; là seulement on pourrait respirer, mêlés ensemble, encore perceptibles malgré le temps, l'odeur de la poudre et de l'encens mêlées au parfum que laisse aux doigts qui s'y plongent une longue et nonchalante chevelure.

. . . .

Nous avons quité Malte il y a deux heures, la mer est sans un pli, sans un frisson; un vol d'oiseaux de passage cache le ciel vers l'Orient; des bateaux se balancent au large, venant de Sicile. Tout là-bas, Malte n'est plus qu'un tout petit rocher..., plus rien maintenant; à l'horizon le ciel tombe dans la mer: ils se sont unis pour l'enlever à nos yeux.

Athènes.

Athènes.

> Souvenez-vous, Quintius, que vous commandez à des Grecs, qui ont civilisé tous les peuples en leur enseignant la douceur et l'humilité et à qui Rome doit les lumières qu'elle possède.
>
> (CICÉRON.)

> Là, tandis que des générations impies se sont élevées sur les tombeaux de générations religieuses, la jeune cigogne a toujours nourri son vieux père.
>
> (SOLIN.)

Dès l'aube, au « petit soleil », comme disent les marins, l'horizon est noyé de tous côtés dans un brouillard léger, laissant transparaître les couleurs à travers une vapeur opaline qui s'élève de la mer. De temps en temps, une masse plus sombre, un instant entrevue, indique la présence d'une île ou d'un rocher, et de grands oiseaux blancs, qui viennent voler à travers les cordages, annoncent la côte voisine. Tout est profondément calme, et les vagues silhouettes des montagnes, à peine distinguées à travers la brume, vous charment déjà par une grâce nouvelle soudainement révélée, jusqu'alors inconnue, rêvée seulement en lisant Homère.

Je ne sais quelle émotion vous prend à la gorge, dont il est facile de se moquer ensuite, mais dont on ne peut se défendre sur le moment. « C'est le grand jour de notre entrée à Athènes qui se lève. Nous avions mis nos beaux habits pour la fête et le janissaire avait retourné son turban. » Ces enfantillages, — démonstration d'une ineffable joie, — auxquels se plaît Chateaubriand à l'heure de son arrivée dans Athènes, sont touchants et sincères. Mais il découvrit la ville du col du Parnès, et, comme il convenait à son génie, il y entra par la Voie Sacrée.

Soudain le soleil perce la brume ; en un instant il l'a dissipée. Avec une admirable délicatesse de teintes encore pâles, de nuances d'une douceur infinie, le ciel à l'horizon se confond avec la mer. Les lignes de la côte s'affermissent, se débarrassent peu à peu des voiles qui couvraient leurs sommets, et dont les longues écharpes de fine gaze flottent encore à travers les rochers. Les îles émergent hors des eaux comme des vases de marbre, et les flots y jettent, éternelle et quotidienne offrande, la blanche écume qui est la fleur des vagues. Les pentes des collines sont abruptes et tombent à pic dans la mer qui reflète la pureté de leur silhouette, cette aridité même, cette nature sauvage est pour l'œil que rien ne choque et que tout satisfait un véritable enchantement, tant les contours en sont harmonieux, tant la qualité de l'air qui les baigne est propre à en faire valoir le charme.

L'atmosphère pourtant semble encore chargée d'une buée légère, rose, bleue ou mauve, selon les jeux du soleil ; la précision des lignes est adoucie, sans que leur beauté en soit amoindrie. Quelques pierres colorées, taillées dans le rouge porphyre ou dans le vert antique, strient de leur éclat la blancheur marmoréenne de la masse. Au-dessous des sommets dénudés noircis par le soleil, des broussailles, des cactus, et des lauriers sauvages s'accrochent aux interstices des rochers, parmi lesquels des rhododendrons mettent leurs teintes roses ou orangées. Des aiglons planent en l'air et poussent de petits cris sinistres. Et l'on est confondu des longues et gracieuses théories d'îles et d'îlots qui surgissent de tous côtés et qui, par la beauté de leurs profils, paraissent avoir été sculptés dans le marbre le plus riche par le ciseau d'un artiste génial. Sur les eaux calmes, d'un bleu profond et sombre, et, selon la lumière, soyeuses ou veloutées, à peine gaufrées par la brise du Midi que les marins grecs appellent l'*embatès*, « le vent qui fait marcher les barques »; elles forment un chœur antique. L'une d'elles, d'un marbre gris et d'aspect plus désolé encore, se dresse à une faible distance de la côte.

Quelle est cette île triste et noire?

interroge Baudelaire.

C'est Cythère,
Un pays fameux dans les chansons,
Eldorado banal de tous les vieux garçons.
— Regardez, après tout, c'est une pauvre terre.

Ile des doux secrets et des fêtes du cœur,
De l'antique Vénus le superbe fantôme
Au-dessus de tes mers plane comme un arome,
Et charge les esprits d'amour et de langueur.

Et il est d'usage de s'étonner que cette « pauvre terre » ait été l'île « des doux secrets et des fêtes du cœur », et que Vénus ait voulu y être adorée.

Il me semble au contraire que cette île désolée fut merveilleusement choisie pour servir de patrie et de symbole à tous les amours charnels, soit qu'on les envisage au point de vue païen, soit qu'on veuille les condamner au nom de la morale chrétienne.

Cette terre nue, plongeant dans les flots de saphir, sous ce ciel limpide, sans arbres, sans fleurs, sans ruisseaux, ne fut-elle pas le cadre simple, dépourvu de tout ornement, qu'il fallait à Vénus sortant de la vague voisine qui l'avait créée, pour y développer sans que rien ne vienne en altérer la beauté ni en diminuer l'éclat, les lignes harmonieuses de sa divine nudité, les roses de ses chairs magnifiques « brûlées de secrètes chaleurs » et le ruissellement de sa blonde chevelure. C'est sans doute sur cette pierre en forme d'autel, qu'on aperçoit tout inondée de soleil, que les suppliantes venaient enflammer les branches de myrtes séchées et frapper du couteau cécespite deux jeunes tourterelles.

Depuis que la déesse n'habite plus ces rivages, cette île maudite, sur laquelle les oiseaux de proie s'abattent comme sur un charnier, ne semble-t-elle pas avoir été choisie par la foi nouvelle qui flétrissait les plaisirs des sens, pour devenir la funeste image des effets déplorables que les amours condamnés ne manquent point d'entraîner à leur suite : misère, ruine, dévastation.

Pourtant il serait difficile d'arrêter longtemps sa pensée sur cette image funèbre, quel qu'en puisse être l'enseignement. Le soleil de midi rend l'atmosphère plus légère encore; les plus minces traînées de brouillard se sont évanouies au fond des anses rocheuses; dans l'air se fondent et se confondent la couleur, la musique et le parfum.

Le cap Malée s'efface déjà derrière nous. « Si tu le passes », disaient les anciens Hellènes, qui étaient sans doute très peureux, « dis adieu, ô étranger, à la patrie que tu viens de quitter et que tu ne reverras point. » Il est toujours fâcheux de faire mentir les vieux proverbes, et surtout les proverbes grecs, plus vénérables encore ; mais la mer continue à ressembler à un grand lac troublé seulement par les ébats des dauphins; et « les silences des vents tiennent l'onde immobile » comme le jour où la flotte d'Agamemnon attendit à Aulis qu'une brise favorable la poussât vers les rivages de Troie.

La côte se développe maintenant dans toute sa majesté, et les neiges du Taygète, dégagées des nuages qui les enveloppaient, étincellent de mille feux. Il y a, dans la contemplation de ce paysage, je ne sais quoi qui vous absorbe jusqu'au point d'effacer en vous toute impression étrangère et de ne laisser place à aucun autre sentiment. Les grands désespérés n'ont pu exhaler leur douleur en ces lieux si désolés pourtant, ni les assombrir du souvenir de leurs lugubres descriptions; et Byron se serait adouci s'il avait promené longtemps son immortelle tristesse le long de la côte Hellénique ; ses larmes auraient séché aux premiers rayons du soleil. Un Werther, qui peuple de son désespoir un paysage, alors même qu'il ne se tue pas, fixe à jamais la sensibilité, en indiquant pour l'avenir ce qu'il faudra ressentir là.

Mais les Grecs, dominés dès le premier jour par la beauté du pays qui les environnait, ont su s'en faire un sujet habituel d'admiration, sans y trouver une occasion de se livrer à la mélancolie.

L'imagination des poètes ajouta peut-être dans les prairies quelques fleurs à celles que la nature leur mesura, mais elle ne se lassa jamais d'une exactitude qui fut le secret même de leur poésie. Ils ne voulurent pas s'arrêter sur les montagnes arides, auprès des sources taries. Et pour ne pas s'attrister, peut-être pour ne pas nous attrister nous-mêmes, ils se turent; ils nous laissèrent ignorer cette âpreté, mais ne nous trompèrent point. Comme le soleil, la poésie n'ajoute rien au paysage, mais elle l'embellit en l'éclairant.

C'est seulement en côtoyant ces rivages que l'on peut démêler ce caractère particulier de la poésie grecque dans laquelle, selon l'expression dantesque, la nature se reflète comme ces coteaux dans l'eau d'une mer tranquille, ceinture azurée qui entoure la presqu'île, semblable à ce fleuve majestueux que cisela Homère sur le bouclier d'Achille.

Voici, plus proche, la côte de l'Attique vers laquelle nous voguons et, après avoir dépassé le large chenal entre Égine, à peine visible à l'horizon, et Salamine dont les collines abruptes nous apparaissent, nous entrons dans le Pirée.

A travers la forêt de mâts des barques de pêche grecques, turques et asiatiques, aux proues énormes et arrondies, on voit s'agiter sur le quai une foule bruyante et multicolore. Au fond, d'un bleu plus net, tranchant sur le ciel, se découpe à gauche le mont Parnès, à droite le mont Hymette et, plus éloignés, presque mauves par l'effet de la distance, le Lycabète et le Pentélique. Au milieu de ce cirque presque fermé de hautes montagnes, au centre de la plaine, s'élève un rocher semblable à un piédestal, à un autel ou à un fortin, et les trois ensemble en vérité, puisque ce rocher supporta les statues des dieux, fut témoin des sacrifices qu'on leur offrit, et protégea une ville contre ses ennemis, puisque c'est l'Acropole.

* * *

Les rues du Pirée n'ont rien de bien séduisant. Le douanier en fustanelle, que son costume en désordre rend sans doute jaloux du bon ordre des malles qu'il visite, et qui les bouleverse avec l'air farouche d'un Klephte de la montagne; la finauderie et la rapacité des automédons avec lesquels on ne parvient pas à entrer en « symphonie », un buste de Périclès qui aurait commandé avec succès un bataillon de la garde nationale, telles sont les principales impressions que l'on reçoit du port d'Athènes.

On peut sans regret négliger les bazars à l'européenne,

Le Pirée.

les cafés-concerts cosmopolites, où toutes les nations mettent en commun leur vulgarité et leurs plus grossiers appétits, et surtout les insinuants porteurs de bagages auxquels un costume des plus succinct donne toute légèreté et toute facilité pour disparaître subitement avec le fardeau qu'on leur a confié. Pourtant, à quelque distance du Pirée, dans une sinuosité de la côte, on montre l'endroit où fut peut-être enseveli Thémistocle. On voit encore aujourd'hui, creusée dans le roc au niveau de la mer, une fosse profonde que la marée recouvre « Placée là, ô Thémistocle, ta dépouille mortelle est saluée par les mariniers qui rentrent au port! » s'écria un poète. Hélas! les mariniers ne se découvrent plus devant la pierre béante, et un jeune pêcheur qui nous y a vus tout à l'heure a fait retentir le rivage d'un rire frais et sonore. Aussi ne nous reste-t-il plus qu'à oublier le Pirée et à prendre le chemin de fer, qui a l'impudence de traverser la plaine sacrée de l'Attique. Au bord de la mer, Phalère étale de blanches maisons et une plage pauvre de sable. Une foule élégante, arborant des ombrelles de couleur claire, s'y promène, et il paraît bien en effet que c'est de nos jours le rendez-vous à la mode. On vient s'y montrer et y manger des fritures; c'est l'Asnières d'Athènes. Sur le quai de la gare, on aperçoit des hommes vêtus selon le goût du jour le plus parisien et dont les profils sont dignes des meilleurs contemporains de Périclès. On croirait feuilleter un album de Caran d'Ache, quelque chose comme les « bains de mer dans l'antiquité. » Mais, au tournant de la voie ferrée, ce joli décor disparaît. La plaine se déroule, toute brûlée de soleil, fauve et rougeâtre par endroits; les ombres des objets qui s'y projettent sont d'un sombre violet. Où est Athènes?... point d'Athènes. L'antique cité se développait entre l'Acropole et le Pirée, tandis que la ville moderne est ramassée derrière le rocher comme pour se cacher.

« Athènes! Athènes! Tout le monde descend de là-dedans! » crie un employé avec une variante dépourvue de tout atticisme.

Un peu de sang vous monte au visage, un léger voile brouille vos yeux et, en dépit de l'amour-propre qui se raidit, on sent bel et bien que l'on n'entre pas en vain dans l'illustre cité, même à la suite d'une locomotive.

Les maigres aloès, les âpres oliviers dispersés dans

la plaine deviennent plus rares, et on arrive sans transition dans une rue bordée de maisons bien alignées, de façades d'une propreté irréprochable, longées de trottoirs aux larges dalles de belles pierres veinées, presque du marbre. Peu de monde dehors, quelques voitures auxquelles la piété athénienne a conservé le nom d'*anaxa*, qui servit à Homère dans sa description du char d'Achille. Un cocher interpelle brusquement un de ses camarades qui lui répond avec la même politesse, et nous apprenons que le premier s'appelle Alcibiade et le second Périclès. Ah! Caran d'Ache, Caran d'Ache!

Des villas, au milieu de jardins qui commencent à fleurir, semblent entourer la ville. Par endroits des maisons de plus humble apparence, d'aspect oriental, couvertes de terrasses, sont les seuls restes de la bourgade albanaise. Une petite auberge, presque une chaumière puisqu'entre les tuiles qui la couvrent l'herbe verdoie joyeusement, est à peu près entièrement construite en marbre.

Mais voici des groupes nombreux, gesticulant et parlant haut, qui s'arrêtent au milieu de la chaussée; les voitures ne semblent pas les inquiéter et doivent se détourner. Il paraît que ce sont des hommes de finance qui discutent au sortir de la bourse sur les chances de succès d'une affaire considérable récemment lancée; ils ont le ventre important et décoré d'une grosse chaîne d'or, le nez encombrant, la lèvre pendante et le teint fleuri; tout annonce chez eux une prospérité exempte de soucis. Et pourtant la fièvre de spéculation, qui envahit la Grèce depuis 1870, a rendu la fortune publique d'une extrême mobilité. On a percé l'isthme de Corinthe et desséché le lac Copaïs; mais depuis lors bon nombre de familles ont goûté fréquemment les dou-

ceurs de la fortune ou les angoisses de la misère. Le
« krack » est annuel. L'étranger n'en est pas la cause,
et, à vrai dire, personne ne lutterait contre les financiers hellènes, pas même les Israélites. « Avec ces gens-
là, me disait un de ces derniers, nous savons très bien
qu'il n'y a rien à faire. » — Et c'est un fait que les
Juifs sont peu nombreux à Athènes. Lorsque les uns
viennent s'établir en quelque ville étrangère, les autres
ne tardent pas à leur céder la place ; entre Israélites et
Grecs la concurrence est impossible, et c'est un vieux
conseil des prestidigitateurs du siècle dernier, que
« pour réussir le « Passez muscade », il importe qu'il
n'y ait point sur la scène deux faiseurs de tours, dans
la crainte que le public s'aperçoive de la ruse employée
et refuse désormais sa confiance à l'un et l'autre de ses
amuseurs. » Les Grecs et les Israélites ont suivi l'avis
de cet habile homme. La haute banque marseillaise en
est pour nous l'exemple le plus proche.

Mais voici dans la rue d'Hermès et sur la place de la
Constitution le mouvement et la vie. Les maisons sont
belles, agréables, variées, parfois ornées de portiques ;
souvent aussi la toiture du péristyle supporte quelques
statues. Tout cela sans doute n'est pas d'un art parfait
et original, on y sent le « pastiche ». Néanmoins tout
est frais, respire le bonheur, s'offre joyeusement à la
lumière. On y devine une saine et robuste solidité, comme
si un sang toujours jeune coulait dans les veines de ces
beaux marbres.

Les terrasses des cafés sont envahies par une foule
bigarrée et bruyante dont les mille couleurs rutilent
sur la blancheur ensoleillée des marches de Pentélique.

Les Athéniens n'apprécient point les funestes délices
de « l'heure verte », l'absinthe est pour eux chose

inconnue. Friands de café à l'orientale et grands buveurs d'eau fraîche, ils mettent tout leur plaisir à déguster le « mastic », sorte de liqueur anisée faite avec la gomme des lentisques, à laquelle les jeux du soleil donnent de jolies teintes opalines. Qu'est devenue l'ancienne et célèbre gourmandise des Grecs qui eurent toutes les intelligences et toutes les délicatesses, sans en excepter celles du goût! Elle se borne aujourd'hui à faire son suprême régal du « loukoum », mauvaise pâte au miel imbibée d'essence de rose, ou d'un hachis d'oignons, d'ail et de caviar. — « Le goût suit les élévations ou les déchéances de l'esprit » décida Brillat-Savarin, juge expert en la matière.

De nombreux landaus circulent; les cochers, dont la faconde est inépuisable, fouettent de-ci de-là les passants trop lents à leur livrer la place; ils semblent un peu les rois de la rue, comme il convient chez les grands peuples en décadence. Des arroseurs, que l'on appelle en grec par une ingénieuse périphrase des « préposés à la fraîcheur publique », ont l'air d'exercer leurs fonctions avec une certaine maladresse; la « sèche Attique » ne profite que des quelques gouttes d'eau épargnées aux promeneurs inoffensifs. — Des hommes d'un pas indolent s'en vont faire leurs provisions, une sorte de panier aplati à la main; ils l'emplissent de sardines, de pistaches, de pralines, de figues blanches, de pâtisseries fleurant aigre le beurre de chèvre, et rapportent au logis ces succulentes victuailles.

Mais hélas! si les rues sont rafraîchies par les soins d'une édilité pleine de sollicitude, si Athènes a chemin de fer et tramways, si l'on peut prendre la correspondance pour l'Acropole-Céramique, ces progrès de la civilisation ont effacé peu à peu la couleur locale.

Les costumes « à la Franque » comme on les appelle

ici, donnent à la foule une teinte foncée dominante, que les cris et les éclats de voix des marchands ont peine à égayer. Ce n'est pas seulement leur sympathie pour l'Occident qui pousse les Grecs à calquer aussi fidèlement leurs mœurs sur les nôtres, mais aussi la haine des Turcs et leur désir de ne leur point ressembler et de s'en écarter autant qu'il est possible. De rares Orientaux semblent être déguisés, et c'est tout au plus si l'on distingue à travers la cohue quelques Albanais en grand costume. On va, on vient sans but, sans motif, par badauderie, par oisiveté vaniteuse et par curiosité. Les Athéniens sont toujours tels que saint Luc les dépeignit d'une brève indication : *Athenienses autem omnes ad nihil aliud vacabant nisi aut dicere, aut audire aliquid novi*, et Thucydide aurait encore raison aujourd'hui de noter « leur promptitude à concevoir et à exécuter, leur audace qui passe leur force, leur rapidité à remplacer un dessein trompé par une nouvelle espérance et enfin cette préoccupation de l'avenir qui souvent gâte le présent ». Autant de traits, autant de vérités dont le temps n'a pas diminué la portée.

Vers le coucher du soleil, dont la merveilleuse chute derrière les montagnes incendiées de pourpre triomphale, mérite la puissante expression de « déclin royal de l'astre en feu » (τὸ βασιλευμα τοῦ ἡλίου), les fenêtres s'ouvrent, les balcons se couvrent de monde, on regarde le spectacle de la rue, on guette le retour de Phalère ou le passage de quelque régiment. — Aux abords du palais royal, lourde bâtisse d'un mauvais goût bavarois, que l'incendie de 1883 eut la malencontreuse attention d'épargner partiellement, des promeneurs plus tranquilles recherchent l'ombrage des poivriers et des sycomores. Quelques rares amateurs de solitude, qui n'aiment jouir du bruit de la vie publique que par ce qui en parvient en une retraite éloignée, s'en vont jusqu'au bord de l'Illissus. J'y ai aperçu un vieillard qui lisait Platon dans un livre dont la vétusté et l'humble reliure me semblèrent touchantes. C'est, m'a-t-on dit, un pauvre homme que sa famille, craignant pour sa raison, fit enfermer pendant plusieurs mois. « Ces fous sont des gens admirables! » s'écriait Edgar Poe qui pensait lui-même l'être un peu.

L'Illissus, en réalité, n'est qu'un mince filet d'eau. Il est vrai que Chateaubriand, pour justifier les poètes qui le traitèrent de fleuve imposant, prétendit que son cours est souterrain, et appela sur ses bords pour en témoigner les bras nus des laveuses albanaises. Quoi qu'il en soit, ses rives, à peine fraîches, sont embellies à tout jamais par le souvenir de ces arbres que sema la main de Platon et à l'ombre desquels il est doux de se reposer. « Par Junon! le charmant lieu! Comme ce platane est large et élevé! Et cet agnus-castus, avec ses rameaux élancés et ses beaux feuillages, ne dirait-on pas qu'il est là tout en fleurs pour embaumer l'air! Quoi de plus gracieux, je te prie, que cette source qui coule sous ce platane et dont nos pieds attestent la fraîcheur!... J'aime surtout cette herbe touffue qui nous permet de nous étendre et de reposer mollement notre tête sur ce terrain légèrement incliné. »

Et dans quelque anse où le sable creusé retient l'eau qui s'enfuit, le pauvre fou de tout à l'heure doit encore apercevoir à l'heure du crépuscule le beau cygne noir qui apparut à Socrate pendant son sommeil, la veille du jour où Platon devint son disciple.

Mais c'est sur le Stade que vont le plus volontiers les notables bourgeois pour recevoir les saluts dont le nombre plus ou moins grand fait leur joie plus ou moins vive. Pour ceux qui dédaignent cette vanité un peu grossière et qui préfèrent la qualité des coups de chapeau à leur quantité, l'endroit « fashionable » est le pourtour du temple de Jupiter Olympien où se réunit la foule élégante qui défilait jadis chaque soir sur la route de Patissia. Toute cette bourgeoisie manque de simplicité; et s'il se trouvait parmi elle un Périclès, il est douteux qu'il se contentât de faire inscrire sur sa tombe :

PÉRICLÈS
DE LA TRIBU ACAMANTIDE
DU BOURG
DE CHOLARGUÈS

Comment découvrir, parmi ces vaniteux personnages, un Grec, un vrai Grec? Le plus court était de chercher un Palikare dont le costume, grâce à Delacroix, fut pendu dans la vieille armoire de l'appareil romantique.

Le Palikare disparaît; il faut se hâter pour le voir encore dans toute sa splendeur, et je fus heureux de causer avec un de ces fossiles dont l'empreinte, sous peu, ne se retrouvera plus que dans les couches profondes du calcaire hellénique.

Mon interlocuteur est superbe: moustaches héroïques, teint de claire olive et de pâle citron, yeux de braise ardente, larges épaules et taille fine. Mais hélas! il est vêtu selon la mode la plus bourgeoise d'un complet gris, et coiffé d'un pacifique chapeau de paille. Ne plaisantons pas; il souffre, mon Palikare, de cette tenue qui exciterait jusqu'au délire le sifflet railleur de tous les merles thessaliens, ses anciens compagnons de la montagne. Mais il faut voir dans ce désastre un coup de la Destinée; la modicité de son pécule est la cause de tout le mal. « Ce costume, me dit-il, était trop beau pour ne point coûter une fortune; les broderies soutachant le drap rouge de ma veste étaient l'œuvre de véritables artistes qui y travaillèrent pendant une année; les plis de ma fustanelle blanche demandaient de fréquents et minutieux nettoyages, et le gland d'or de ma calotte devait passer une fois l'an chez l'orfèvre. Tant que le costume a duré, tout a bien marché, mais à la longue il s'est usé, et les déplorables exigences de cette vie moderne, à la fois fade et luxueuse, m'ont forcé à dépouiller bonnet, guêtres et broderies, toute la garniture qui pendait à ma ceinture, mon écritoire de fin ivoire, mon tabac conservé dans un estomac de bœuf, et mes armes enfin incrustées de corail et de turquoises : toute ma gloire! Maintenant tout cela est bien rangé dans une armoire, soigneusement plié avec du poivre destiné à défendre le drap contre les mites; quand je suis trop triste, je contemple ces vieux habits qui me rappellent le passé, et les larmes me montent aux yeux. »

— « Pardi! c'est le poivre qui le fait éternuer. » — Le personnage qui se permettait de troubler ainsi les épanchements de mon Palikare était un petit homme à l'œil vif et pétillant, à la lèvre railleuse, au nez mince et insinuant. Il bouscula son respectable ami, partit en riant, et entra quelques pas plus loin dans un grand immeuble qu'une plaque de cuivre gravé enseignait être le siège d'une société financière. Mon Palikare, troublé par cette soudaine interruption, s'inclina devant moi, la main sur la poitrine, et s'en alla d'un pas magistral.

Je sus plus tard que le petit homme appartenait à une de ces familles grecques longtemps puissantes à Constantinople et dont un certain nombre émigra du

Phanar à Athènes, lors de la guerre de l'indépendance. Le Phanariote et le Palikare sont les deux types opposés de la Grèce moderne; le premier est le représentant des mœurs nouvelles et le second est un peu pour lui, avec plus de faux-col et moins de poignard, ce qu'est aujourd'hui pour nous cette race des grands bourgeois de 48, immobilisés pour l'éternité dans le quadruple tour de leur cravate noire. Le Palikare n'a pas plus consenti à se séparer de ses idées, reléguées par le progrès au rang de préjugés, que de sa fustanelle et de son bonnet rouge; il renie la jeunesse de son temps pour vivre avec le temps de sa jeunesse. Le Phanariote, au contraire, se débarrassa de tout cela, et renonçant à faire l'histoire, il préféra faire sa fortune. L'un est l'homme d'autrefois, l'autre est l'homme de demain, et il est curieux de les voir tous deux aujourd'hui se rencontrer sur le même terrain.

Mais ces deux éléments ne sont pas seuls en présence. Aidant à leur combinaison, des Orientaux de toutes races et de tous pays, et quelques Occidentaux cherchant de nouvelles aventures sont venus voir ce qu'allait devenir ce peuple d'hier et s'il n'y aurait pas lieu de tirer quelque profit de ce nouveau-né sans expérience. Perdu dans cette foule bigarrée, souvent abâtardi par le sang slave des Albanais, il est difficile de trouver le véritable type grec.

Les femmes sont pour la plupart sans élégance et sans beauté, la physionomie manque d'expression et la démarche de noblesse. Cette dégénérescence de la race ne pouvait manquer de se produire, c'est là d'ailleurs l'ordinaire résultat de la vie cosmopolite. La flamme de tels yeux, la carnation lippue de telles bouches, le bistre de tels visages, indiquent clairement la présence de quelques gouttes de sang italien, asiatique ou égyptien; mais en se mêlant, ces éléments de grâce ou d'originalité s'amoindrissent.

Le charme des Athéniennes dans l'antiquité ne fut peut-être qu'un ingénieux mensonge dont elles surent se faire les inspiratrices. Il est remarquable que toutes celles dont le nom nous est parvenu ne sont pas nées sur le sol Attique, et il est bien permis de supposer que leur influence sur les hommes qu'elles approchèrent ne s'exerça point sans le secours de quelque charme et de quelque beauté! « Ce sont là des sortilèges, dit Beaumarchais, contre lesquels les esprits les mieux pourvus ne possèdent point de bons et durables arguments. »

Aspasie était Milésienne et Thespis vit naître la Béotienne Phryné qui, pour avoir découvert la beauté de sa poitrine devant ses juges, les convainquit de sa piété... Sophocle, Socrate, Aristote et le divin Platon se plurent aussi dans la compagnie de maîtresses exotiques.

Mais ce n'est point là sans doute l'unique secret du peu d'agrément des modernes Athéniennes. L'absence de toute coquetterie et de tout désir de plaire leur donne un air d'abandon et d'indifférence. N'est-ce pas le logique résultat du gynécée antique, de cette vie entre femmes, à l'écart des hommes, l'époux excepté, qui les amena à inventer mille distractions nouvelles, et même comme le leur reproche si fort Aristophane, à user sans mesure des vins et des alcools. On montre cependant encore aujourd'hui, surtout dans la société, quelques personnes ayant conservé ce qu'on est convenu d'appeler le type grec, et celles-là, pour la plupart, sont originaires des îles.

Dans la rue d'Éole, un pensionnat de jeunes filles, qui se rend à la promenade, permet d'apercevoir au passage quelques figures agréables. La belle ligne de certains fronts eût même été digne du ciseau de Phidias, si elle n'eût été à moitié couverte par un vulgaire toupet de cheveux frisés comme la toison d'un mouton appartenant au troupeau de Panurge, dont le nombre va sans cesse augmentant. On ne sait plus alors à qui dédier ce modèle, aux mânes du vieux sculpteur ou bien à ceux de Grévin. Pénible doute!... Faire de cette descendante d'Aspasie une amusette parisienne, ou bien tortiller sur l'auguste front de la Vénus de Milo tous les bigoudis dont l'absence de bras lui permit d'ignorer l'usage ! Et cette jolie Mlle Artémise. Z........poulo (cette terminaison à Athènes, à Smyrne ou à Marseille n'est pas indiscrète), qui a le regard si triste et les lèvres si gaies, et dont les yeux sont si bleus et les cheveux si noirs que l'on dirait un oiseau du Paradis en deuil du bon Dieu, et qui s'en va tous les jours sur une bicyclette Rochet se baigner à Phalère dans les eaux transparentes où chantèrent les sirènes, en compagnie d'un plongeur britannique qui lui apprend l'anglais! Et cette Mlle Eucharis R......aki (terminaison aussi discrète que la précédente), qui a de grands yeux verts et pâles comme ceux de la déesse Minerve, et qui gâte l'enchantement de son teint rose-thé sous la céruse et le carmin. Faut-il voir ainsi livrer à M. Bouguereau, pour qu'il la retouche, une pure statuette de Tanagra!

Les hommes, au contraire, sont souvent élégants et sveltes ; à travers la chemise bouffante de tel adolescent courant pieds nus une lettre à la main, on aperçoit une belle poitrine d'une harmonieuse rondeur. Les mendiants et les enfants, spontanément, prennent de nobles attitudes et se plaisent à les conserver. Sous ce ciel la ligne se forme d'elle-même ; chacun est imbu de sa dignité physique et semble avoir lutté au Gymnase avec Charmide lui-même et, comme lui, s'être ensuite frotté

d'huile verte « alors que l'olive achève de s'y détruire ».
Il est curieux d'entendre aujourd'hui même parler de la
beauté des hommes et leur en faire une gloire véritable ; pour eux aussi l'intelligence est, comme pour les
anciens, un attribut de la perfection physique.

Ce mélange d'archaïsme et de modernisme, qui est
assez plaisant, se retrouve partout. Cette sorte d'opérette qui se donne chaque jour au pied même du
décor de la merveilleuse tragédie dont l'Acropole fut
le théâtre, est des plus piquantes ; mais il ne faut pas
croire pourtant qu'on ait perdu la mémoire des
grands artistes du passé. De ce voisinage et de ce
souvenir naît quelque chose qui n'est ni grandiose, ni
bouffon ; une sorte de comédie, celle de l'exploitation
de l'antiquité par un peuple qui en voit plus l'utilité
qu'il n'en comprend la grandeur et qui s'efforce par
tous les moyens de se rendre digne d'un glorieux passé.
A vrai dire, le but est si difficile à atteindre que les prétentions des modernes Hellènes ressemblent un peu à
celles des citoyens de Lilliput ; leur attitude pourtant
n'est pas négligeable. C'est ce dont il est facile de se
convaincre lorsqu'après avoir joui du spectacle d'Athènes
on visite les côtes européennes, asiatiques et africaines
du littoral Méditerranéen, en s'informant de la situation
qu'occupe la colonie grecque sur ces différents rivages.

Le souvenir de la radieuse époque de la domination
hellénique est à la fois pour les Grecs leur gloire et leur
richesse. Aussi, jusque dans leurs moindres actions
s'efforcent-ils de le rendre présent... Ce souci va jusqu'à
l'enfantillage ; on le surprend dès le premier instant ;
« tout en vient et tout y tend », comme disait ce grand
ricaneur de Barbey d'Aurevilly, en une formule dont la
concision fait excuser la rudesse.

Dès votre première promenade à travers les rues

d'Athènes, les noms des voies publiques, les interpellations des badauds : « Thémistocle, viens par ici », « Aristide, viens par là » ; la mythologie enseignée par les réclames industrielles ; les enseignes des boutiques et des restaurants : « A la bataille de Marathon », « Hôtel d'Alexandre le Grand », et jusqu'à l'étiquette des vins du pays, où, au prestige du mot « Solon », vient s'accoler piteusement le « et Cie », révélateur de ce truc ingénieux ; si vous avancez de quelques pas au milieu de la cohue, la nuée de camelots qui vous assaillent avec l'œillade caressante des marchands orientaux en vous offrant quelque grossière imitation d'ancienne poterie : « *Antique, Môssié, bien antique* » ; tout cela vous amuse et vous intéresse. Si vous poussez un peu plus loin votre information et que vous entamiez la conversation avec quelques indigènes, vous subirez les questions d'usage sur l'opportunité de rétablir les courses olympiques, et vous entendrez débattre le grave sujet de la prononciation que les commerçants de la rue d'Hermès aussi bien que les docteurs de l'Université déplorent de voir différer de l'ancienne. Viendront ensuite de nombreux interviews sur notre littérature et notre théâtre.

Le peuple auquel appartinrent tant d'illustres artistes ne saurait se désintéresser des choses de l'esprit, et il est piquant de le voir récolter chez les autres la moisson que ses pères ont semée à travers le monde, et dont le grain n'a pas germé chez lui. C'est ainsi que les Athéniens lisent nos classiques : Corneille, Molière, mais surtout Racine. Cette préférence pour le grand tragique n'est point fondée, comme on pourrait le croire, sur des considérations esthétiques : « C'est le plus grand de vos auteurs, m'expliqué un grec ingénieux, parce qu'il a puisé la plupart des sujets de ses tragédies dans nos anciens poètes ». Ils ne dédaignent pas non plus les écrivains contemporains. Faut-il avouer que les listes de vente que m'ont montrées les libraires, portent en premier lieu le titre du *Maître de Forges?* Puis viennent les romans de Paul Bourget, les livres de Maurice Donnay, « très spirituel parce qu'il a copié Lucien et Aristophane », m'affirme mon interlocuteur, et enfin, mêlé à ces noms contemporains, par erreur, ou parce que la pure beauté est toujours jeune et vivante : « Manon Lescaut ». N'est-il pas agréable de penser que cette charmante Manon sait émouvoir des âmes étrangères, au pied de l'Acropole, et que des larmes sont tombées sur les feuillets du livre bien-aimé à l'ombre des oliviers de la plaine ?... Ses amours, ses chansons, ses folies n'ont point effrayé les chèvres paissant au bord de l'Illissus ; les abeilles de l'Hymette sont venues butiner les petites fleurs de sa robe à paniers, et la poudre en tombant de ses cheveux n'a pas souillé le marbre sacré des marches du Parthénon.

Mais quel est ce tumulte ? Ce sont les étudiants Athéniens qui manifestent leur mépris ou leur sympathie pour le professeur Économos, sous le portique de l'Université. Ils espèrent ainsi prouver leur activité et leur initiative, bien qu'ils n'agissent qu'à l'instar de leurs camarades de Rome, qui firent parler d'eux en ces temps derniers. Tout à coup éclate la musique militaire ; elle ne joue pas l'hymne à Apollon, mais de grands airs d'Opéra, et en poursuivant votre promenade, vous visitez les monuments modernes de la ville. Voici la bibliothèque où il ne manque rien, sinon des livres, et où d'ailleurs la largeur des fenêtres ne permettrait de placer que d'étroits rayons ; voilà l'Académie, toute de marbre du Pentélique, surmonté de statues dorées. A l'intérieur, une salle luxueusement ornée, contient quarante fauteuils bien rembourrés et couverts de velours rouge : seuls les académiciens font défaut. N'importe, il fallait que les Athéniens eussent une académie (ils ont même peut-être tout ce qu'il est utile d'en avoir); et l'État s'est empressé de pourvoir à cette nécessité.

Le bourgeois et l'homme du peuple ne sont pas les seuls, en effet, qui s'occupent de vivifier les souvenirs du passé ; cette question est devenue le pivot, habilement choisi, de toute la politique Athénienne, et c'est à l'unisson que gouvernants et gouvernés répètent à qui veut l'entendre le mot du camelot de tout à l'heure : « *Antique, Móssié, bien antique.* »

Ce n'est pas pour nous éblouir que cet appareil, puéril en apparence, a été déployé. La Grèce n'a point cette prétention. N'est-elle pas un peu notre élève ? Après lui avoir donné confiance en elle-même par l'enthousiasme romantique que nous avons témoigné à son endroit au commencement du siècle, nous lui avons enseigné son histoire en ne détruisant pas ce que la légende pouvait y apporter de gracieux et de profitable. Nos archéologues et nos architectes ont tiré de son sol d'admirables œuvres d'art qu'ils lui ont appris à respecter et à comprendre. Chaque année d'importantes découvertes ajoutent de nouveaux fleurons à sa couronne et hier encore, l'École française, sous la haute et active direction de M. Homolle, mettait au jour les ruines des édifices sacrés de Delphes, le sanctuaire le plus vénéré des anciens. De tels bienfaits obligent, et la Grèce ne songe pas à s'y dérober. Mais, avec une merveilleuse habileté elle a su tirer parti des leçons que nous lui avons données pour établir ailleurs son influence et y développer peu à peu son autorité. Forte de son passé, elle a pu recouvrer un réel prestige auprès de peuples plus naïfs ou moins informés. A ceux-là elle a envoyé ses maîtres, ses professeurs ; peu à peu ils ont introduit la langue, les mœurs et jusqu'aux manières de voir des Hellènes, et cela grâce au souvenir de l'antiquité, grâce à une habile politique dont tous les efforts tendent à rattacher étroitement, fût-ce par des procédés artificiels, le présent au passé, en faisant croire à des esprits ingénus, que les descendants de Périclès viennent toujours s'asseoir dans les fauteuils de l'académie Athénienne. Mais

L'Université.

l'action hellénique ne se borne pas à cela, et les Grecs ne négligent point d'étendre leur richesse économique et commerciale. Ils peuplent les rivages, où leurs écoles resteraient vides, de financiers, de négociants, d'industriels, d'armateurs ou même de simples ouvriers.

Les résultats de cette activité, non seulement persévérante, mais si intelligemment distribuée, sont faciles à apprécier.

C'est d'abord dans tout le bassin oriental de la Méditerranée la lente dépossession du Turc docile, souriant et résigné, par le Grec volontaire, ingénieux et ambitieux. Ce fait déjà accompli en Macédoine et en Thessalie, l'est à peu près en Asie Mineure. Sur toute la côte, les écoles grecques pullulent, qu'elles soient soumises directement à l'autorité morale du patriarche de Constantinople et au pouvoir effectif du consul ou qu'elles émanent d'initiatives particulières. Aussi, dans chaque ville, à Smyrne principalement, le Grec est-il la langue populaire. Ce sont des Grecs qui occupent toutes les situations, qui parviennent à tous les emplois. Les plus grosses fortunes de Marseille, de Beyrouth, d'Alexandrie et d'Odessa appartiennent à des banquiers grecs ; ils affluent maintenant vers les capitales : Vienne, Paris, Londres, Pétersbourg. Quelques-uns, plus audacieux ou plus pressés d'amasser des millions, vont jusque dans l'Inde ou jusqu'à La Plata. Ils sont à la tête de la *Deutsche-Bank*, de la maison *Baring*, etc., tandis que sur les grands marchés Européens et Asiatiques, les négociants grecs détiennent quasiment le monopole du commerce du blé, du raisin sec et de l'opium.

On voit combien il y a loin de l'agréable comédie d'Athènes à cette puissante action à l'extérieur, et l'une pourtant a causé l'autre. Néanmoins l'on pourrait objecter que ces fortunes colossales, cette prospérité commerciale, profitent à des individus éloignés de leur terre natale sans introduire une richesse nouvelle dans le pays même. L'observation est spécieuse ; mais il ne faut pas oublier que la Grèce existe partout où sont les Hellènes, que ceux-ci lutteront toujours, où qu'ils se trouvent, pour ce qu'ils appellent « la Grande Idée » qui est celle de leur supériorité, et que dans l'antiquité comme aujourd'hui, leur histoire est celle non d'une nation, mais d'une civilisation.

La gaîté des rues d'Athènes est la marque du contentement général. La population, très sympathique au roi Georges dont la haute stature et les grands yeux clairs sont d'une belle noblesse et d'une loyale franchise, est en somme fort satisfaite de sa situation politique.

M. Delyanni, ancien ministre de Grèce à Paris, préside le conseil des ministres avec une grande intelligence et une volonté éclairée, jusqu'à ce que le roi veuille bien nous faire le plaisir de le rétablir dans ses anciennes fonctions et de l'envoyer auprès de nous au nom de la Grèce qu'il représente si bien. Tout est donc pour le mieux.

M. Démitrios Paparrigopoulos, un assez agréable auteur comique qui, comme de juste, s'empressa d'aspirer à la lyre d'Aristophane, représente le vieux Demos en butte aux sollicitations de trois dames de visage connu : Mme Monarchie, Mme Démocratie et Mme Constitution, cette dernière assistée d'une impertinente soubrette, exploitant fort sa maîtresse. Fut-ce grâce aux charmes de la suivante, ou bien pour les qualités mêmes de Mme Constitution, mais le vieux Demos, qui aurait désiré fort épouser les trois femmes, se décide à associer à sa fortune Mme Constitution qui lui rappellera les deux autres. Il ne paraît pas encore prêt à se repentir de cette décision. Il a bien eu quelques démêlés monétaires avec sa digne épouse, mais c'est en somme un excellent ménage.

* * *

Si après la création du royaume de Grèce, nous nous sommes empressés de lui prodiguer un mépris systématique, si nous l'avons raillé de son impuissance, il y avait peut-être dans ces sarcasmes chroniques un peu d'enthousiasme déçu et une sorte de vengeance digne de M. Perrichon. Nous nous sommes indignés que, du jour au lendemain, ce petit peuple que nous avions eu la bonté, avec le secours de l'Angleterre et de la Russie, d'arracher à ses fers, ne produise pas de sublimes artistes qui, dans le marbre ou dans la poésie, s'empressent de tailler en notre honneur de fulgurantes allégories. Nous avons été les victimes de nos souvenirs, ce qui est déjà très glorieux. Les noms de Phidias, d'Ictinus, de Praxitèle et de Périclès bourdonnaient à nos oreilles comme l'essaim des abeilles de l'Hymette et, en envoyant à Missolonghi notre or et nos soldats, c'est eux que nous pensions délivrer de leurs chaînes, c'est eux que nous pensions rendre à leur génie : et voilà que nous nous étions trompés, et que nous nous trouvions être les libérateurs de bonnes gens n'ayant de commun avec les grands hommes de nos souvenirs que le seul nom ; et Phidias était marchand de vins, Ictinus courtier en laines, Praxitèle tenait un débit de tabac, Périclès une maison de banque et, pour achever la déception, la queue du chien d'Alcibiade avait repoussé... Et nous nous sommes vengés, comme c'est la coutume en France, en clouant au pilori du ridicule ceux que la veille nous avions élevés à la hauteur des frises de leurs temples. Nous avions voulu, par un comique raisonnement, que le passé répondît de l'avenir ; d'avoir été dupes et de nous en être fâchés, il reste pour notre excuse que la rayonnante splendeur de la civilisation hellénique, en nous aveuglant, causa notre méprise. Mais notre double erreur fut de ne point voir les qualités des Grecs modernes et de ne pas comprendre que la vie du passé est trop intense pour ne pas absorber un peu la vie présente. Une promenade à l'Acropole suffit à démontrer que si mille choses éveillent à Athènes une douce hilarité, ce n'est point parce qu'elles méritent par elles-mêmes d'exciter l'ironie. Comment, au pied du rocher sublime, ne paraîtraient-elles pas mesquines et inférieures ?

C'est un jeu du hasard que les plus pauvres masures d'Athènes et les plus humbles rues soient les plus proches de l'Acropole. Pourtant, à travers le ciment des façades, on aperçoit quelques lambeaux de frises, quelques débris de colonnes ; des pierres sont tombées jusque-là du glorieux faîte, et de pauvres gens les ont ramassées. Il est agréable d'imaginer qu'ici était l'emplacement de la petite maison de Socrate « close et sans feu », et que, plus loin, se trouvait le logis encombré de tapis et de fourrures du démagogue Cléon « à la porte duquel les Furies frappaient chaque soir ». Et tout cela dort sous nos pieds, dans les cendres accumulées peu à peu par les siècles ; et ce lent enfouissement d'une ville entière, cette destruction naturelle et inévitable est plus triste encore que la fin soudaine sous un torrent de lave fumante.

* * *

Le rocher de l'Acropole se dresse, fauve et rayonnant dans la lumière ; des herbes aromatiques, des touffes de sauge et de thym couvrent ses flancs. Sa hauteur, sa largeur et sa longueur en font une masse imposante dont l'œil embrasse toute l'élégante proportion. Ce piédestal de la pure beauté est lui-même toute harmonie et toute splendeur ; la nature semble avoir rivalisé en perfection avec l'homme.

Les cavités des rochers s'emplissent d'ombre bleue ; les aspérités roses et légères, dans la lumière qui les baigne doucement du côté du Nord, s'empourprent vers le midi de teintes violentes, tandis que, tombant à pic sur les hautes murailles de la citadelle, le soleil éclabousse la pierre de clartés éblouissantes, ruisselle, étincelle, éclate et flamboie, comme si dans une apothéose le casque même de Minerve, la déesse aux yeux verts, en renvoyait multipliés à miracle les célestes rayons.

Sur le flanc de l'Acropole qui regarde la mer, on aperçoit d'abord les restes du théâtre de Bacchus, et l'on retrouve la place de l'autel situé au centre de l'orchestre et la stalle d'honneur réservée au grand prêtre. Ses vingt rangs de gradins, pouvant contenir trente mille spectateurs, s'élèvent sur le flanc de la colline, jusqu'au pied des rochers abrupts qui servent de base au mur de Cimon, semblable à la face d'une pyramide, grâce à ses assises de pierres disposées en retrait les unes sur les autres.

En écartant les touffes de mauves et d'orties qui poussent entre les dalles des sièges de marbre, on lit encore les noms des magistrats ou des bienfaiteurs de la cité qui les occupèrent; puis ce sont l'orchestre, la scène, les souterrains destinés aux machineries et aux apparitions.

En suivant la colline, vers l'ouest, par un petit sentier encore digne des anciens chévriers, on trouve l'Odéon d'Hérode Atticus, construit en marbre et en brique; la muraille du fond, encore debout, a l'aspect d'un aqueduc ruiné; mais la pierre a pris de belles couleurs qui se détachent en teintes chaudes sur le ciel uni. Il est disposé comme le théâtre de Bacchus, mais une toiture sans doute le couvrait dans toute son étendue. Le temps a donné une incomparable majesté à ces arcades privées aujourd'hui des statues qui les décoraient, mais où s'encadre merveilleusement un coin d'horizon aux couleurs délicates et aux lignes harmonieuses. Ces ruines, à côté de celles du Parthénon si pures et si belles, ont je ne sais quoi de robuste et de désordonné, qui leur vaut le bénéfice d'une puissante originalité.

En poursuivant le même sentier serpentant entre les rochers, on arrive à une petite porte donnant sur la cour des gardiens. Un chemin, longeant les substructions du temple de la Victoire Aptère, vous mène à une seconde enceinte, qui seule vous sépare des Propylées.

Ce prodigieux vestibule vous apparaît bientôt au

Le Parthénon.

sommet d'une courte montée, qui était sans doute jadis un escalier magistral. La porte triomphale, par où pénétraient les harmonieuses théories de la procession des Panathénées, est-elle celle que l'on désigne aujourd'hui sous le nom de Porte-Beulé? Il est probable que la véritable entrée était latérale; en effet, lorsqu'on examine la roche avec soin, on distingue encore les gradins et les empreintes creusées dans la pierre par les sabots des animaux conduits au sacrifice, aboutissant à une autre partie de l'enceinte sacrée.

Les Propylées semblent au lendemain d'une grande bataille, les fûts de colonnes léchés par la flamme ou brisés par les bombes attestent le carnage; et pourtant malgré ces blocs accumulés, malgré ces décombres, ils apparaissent encore dans leur incomparable et éternelle beauté, quintuple portique édifié selon la loi d'une harmonieuse décroissance, depuis l'axe jusqu'aux deux extrémités!

Les Propylées, dans la pensée de Mnésiclès, ne devaient pas avoir un caractère militaire; la roche était assez escarpée pour qu'on n'ait point à se préoccuper de fortifier les édifices qu'elle supportait. Ils ne devaient pas davantage donner l'impression d'un monument religieux, car c'est la gloire du paganisme athénien d'avoir élevé les âmes et les cœurs sans avoir recours à la crainte ou à la terreur, et d'inspirer des pensées pieuses par la seule majesté des temples, par la seule perfection des statues. C'est cette majesté même des Propylées qui fait leur incomparable grandeur, à laquelle, pour la décrire, on ne saurait joindre aucune épithète et dont on subit la profonde impression. Les cannelures des colonnes écaillées par endroit, roussies par le soleil qui a donné aux veines d'azur du marbre pentélique de délicates nuances brunes ou violettes, y ajoutent encore quelque chose d'étrange et de mystérieux. La barbarie, dont ces glorieux débris rappellent le passage et qui n'a pu troubler la sereine beauté de ces portiques, en fait ressortir l'indestructible souveraineté.

A côté des Propylées, et sans doute pour que ce qu'il y a de plus imposant sur l'Acropole fasse valoir ce qu'on y admire de plus gracieux et de plus délicat, s'élève le temple de la Victoire Aptère, avec ses charmantes colonnes ioniennes sur la substruction recouverte de blocs de marbre. Au pied de ce petit édifice venaient sans doute prier et s'émouvoir ceux que le Parthénon effrayait et dépassait par ses vastes proportions, ceux aussi qu'un raffinement excessif portait vers le menu et l'exquis; les compagnons d'Alcibiade, après un banquet de philosophes débauchés, ou encore quelque courtisane artiste et lettrée, Aspasie attendant auprès de ces marches sacrées que Périclès revînt de la place publique.

De là on apercevait la haute mer, les îles estompées par la brume lointaine, et les côtes de Laconie se perdant à l'horizon. Mais telle était la vigueur de ces artistes bien portants qu'ils ont revêtu ce petit temple, qu'ils considéraient sans doute comme un peu mièvre en dépit de ses admirables proportions, d'une frise dont on peut encore admirer les merveilleuses sculptures dans le petit musée de l'Acropole. Cette femme qui dénoue sa sandale sous les voiles fins, délicatement plissés, est belle pour la grâce de son geste, pour l'abandon de son corps, pour l'intimité de son mouvement, mais plus belle encore pour la rondeur de son épaule, pour l'attache fine et pourtant robuste de son col, pour sa jeune et admirable santé. Le piédestal, qui est adossé à la dernière colonne vers le sud d'un des portiques des Propylées, ne supportait-il pas la statue d'Athéna Hyghiéa, Minerve, déesse de la Santé.

Il faut pénétrer sur l'Acropole par la Voie Sacrée. A peine a-t-on franchi les Propylées qu'un inoubliable spectacle s'offre à vos yeux : le Parthénon vous apparaît soudainement; et vous le découvrez tout entier, car, avec cette admirable logique du génie grec, Mnésiclès a voulu que l'axe des Propylées fût parallèle à l'axe du Parthénon, en sorte que la vue intégrale des deux façades s'offrît à la fois aux citoyens qui entraient sur l'esplanade sacrée.

A la masse du temple de Minerve fait face l'Erechtéion

avec sa tribune soutenue par le chœur des Caryatides. Entre les deux édifices s'élevait un autre temple aujourd'hui détruit, et, là où quelque colonnade ne formait pas un élégant portique, on voyait tout un monde de statues, d'offrandes, et l'on trouve encore à même le roc les cavités où étaient fixées les stèles de ces *ex-voto*. Ces empreintes, plus nombreuses à certains endroits, permettent facilement de suivre l'ancien parcours de la Voie Sacrée.

La beauté du Parthénon ne saurait aujourd'hui nous émouvoir comme au temps où le casque de la déesse trouait la toiture et brillait au soleil, servant de phare aux pêcheurs égarés au large. Le sentiment profond et mélancolique de la ruine complique et inquiète l'admiration; mais bientôt on comprend cette harmonie nécessaire, et elle s'impose à vous avec une étrange souveraineté. Spontanément, vous reconstituez l'édifice dans sa splendeur première : de ces débris, vous faites jaillir les frises écrasées, les métopes et les triglyphes arrachées, tant est parfait, logique, irréfutable cet art qui n'est point le résultat d'un enthousiasme ou d'une inspiration passagère, mais l'œuvre d'une admirable raison animée de cette harmonie pour ainsi dire intérieure et vivante, de cette harmonie qui vient au-devant de vous, qui s'impose et qui triomphe, et que la langue grecque ingénieuse et sonore décore du beau nom d'*eurythmie*.

C'est ainsi que les Caryatides de l'Erechtéion s'avancent en bon ordre, la chevelure frissonnante, chacune faisant un mouvement différent, mais qui semble les porter vers un même but; elles sont à la fois graves et douces, souriantes et sévères. Les Vénitiens ont eu beau les insulter, les Barbares leur jeter le défi de leurs violences, elles sont là, toujours paisibles et reposées, portant sans fatigue leur fardeau. Les Turcs transformèrent le temple en harem; on voit encore les piscines où les femmes de l'Aga dénouaient leur chevelure : mais il faut connaître ces souvenirs pour en surprendre la trace, tandis que tout ce qui reste de la glorieuse antiquité hellénique se révèle à nous sans autre intermédiaire que celui de la pure beauté.

L'Hymette se colore des nuances du soir; le crépuscule teinte l'horizon d'une fraîche couleur de cerise; le Parnès et le Pentélique découpent sur le ciel leurs silhouettes précises; le temple de Thésée disparaît dans la brume, au pied même de l'Acropole; une petite mosquée byzantine, délicieuse pour sa minuscule coupole et ses murs crépis de rose, se couvre de tons violets et mauves; une cloche s'agite dans les montagnes de Daphni; la mer est piquée de voiles blanches qui regagnent le port : une grande paix tombe sur la campagne. Je ne sais quelle émotion mystérieuse vous envahit; les paroles de la « Prière sur l'Acropole » reviennent à vos lèvres, et animés d'une ferveur nouvelle auprès de ces marbres sacrés qu'a lavé le sang des victimes, vous vous prenez à évoquer ardemment ce rayon de lumière qui eût donné au monde la joie et la vérité, qui aurait pu partir de la lance que la vierge du Parthénon tenait dans ses mains sages et belles pour éclairer, par delà les Cyclades, les hauteurs désertes du Calvaire.

**

La route qui conduit à Éleusis suit à peu près l'ancien tracé de la Voie Sacrée; mais les tombeaux, les autels et les chapelles qui la bordaient ont disparu; sous de pâles oliviers, quelques amas de pierres en marquent seuls la place. Des prairies sèches, brûlées au soleil, s'étendent sous ces maigres feuillages; dans d'étroits rayons d'ombre, seules, de petites fleurs ont gardé quelque fraîcheur. Déjà plus lointaine, Athènes n'est plus qu'une masse confuse, un mélange éclatant de chaux et de lumière. Des champs d'anémones dont on vanta les merveilleux parterres, il ne reste plus que quelques touffes presque desséchées. Mais à cette plaine, que l'on voudrait plus riante, succèdent bientôt d'âpres rochers, des touffes de genêts, la solitude sauvage du défilé, qui franchit la route resserrée entre le mont Egaléos et le Parnès. D'humbles villages, composés pour la plupart de deux ou trois maisons coiffées de paille rousse et d'une église devant laquelle s'arrondit la margelle d'une citerne, sont adossés aux premières assises de la montagne et offrent pour toute végétation quelques haies de ronces défleuries. La présence de l'eau courante n'est révélée que par les ravines creusées et les cailloux polis du cours du Céphise, dont les trois bras sont à peu près à sec.

C'est au dernier des trois ponts qu'avait lieu l'une des plus curieuses scènes des fêtes d'Eleusis, si vénérées qu'en temps de guerre, une trêve était conclue pour leur célébration. Après avoir été admis au noviciat dans les mystères d'Agra, l'on obtenait vers l'automne d'appartenir à la sainte troupe des *Mystes*, jusqu'à ce que l'épreuve d'une année vous élevât au rang d'*Epoptes*, en vous conférant la complète initiation aux saints mystères. Les fêtes étaient annuelles et duraient deux semaines environ. La foule des invités, purs de cœur, purs de corps après s'être livrés, selon le rite, aux flots de la mer, après avoir trempé leurs mains dans les entrailles fumantes des victimes sacrifiées sur les autels expiatoires, prenaient le chemin d'Eleusis. Arrivée au pont du Céphise, la procession subissait les quolibets, les insultes et les crachats des paysans des *dèmes* voisins, costumés pour la circonstance d'étoffes bizarrement assemblées, le visage couvert d'un masque grotesque.

Au milieu même du défilé, sur le parcours de la Voie Sacrée, s'élève le couvent de Daphni. C'est un monument sans grandeur peut-être, mais d'un goût charmant : ses proportions sont harmonieuses ; il règne un curieux mélange de paganisme et de foi chrétienne dans ces débris de colonnes ioniques d'un temple jadis dédié à Apollon, dans ces vestiges d'un cloître de forme latine ouvert et entouré d'arcades, dans le dessin encore visible d'un portail gothique et de fenêtres en ogive, dans ces belles mosaïques enfin, représentant la résurrection de *Lazare* et la *Sainte Famille*. Décorant la voûte, un Christ Pantokrator, tient d'une main un livre, de l'autre, de ses deux doigts levés bénit les efforts successifs des hommes, qui, à diverses époques, animés d'une volonté pareille, élevèrent sur cette place des temples à leurs dieux, dont les débris superposés forment aujourd'hui cette touchante chapelle. C'est dans le caveau de la petite église que les tombeaux de marbre des ducs d'Athènes furent trouvés, seulement décorés de leurs écussons où sur les branches de la croix ont fleuri deux lys. C'est là que gît la dépouille mortelle des seigneurs de la Roche et de Brienne, que le ciel d'Orient poussa à mille fantaisies barbares.

D'habiles mosaïstes réparent en ce moment, avec un tact infini, les pendentifs du couvent. Le petit cloître, égaré dans la montagne, au milieu des bruyères et des pins, y perd quelque chose du charme de sa solitude. Pourtant, d'une étroite terrasse à laquelle donne accès un escalier de pierre, l'on découvre de l'autre côté de la montagne le golfe d'Eleusis, véritable lac qui dort dans les roseaux, la rive morte de Salamine, et plus loin, indéfiniment, la mer. En cet ermitage, l'on jouit de cette fusion unique au monde que quelques pierres réalisent, de l'antiquité et du moyen âge. L'imagination est enveloppée d'une atmosphère troublante et délicieuse, et plus profondément à l'ombre de ces murs où chantèrent les prêtres d'Apollon, où les moines bénédictins égrenèrent leur rosaire, on goûte le charme de cette nature sauvage et de cette précieuse ruine, qu'annoblit un horizon encore retentissant d'illustres batailles. L'âme s'enfièvre dans ce paysage, que la légion nombreuse et fidèle des souvenirs peuple tout à coup.

Après avoir traversé les bois qui entourent Daphni, l'on descend en lacets vers une plaine à demi couverte par la mer. Dans des rochers, on aperçoit à droite de nombreuses cavités qui semblent creusées par la main de l'homme. Là était autrefois un sanctuaire d'Aphrodite et l'eau de la pluie agrandit chaque année les pieuses cachettes, où l'on venait déposer des ex-voto pour obtenir la protection de la déesse. Dans la mélancolie du soir qui mêle en ce séjour d'ombre et de silence, sur la mer et sur la campagne, ses teintes de sombre violet et de clair argent, près de ces étangs salés, eaux tristes et stagnantes consacrées par les ablutions des initiés d'Eleusis, et qui semblent ne point bouger comme pour conserver, ainsi que des souvenirs, des images jadis réfléchies, les femmes allaient suspendre à cet autel privilégié, comme les prémices de leurs amours, des bijoux, dans des vases d'argile des huiles précieuses; ou, de plus humbles, des bouquets et des couronnes de fleurs sauvages.

Mais bientôt la route gagne le rivage et suit le bord

de la mer sur l'étroite alluvion qui sépare le golfe des étangs. De gros poissons sautent hors de l'eau et font jaillir mille étincelles de diamant. La pêche de ces lacs sacrés était autrefois la propriété des prêtres d'Eleusis. Aujourd'hui, de petits enfants y jettent le filet; ils s'ébattent sur le sable avec mille cris joyeux et célèbrent à leur manière cette belle journée.

Ce sol que nous foulons fut jadis une véritable terre sainte; de divines souffrances y affligèrent la déesse Cérès, la belle Déméter. Pourtant, rien ne rappelle sa blonde chevelure, et c'est à peine si l'on aperçoit de maigres épis de blé entre les rochers de Salamine. Il faut que l'imagination s'en mêle et fasse revivre le souvenir d'une belle et lamentable histoire, touchant symbole du Printemps et de l'Hiver.

Tandis que la jeune Perséphone cueillait des fleurs dans la plaine de Nisa, à l'ombre d'un figuier, Pluton l'enleva.

Et voici, abritant de son feuillage un champ d'anémones roses et mauves, un figuier au tronc noueux.

Sa mère Déméter l'entendit, se précipita sur la terre et l'y chercha pendant de longues années; mais le soleil « qui voit tout » la renseigna et lui apprit que Zeus lui-même approuvait le dieu ravisseur. La déesse, alors, dépouilla les attributs célestes, se vêtit de haillons, se plaisant à donner à sa douleur, comme pour lui servir de compagne, la pauvreté. Elle s'assit à l'ombre d'un olivier, sur la margelle d'un puits.

Et voici, non loin de la route, une citerne ruinée par le temps, qu'un olivier plus beau que les autres baigne de son ombre fraîche.

Des jeunes filles, portant sur leurs épaules nues des amphores vides, gracieux et léger fardeau, trouvèrent en allant puiser l'eau, la pauvre affligée, l'interrogèrent et l'engagèrent comme servante dans la maison royale.

Et voici, sur le chemin qui vient de Kephissia, à travers la campagne bordée d'ajoncs fleuris, de bluets et de menthes sauvages, toute une végétation amphibie, exhalant des parfums violents et salés, des femmes portant sur leurs épaules des vases d'argile qu'elles vont, en riant, remplir à la fontaine.

Mais Déméter ne put longtemps cacher sa divine origine, et elle promit à ceux qui posèrent sur ses yeux, pour en tarir les larmes, des mains douces et consolantes, de leur enseigner dans le sanctuaire qu'on dédierait à son culte, sur la colline prochaine, les mystères sacrés.

Et voici, sur le flanc de la montagne, des débris de colonnes, des statues brisées, des quartiers de marbre, les ruines d'un temple.

Pourtant le courroux de la déesse ne s'apaisa pas et sa malédiction frappa la terre de stérilité; la présence de sa fille put seule la calmer. Zeus permit à l'épouse de Pluton de revenir sur la terre; mais elle ne put y séjourner toujours, car avant de quitter les enfers, elle mangea le grain de la grenade, signe de la foi jurée; aussi, pendant le tiers de l'année, dût-elle redescendre dans le royaume des ténèbres. Ce fut l'hiver.

Et voici que la plaine Thriasienne se couvre de frimas et que les sentiers de l'Ægaleos, les ravins du Parnès et les deux cornes du mont Kérata disparaissent sous une couche de neige fine, qu'étoilent seuls des pas d'oiseaux.

Mais Perséphone retrouva sa mère sur les cimes de l'Olympe et ce fut alors « l'heure embaumée du printemps, la terre s'embellit de mille espèces de fleurs ».

Et voici que les blés verdissent sur les coteaux de Salamine, que les étangs se couvrent de nénuphars, les rochers de liserons, la montagne de bruyères violettes, et que les moissons, plus hautes entre cette haie d'églantiers, attestent encore l'emplacement de la première terre ensemencée, du champ de Raros, père de Triptolème.

Des eaux vives couraient alors dans la vallée et auprès de la fontaine Kallichoros, plus claire et plus abondante, les femmes d'Eleusis, en théorie, formèrent les premiers chœurs, les premières danses, en mouillant leurs pieds nus dans la rosée du matin.

Et voici que des sources baignent la prairie; près de celle-ci, d'une parfaite limpidité, des femmes et des filles dansent une ronde en chantant un air monotone.

La joie éclatait alors sur la terre, jusque dans les moindres feuillages, inondés de fraîche lumière.

La même allégresse rayonne sur le monde, les mêmes frissons agitent les mêmes brins d'herbe; le même soleil brillant à travers les ombrages, verse toujours sur la campagne sa douceur tiède et délicieuse.

* *
*

L'antique Eleusis est devenue la petite Lefsina, presqu'un village, qu'habitent un millier d'Albanais. Les maisons sont espacées au bord de la mer, toutes blanches sous le soleil. Quelques vergers les entourent et donnent un peu d'ombre. Les rues sont désertes aujourd'hui : on est allé aux champs voir si le blé « venait bien », si les vignes avaient des grappes, et si Perséphone avait bien revu la lumière du jour. Quelques femmes filent du chanvre devant les portes basses; l'une d'elles est vêtue avec recherche; à sa quenouille s'enroulent de rouges écheveaux; peut-être comme dans Homère « travaille-t-elle à couvrir ses bobines de beaux fils de pourpre pour que ses chevaux puissent broyer un pur froment dans une crèche toute neuve. »

Les Albanaises ont conservé le costume national d'une grâce étrange et pittoresque. C'est une longue chemise assez serrée, accusant le mouvement des hanches et des jambes, ornée de broderies bleues ou jaunes; un peu d'or s'y mêle parfois. Une sorte de paletot de couleur fanée les protège contre l'hiver. Dans leurs cheveux soit relevés, soit tombant sur les épaules, elles enroulent une longue écharpe surchargée de dessins de laine et de soie. Leur démarche est embarrassée par cet habillement qui révèle la beauté de leurs formes et la cambrure de leurs tailles. Mais de quel charme n'est pas cette pudeur toujours présente, sans cesse trahie par la maladresse avec laquelle elles gravissent les degrés des terrasses; cette décence, qui ne leur coûte guère, sans doute, si elles savent qu'elle est inutile... que cette gêne est délicieuse! et que le seul souvenir en est encore exquis, si on l'unit à celui de ce paysage et de la brise qui vient du large, après s'être parfumée en passant sur les romarins de Salamine!

> O vent sonore et frais qui troublais le feuillage
> Et faisais frémir l'onde, et sur leurs jeunes seins
> Agitais les replis de leur robe de lin...

« Ah! mon ami, dit le prudent Cervantès, ce sont là des pièges du démon. »

Ici encore, les ruines sont séparées du village et leur beauté sauvage, leur désordre ne souffre point du souvenir trop fastueux des antiques mystères. Elles semblent suivre la destinée des temples mêmes qui s'élevèrent là et des cérémonies qui y retentirent. Elles n'ont rien de bien caché sans doute, mais les fêtes eleusiniennes ne reçurent le nom de mystères qu'à cause du silence imposé aux initiés, et aussi peut-être parce que toute religion, à côté du dogme, veut quelque chose qui dépasse l'entendement et qui confonde l'homme, où puisse se complaire et s'extasier la foi mystique.

Alcibiade, d'ailleurs, dut pâtir des plaisanteries dont Éleusis était l'objet, un jour que les vins des îles lui avaient délié la langue. Les purifications, les expiations, les sacrifices, les chants et les danses, les lamentations nocturnes, les pantomimes sacrées, dans lesquelles on ne pouvait pas distinguer les acteurs des spectateurs, le

Éleusis.

jeûne le plus rigoureux succédant aux festins les plus magnifiques, les boissons de menthe et de miel, la collation religieuse, sorte de communion faite en mémoire de Déméter, le chemin de douleur que suivit la déesse refait pas à pas au milieu des cantiques, des flambeaux, des larmes et des rires, tout frappait l'imagination, l'effrayait pour la calmer bientôt, et pour la replonger ensuite dans de nouvelles terreurs.

Ces fêtes symboliques, ainsi animées, et dont la fureur même entraînait de déplorables excès, n'étaient pas sans doute pour les fidèles un enseignement; Aristote pense « qu'ils recevaient là des impressions,

qu'ils étaient mis dans une certaine disposition d'âme. »
Et c'est bien aujourd'hui encore l'effet que produit sur
notre esprit, tempérant de folles imaginations, la vue
de ces ruines. Nous n'en admirons point la beauté détruite : aucune colonne encore debout ne nous permet
de reconstituer les vastes harmonies des temples et des
portiques. Leur emplacement n'est plus qu'un immense
champ de destruction avec l'apparence d'un cimetière,
dont les pierres tombales auraient eu pour sculpteurs
d'anciens et merveilleux artistes. Le spectacle de ces
ruines n'éveille pas chez celui qui le contemple des sentiments plus exacts et plus précis que jadis les saints
mystères auprès de la foule des fidèles.

Le temple de Déméter, les Propylées, la salle d'initiation et le rocher de « l'âpre citadelle » nous préoccupent moins que le passé, qui vit encore parmi ces
pierres; nous ne cherchons pas à les trier, à les rapporter à leur place primitive. En face de ces débris épars
et mélangés mais d'une égale mélancolie, en face de
ces chapiteaux brisés, de ces frises fracassées, que le
soleil dore de rose lumière, nous sommes émus par le
souvenir des processions qui s'y déroulèrent et des encens qui montèrent vers ces feuillages de marbre; nous
aussi, nous recevons des impressions, « nous sommes
mis dans une certaine disposition d'âme ». Nous sommes prêts à comprendre le trouble, l'émoi des fidèles
éleusiniens. Mais nous saisissons surtout la mystérieuse
sensualité de ce culte, qu'un pan de bas-relief symbolique, d'une admirable exécution, nous révèle : un adolescent est placé entre deux femmes; il a retiré sa
chlamyde, il est déjà presque nu, il écoute avec émotion et respect le discours que lui tient la plus âgée de
de ses compagnes. Celle-ci brandit d'une main un
sceptre et de l'autre tend au jeune homme un grain de

blé. Derrière lui, l'autre déesse le bénit et tient au-dessus de sa tête, découvrant la beauté nue d'un bras charmant et la saine rondeur de l'épaule, un flambeau funéraire. Les voiles qui la couvrent sont souples et fins et donnent à son corps une gracieuse légèreté. C'est Triptolème, initié aux mystères par la déesse elle-même, assistée de sa fille Perséphone. Le charme délicat et enveloppant de ces figures, l'une plus sérieuse, l'autre nimbée par un rêve, le trouble, la jeunesse, la beauté de cet enfant qui devient homme, l'archaïsme de quelques morceaux, que le parfait modelé des autres rend suspect d'être volontaire et intentionnel, donnent à ce marbre une singulière et puissante originalité. Il faut bien confesser aussi un extrême plaisir de sensualité dans le spectacle de ce jeune garçon, sur le visage duquel se peint le respect qu'il éprouve pour les déesses qui lui parlent, joint au trouble qui l'agite d'être approché ainsi, pour la première fois peut-être, par des femmes merveilleusement belles, aux gestes harmonieux, et dont il entrevoit sous la transparence des draperies les admirables chairs.

Tel fut le charme de Déméter que son souvenir persiste dans les ruines d'Éleusis. Elle y possède encore un humble sanctuaire, mais elle n'est pas seule à l'occuper. Sur l'emplacement présumé du temple de Déméter Éleusinienne, au pied même du mur de l'Acropole, à l'endroit où aboutissent, partant de la grande salle d'initiation, deux escaliers taillés dans le roc, s'élève aujourd'hui une petite chapelle dédiée à la Vierge. Jusqu'au siècle dernier, des laboureurs albanais, en grand costume, des femmes parées de leurs bijoux, venaient y déposer dans des corbeilles les plus lourds épis de blé, prémices de la moisson. En elle, ils adoraient encore Déméter, plus charmante par sa douceur résignée;

mais ils retrouvaient sur les traits embellis par les larmes de l'une l'expression de désespoir de l'autre. La divine mère du Crucifié pleure son Fils! la pauvre Déméter, sa fille ravie; et c'est bien à ces deux « *mater dolorosa* », dont les fleurs se confondaient, que l'on porta l'hommage de ces présents agrestes. Mystérieux et admirable voisinage de l'adoration païenne et de la foi nouvelle! De nos jours encore, dans le beau lac de Saint-Andéol perdu sur la hauteur des Cévennes, les paysans jettent des pièces d'argent dans les roseaux, à l'endroit où jadis les gens de la campagne apaisèrent les divinités nuisibles de la fièvre par l'aumône de quelque monnaie.

La Vierge et sa païenne compagne sont sans doute reconnaissantes, car, entre les débris des édifices, une herbe fine parée de petites fleurs pousse ici et là, comme pour panser des blessures.

En redescendant vers le village on retrouve les traces des races et des peuples divers qui possédèrent la Ville Sainte.

Les monuments pélasgiques dominent les constructions helléniques, auxquelles succèdent les ruines romaines des édifices qu'élevèrent Numatius, Plancus et surtout Hadrien, le plus rare et le plus exotique des empereurs. Les restes d'une tour franque et des arcades de quelques maisons turques ajoutent leurs pierres à ces champs de désolation, qui se prolongent jusque dans la mer, où l'antique jetée achève de s'écrouler. Un vieillard albanais de Lefsina se promène devant l'église et nous invite à la visiter. Elle est remplie d'images pieuses, couvertes d'enluminures enclavées dans des plaques de cuivre ou d'argent. Il se prosterne pieusement devant un Saint-Georges à l'air farouche et sanguinaire, véritable sous-officier d'une époque de grandes chevauchées. Une fois sa méditation terminée, il nous reconduit jusqu'à la sortie du village et comme on le félicite sur la décoration des autels, il répond avec une certaine tristesse : « Oui, elle est bien belle notre église, mais j'aime encore mieux dire mes prières là-bas, dans les ruines. C'est plus triste, je suis plus près de ceux vers qui s'élèvent mon esprit et mon cœur. C'est très mal, je le sais bien, les papas me l'ont bien dit; mais je recommence tout de même. » Et le vieillard nous conte ses extases! Il ne sait pas au juste en quelle divinité il croit, mais il s'en inquiète peu. Est-ce saint Georges ou Triptolème? Marie ou Déméter? Qu'importe, puisqu'il croit en quelque chose. O bon vieil Albanais, retourne à tes ruines, regardes-y le soleil tomber dans la mer, et la montagne se couvrir des violettes du soir. Regarde passer les femmes qui ont les yeux tristes et doux et qui vont à la fontaine puiser l'eau claire. N'écoute point les papas, ils ont tort; pardonne-leur, ils ne savent pas ce qu'ils disent. Entre les blocs de marbre des vieux temples écroulés, tu réciteras tes prières, et puisque là, tu es plus près de ceux vers qui tu élèves ton esprit et ton cœur, une belle apparition viendra peut-être te trouver; tu lui confieras tes misères et tes espérances et tu goûteras la joie d'un doute délicieux, puisque tu ne sauras pas qui t'aura exaucé, de la Vierge de la petite chapelle ou de la Déesse des moissons.

*
* *

Nous revenons à Athènes par une belle nuit claire et transparente, toute imprégnée de lumière bleuâtre et si fraîche! Nous regagnons le Pirée; une flaque d'eau miroite dans un rayon de lune au fond du lit desséché du

Céphise. Les oliviers ont l'air de pâles fantômes; là-bas, la plaine se couvre d'argent : c'est la mer. Nous fuyons bientôt le long de la côte de Laconie bordée de hautes montagnes, dont les cimes glacées se dessinent nettement dans l'atmosphère froide et transparente. Une céleste clarté baigne l'Acropole, l'on dirait que la lampe d'or de Callimaque suspendue aux branches du palmier de bronze éclaire encore cet autel des dieux. Le rivage est déjà lointain et, dans les gémissements des vagues de cette « mer des Alcyons », nos pensées, captives auprès de ces rochers, murmurent comme le cœur des Troyennes enchaînées : « Brises, brises, où me conduisez-vous ? »

Terre d'Égypte.

Terre d'Égypte.

> Tous ces peuples d'Égypte regardent la durée de la vie comme très courte et de peu d'importance et font au contraire beaucoup d'attention à la longue mémoire de la vertu laissée après elle : c'est pourquoi ils appellent les maisons des vivants des hôtelleries par lesquelles on ne fait que passer; mais ils donnent le nom de demeures éternelles aux tombeaux des morts, d'où l'on ne sort plus. Ainsi, les rois ont été comme indifférents sur la construction de leurs palais; et ils se sont épuisés dans la construction de leurs tombeaux.
>
> (DIODORE DE SICILE.)

A peine a-t-on quitté Athènes depuis quelques heures, que la ligne moins nette des îlots atteste un air moins pur, moins diaphane. Une lumière trop intense, trop rayonnante, inonde la mer qui perd un peu ses belles couleurs de bleu fin, d'héliotrope et de saphir, pour devenir presque blanche, et comme d'argent mat. Ce rocher isolé, auprès duquel nous passons, présente bien une falaise de calcaire à laquelle les infiltrations ferrugineuses donnent une teinte chaude et rougeâtre; mais ce n'est plus cet éclat, cette variété dans la nuance qui nous ont tant charmés en Grèce. Les dieux n'ont point laissé auprès de ces baies profondes, l'empreinte de leurs pieds lumineux, et le vent n'a pas porté jusqu'à ces maigres terres la graine sacrée des oliviers de Minerve.

Pourtant au jour naissant, au-dessus des nuages de ouate rosée qui traînent au quatre coins du ciel, apparaissent de hautes cimes neigeuses, mais si lointaines qu'on dirait d'autres nuages plus élevés que les autres et plus brillants aussi, comme s'ils enveloppaient une flamme ardente. Ce sont les montagnes de Crète. Un rayon de soleil en rend plus distincte la silhouette déjà presque effacée et éclaire deux pics élevés qui menacent le ciel, comme les deux pointes d'un croissant de glace, comme les deux cornes de la chèvre nourrice de Jupiter, dont le dieu éleva l'une jusqu'au ciel où elle flamboya pour le plaisir des yeux de la vierge Amalthée, qui trayait avec de belles mains le troupeau de Melissus, son père, qui était roi de Crète.

Les prêtres de Cybèle se sont tus; les corybantes ne s'enivrent plus de baies sauvages... Athènes est loin, bien loin.

La mer s'étend maintenant comme le ciel, sans qu'aucune terre vienne borner la vue; c'est un double infini. Striant de blanc la nappe bleue tout unie, une longue file d'oiseaux, serrés les uns contre les autres et formant comme un banc de neige, se laisse balancer par la vague : ce sont des mouettes qui se reposent, bercées au rythme régulier du flot. Parfois l'écume de quelque « mouton » soulevée par le vent, augmente l'îlot des dormeuses.

Mais il est midi, et le bruyant coup de sifflet de la *Touraine*, qui retentit chaque jour à cette heure, réveille les pauvres oiseaux qui s'envolent lourdement, en faisant claquer dans l'air, leurs ailes mouillées; ils disparaissent à l'horizon, après s'être disposés en triangle : la neige est remontée au ciel.

Tout le jour, un grand calme règne dans l'air, si profond que la belle simplicité de ce vers de Baudelaire pourrait seule en dire l'apaisement :

Le ciel était charmant, la mer était unie.

Le bruit des vagues et le petit sifflement de la brise à travers les cordages, troublent seuls cette grande paix, et rendent le silence plus imposant encore. Pas un rocher où reposer, comme un oiseau, le regard ; pas une mouette à suivre dans sa course rapide. Rien n'est plus absorbant et n'invite davantage à la torpeur délicieuse de la contemplation ; l'imagination est lasse ; il lui faut un prétexte pour s'éveiller : une épave, une coquille de noix, un mètre de grosse toile au bout du bâton qui sert de mât aux barques de pêche ; quelque chose de très humble, de très lointain et de très petit, mais quelque chose. Et cette immensité l'effraye, cela est trop grand ; elle a peur, elle se tait.

Après avoir jeté sur le bleu de la mer, devenu plus sombre, un torrent de feu, le soleil lance son dernier rayon d'or éclatant, mélangé d'une petite nuance verte, comme l'apothéose de la journée et l'espoir de son retour ; puis, il disparaît. Une à une les étoiles s'allument, pâles encore comme le ciel, mais, à mesure que l'azur se rembrunit, leur éclat devient plus vif ; elles se multiplient, et sans cesse le fourmillement augmente.

La splendeur de ce céleste incendie s'adoucit bientôt ; des buées légères flottent sur l'eau, s'élèvent, se teintent de fine opale. Il se forme autour de chaque constellation comme un nimbe éthéré, comme un réseau de voiles fins et transparents tissés avec des fils de la vierge. « Les dieux ont emporté la gaze de Céos, dit une chanson grecque, la fine gaze qui couvrait les beaux yeux de ma maîtresse et la fraîcheur de son sein, et maintenant les dieux en enveloppent les étoiles qui, seules, sont aussi belles que ma bien-aimée, puisque ma bien-aimée est une étoile tombée du ciel sur la terre fortunée du Magne. »

La mer, de plus en plus apaisée, reflète d'interminables processions d'étoiles, véritable pèlerinage paradisiaque. Sur l'eau, ce sont de longues traînées de feu, et vers l'horizon on dirait une plaine lumineuse, miroitante, s'obscurcissant ou s'avivant suivant le caprice de la brise nocturne. La course rapide du vaisseau bouleverse tout ce monde de reflets, et semble éteindre ces astres qui brillent sous l'eau; mais bientôt ils se rallument dans son sillage, plus étincelants encore, et, comme par la contagion de l'incendie, le flot remué crépite, se couvre d'étincelles; la crête des vagues n'est plus qu'une frange de rayonnante phosphorescence.

Nuit merveilleuse! Depuis Vénus, qui resplendit au fond du ciel, jusqu'aux microscopiques infusoires qui n'ont point connu l'éclat du soleil et qui seront morts avant le lever du jour, tout, dans le ciel et sur la mer, s'éveille et se pare pour la beauté de cette soirée bleu et or, que des gouttes de lune tombant d'une faucille encore mince adoucissent de leur lumière laiteuse.

Le lever du jour fut admirable. L'aube, qui devrait être un peu le printemps de la journée, a, même sur la mer, la tristesse désenchantée et la morne langueur des après-midi d'automne. Le flot devient terne, le ciel se décolore, je ne sais quelle grisaille revêt toutes choses de sa monotonie. Entre les arbres des allées, à travers les rameaux presque nus déjà, dans l'oubli des jardins fleuris, alors que l'on écrase les feuilles mortes, cette couleur si triste qui n'est que l'absence de toute couleur, est douce et consolante à voir, comme quelque chose qui s'endort pour ne plus souffrir. Et dans cette matinée, l'aube qui n'est plus la nuit, qui n'est pas encore le jour, paraît être un repos de la nature; il y a un charme mystérieux, lorsqu'on a le souvenir des « grands yeux de la nuit », à espérer les « doigts roses de l'aurore ».

L'isolement, qui embellit tout, dura juste assez pour augmenter la grâce de la lumière naissante. Bien qu'il n'y eût point d'îles, point de rochers où les rayons du jour puissent surprendre et diaprer la rosée pas encore cueillie aux moindres herbes, ce fut un vrai renouveau, une merveilleuse toilette. A peine rose à l'horizon, le ciel fit vers le bleu d'incertaines tentatives qui le nuancèrent de pâles violettes, et un goéland, fatigué sans doute d'une migration lointaine et qui volait au-dessus du bateau comme sur une île, eut le bout de ses ailes doré par le jour déjà plus haut.

Une ligne grise, à peine perceptible, émergea bientôt des flots tranquilles; on eût dit des nuages qui montaient de la haute mer ; mais peu à peu le rivage se dessina, s'étendit; la brise plus tiède et plus rapide, annonça la côte voisine, des masses plus sombres se détachèrent sur l'ensemble, et l'on distingua enfin la verdure de petits bois, la silhouette décorative de quelques palmiers solitaires, les belles ombres bleues de collines arides et, brillante, fraîche, toute neuve dans la joie de la matinée, Alexandrie.

**

L'entrée d'un grand navire dans un port est toujours un beau spectacle; l'animation des quais en est encore excitée, et par ses cris, ses gestes et ses grimaces, chacun semble dans sa langue et selon ses moyens, dire de loin bonjour à ceux qui arrivent.

Avant d'atteindre les quais d'Alexandrie, il faut franchir une véritable plaine, toute frissonnante de plumes agitées, tout un monde d'oiseaux blancs et gris et de corneilles marines, dont les belles pattes roses sont lustrées au soleil. Chaque vague en abrite de petites flottilles; tout ce peuple ailé plonge, réapparaît, secoue son duvet trempé d'eau, et volète pour se reposer ensuite sur la mer déjà plus douce; grande est la frayeur des pauvres oiseaux, qui s'envolent en criant; cependant la vie bruyante du port parvient jusqu'à nous; on ne peut encore que l'entr'apercevoir à travers une prodigieuse forêt de mâts. Navires à vapeur, grands voiliers à poupes rondes, élégantes caravelles, étalent et dressent dans la lumière leurs huniers, leurs haubans, leurs cheminées, leurs réseaux de cordages si pratiques et si légers pourtant, leurs gréements de toutes sortes, leurs pavillons de toutes couleurs claquant gaîment dans le vent du matin, leurs proues sculptées et enluminées; celle-ci, venant d'Italie, porte une vierge de bois, à laquelle la vague a fait une belle chevelure de fucus et de goémons; celle-là, sortant de quelque rade hellénique, où naît la lumière, porte une chauve-souris, l'oiseau de la nuit; une autre, de Cadix ou de Malte, darde sur le flot deux grands yeux noirs qu'a cernés de vert-de-gris l'action du sel marin : les yeux sans doute de la maîtresse du batelier. Et, à travers ce fouillis délicat, forêt aquatique, grimpent et circulent des oiseaux blancs et des hommes noirs, éclatent des cris et des chansons, des coups de marteau, des grincements de cordes, des sifflets et des commandements, des quolibets et des injures, toute la vie excessive et vibrante d'une foule cosmopolite et multicolore, que centuplent encore la présence éphémère du cabaret voisin où il y a du vin et des filles, et la pensée de la mer reprise demain, du profond isolement entre le flot et le ciel où il n'y a plus rien, rien que l'immensité, que la foi ou le rêve que chacun peuple selon son cœur. Quelques mâts de cuirassés, plus élevés que les autres, semblent être les minarets d'une mosquée et fixent, malgré cent peuples en présence, le caractère oriental de cette perspective.

Que penser d'Alexandrie, si ce n'est que les toitures d'ardoises des belles et hautes maisons qui bordent les rues, sont pauvres de couleurs et tristes à voir sous la fureur de ce ciel égyptien. Qu'une tuile rouge avec un peu de chaume brûlé de soleil serait plus belle et plus touchante! mais le commerce d'Alexandrie en décide autrement.

Des individus de races ou de pays divers, venant en quelque endroit dans un but commercial, doivent, dans un temps restreint, abandonner leur langue, leurs mœurs et leurs coutumes, et jusqu'à la coupe de leurs habits et la forme de leur coiffure; leur intérêt alors exige qu'ils se créent un terrain neutre, où rien ne puisse éveiller les susceptibilités nationales, et c'est un lieu commun bien ancien que de déclarer que la pacotille est l'ennemie de la couleur locale.

Aussi, c'est tout au plus si l'on a le temps de se réjouir de la foule bigarrée d'Italiens, de Coptes, de Fellahs, de Grecs et de Maltais qui portent des fardeaux, roulent des tonneaux, ou bien encore dorment là dans une loque rouge ou bleue que le pavé roussit et brûle. Bientôt on ne croise plus sur les larges boulevards, autour des vastes places, que de vulgaires Européens; la plupart ont l'air pressé et marmottent des chiffres en passant. De temps en temps seulement, on aperçoit quelques turbans, une tunique bleue d'étoffe souple et gracieuse, laissant au geste qui la soulève, toute la pureté de la ligne, et de beaux bras bronzés, couverts de bracelets grossiers. Quelques femmes, aux yeux malades, marchent lentement; leurs pieds ont l'air brisé, et en un geste hiératique, le talon reste levé alors que l'extrémité pose à terre. Quelques enfants, aux jolis visages, se ruent sur un étranger à l'air généreux : ils sont beaux et gracieux et l'un d'eux, à moitié nu, a des épaules fines et rondes et des lèvres de femmes. Des nègres lippus parlent un excellent français et semblent destinés, à bref délai, à servir de réclame au savon du Congo. Mais voici un patriarche dont la barbe blanche couvre la vaste poitrine; il a les traits graves et doux et caresse les petites tresses maigres et sales d'une fillette assise à ses côtés. Il m'offre au passage une petite main de corail rose, en disant avec le geste du conseil et de la prudence : « Prends ceci, cela te préservera contre les femmes, et ce n'est pas cher. » La petite fille se met à rire et ajoute : « Tu sais, il a raison. » Je sais bien que j'avais vu là-bas sur le port, près des barques, une andalouse dont le col nu était du plus beau cuivre; mais elle dormait.

La place des Consuls est sans intérêt; et la colonne de Pompée n'a pour elle que de ressembler à celui dont elle porte le nom en ne justifiant point sa réputation, et de rappeler l'emplacement du portique à l'ombre duquel enseigna Aristote, ainsi que de la fameuse bibliothèque qui dut sa gloire aux cendres de ses sept cent mille volumes.

De beaux moulins à eau répandent, dans l'air tranquille, une odeur de farine échauffée au soleil. Quelques-uns qui ont eu l'humilité ou la coquetterie de conserver leurs grandes ailes toutes roses au soleil levant, se profilent sur le ciel, et la meunerie, elle aussi, a su garder, en dépit de sa prose, un peu de poésie.

Le long d'avenues plantées de beaux platanes, des cafés, des magasins aux enseignes françaises et, seulement pour rappeler qu'on est en Orient, devant une boutique d'épicerie, des monceaux de grosses dattes fraîches et parfumées, des chapelets de bananes encore vertes ou déjà dorées par le soleil, se pressant autour

Le bazar d'Alexandrie.

de leurs régimes, des corbeilles remplies de petits fruits jaunes, gris ou marron, et d'énormes noix de coco tout humides d'un lait abondant.

D'étroites impasses allant vers la mer, ont seules conservé un peu de caractère. Dans une de ces ruelles, quelques femmes, enveloppées d'un lourd manteau d'étoffe noire, marchent en causant; leurs pieds, que seuls on devine, sont charmants et d'une extrême petitesse. Un coup de vent soulève les mantes, à grand peine maintenues par le bout des doigts d'une couleur de bel ivoire, et l'on aperçoit à peine des gazes blanches et légères, des satins bleu clair ou rose tendre et des bras nus de chair fine et bistrée.

Tandis que ce joli groupe nous croise, un petit rire moqueur et cristallin éclate soudain, et l'on dirait une de ces sources d'eau fraîche qui coulent en chantant, cachées sous la mousse, et dont la voix argentine révèle seule la limpidité. Sur le seuil de misérables cabarets, sortes de bouges malpropres et enfumés, des Bédouins dorment béatement, la tête renversée en arrière, les narines écartées et la bouche entr'ouverte. Mais voici, non loin du flot, des maisons qui reçoivent directement les feux du soleil et qui sont toutes roses et blanches, profilant sur le sol de longues ombres violettes. L'une d'elles est une auberge; on la reconnaît au buisson pas encore fané, suspendu au-dessus de l'entrée; elle porte en arabe une enseigne d'une singulière sincérité de la part de celui qui, avec un peu d'alcool ou de haschich, se charge de donner à ses clients sinon la joie, du moins l'oubli : « Au bonheur du lendemain. » Une maigre verdure abrite le seuil et il se dégage, par la porte ouverte, une forte odeur d'essence de roses. Il faut entrer ici pour tous ces charmes, pour ces chants et ces parfums, invitation de la brûlante Afrique, pour la magie de cette vérité qui, sous ce climat, n'est ignorée de personne et qui persiste jusque dans l'ivresse : « Au bonheur du lendemain. »

La salle d'entrée est obscure et à peine garnie de chaises de noyer et de jonc encore vert. Un vieillard, assis devant une table haut perchée sur ses pieds, verse dans des tubes ornés de dessins pourpres ou dorés l'huile précieuse dont la présence se trahit jusqu'au dehors. Le vieillard me fait passer dans une petite cour que le soleil inonde et où pousse, dans la lumière, un palmier encore jeune. Au pied d'un grand mur blanchi à la chaux, sont rangées, selon leur taille, des aiguières de cuivre travaillé au couteau et de larges vases de terre rouge, pétris en la manière des amphores antiques, ayant subi la double cuisson du soleil et du feu; ils contiennent un gros vin que le soleil noircit. Les fenêtres de la petite maison sont ornées de plantes grasses, dont les feuilles gris perle se détachent en pâleur sur l'outremer d'un ciel brûlant. Immobile, une chèvre broute un brin d'herbe poussé à l'ombre rare du palmier. Par-dessus la crête du mur, apparaît une tête d'enfant, un col nu d'un bel orangé, puis deux maigres épaules, et aussitôt éclate une nasillarde complainte accompagnée du clignement de petits yeux jaunes et entrecoupée de rires aigus, jaillis entre deux rangées de dents si belles qu'elles aussi semblent crépies à neuf. Le son d'une petite cloche gémissante troubla l'air; un flamant dessina à l'horizon la rose silhouette de ses ailes gracieuses et de deux pattes élégantes et fines, et peu après, comme la nuit arrivait, une étoile, si brillante qu'elle en était toute blanche, s'alluma au fond du ciel, sur la mer. Et soudainement, toutes les promesses de l'Orient entrevues à travers cette marche progressive vers un ciel nouveau, dont les nuits de Capri, l'éclat du rocher de Malte et les flots du golfe Saronique avaient annoncé, ménagé et préparé la splendeur prochaine, se réalisèrent derrière ce grand mur tout nu, auprès d'un humble palmier; au son grêle d'une voix enfantine qui psalmodiait ce soir-là, par hasard, le refrain faux et monotone d'une chanson incomprise.

La gare d'Alexandrie est semblable à toutes les gares d'Europe et les employés ont le ton rogue et discourtois des fonctionnaires de nos gares parisiennes.

La foule qui encombre les abords des guichets réjouit l'œil de ses violentes bigarrures : des fellahs chargés de sacs vides, des drogmans, des prêtres Arméniens, des Grecs à bonnets rouges; un « Efzône » en garnison à Athènes qui mérite par la blancheur de sa fustanelle et par l'élégance de ses babouches, relevées vers le bout en forme de pirogues, d'appartenir à la troupe d'élite des « hommes à la belle ceinture »; — des nègres, des cavas portant les valises d'un jeune diplomate qui voyage en gants gris perle et qui est bien de la « carrière »; un Chinois, un Anglais suivi de sept ladies, régulièrement échelonnées et d'autant de femmes de chambre de taille correspondante; des fellahines aux lèvres teintées d'indigo, dont l'une porte sur la tête une cruche qui émerge hors de la foule à côté du profil célèbre d'un compatriote et, peut-être, pour lui faire pendant; un pasteur protestant sans col et sans lèvres avec sa « dame » et sa « demoiselle », une miss Helyett de l'avenir considérant avec insistance le futur ambassadeur qui pourra peut-être renoncer à être l'homme du jour pour devenir celui de la montagne; des collégiens conduits par un père Jésuite qui leur parle déjà de la fuite en Égypte; des Bédouins, des Maronites; le docteur Perrichon qui, partant pour le haut Nil, les larmes aux yeux, la voix étranglée de sanglots, crie à sa femme : « Tu m'écriras! »; deux Moujiks à boucles d'oreilles, crochus et nasillards; une nourrice Albanaise, opulente Junon, qui par instinct se rapproche de l'Efzône Dumanet; un pope grec qui s'indigne que le pope Arménien soit passé avant lui; deux jeunes gens Autrichiens, la bouche toute ronde ouverte et un feutre minuscule juché sur le sommet d'un crâne ovoïde; des marchands de nougats, d'oranges, de bonbons : tout cela va, vient, se bouscule, et finalement s'entasse dans un petit train qu'il est avantageux de prendre quand on n'est pas pressé et qui, dans cinq heures, déversera sur le Caire la même foule gesticulante, grouillante et bruyante, qu'aura saupoudrée la fine poussière de la campagne.

La voie ferrée longe la rive d'un canal, bordé lui-même par une grande route; aussi, sur tout le parcours, est-ce une caravane ininterrompue. Déjà le long aqueduc, qui amène à Alexandrie les eaux nécessaires à la consommation, n'est plus qu'une dentelle grise brodée sur le fond bleu du ciel.

Le canal du Nil à Alexandrie.

Les plaines que l'on traverse, sont tristes et pauvres, lagunes à demi submergées où le sable d'ocre violent disparaît sous des terres brunes et lourdes; à peine quelques champs de blé ressortent-ils en vert au bord du lac d'Aboukir, grande plaine liquide et grisâtre, que ne ride pas le moindre souffle d'air; d'autres étangs lui succèdent, si plats et si immobiles que l'on ne peut distinguer de l'autre côté où commence le rivage. Cette stagnation est d'une grande mélancolie. Il semble que soudain on soit remonté vers le Nord, vers quelque plage péniblement arrachée à la marée; et l'aspect de cette morne contrée est d'autant plus saisissant qu'à peine a-t-on dépassé le lac Maréotis, une riche végétation, des jardins touffus entourant des villas riantes et gaies, offrent au soleil mille moyens d'y jeter ses feux et de former sur les gazons drus et vivaces de belles ombres aux couleurs vives ou sombres ; l'eau salée ne vient plus ici dessécher jusqu'au germe des plus humbles graines.

La campagne devient fertile, le ciel se reflète dans l'eau chargée de limon des canaux d'irrigation ; des femmes accroupies ne sont point troublées dans leur calme attitude par la vue du train qui passe ; des fellahs dont on aperçoit les tuniques bleues tranchant sur la verdure des maïs ou sur l'or clair des champs de dourahs, s'efforcent d'amener un peu d'eau douce jusqu'aux cultures de coton ; d'autres labourent, poussant péniblement dans la terre grasse leurs charrues primitives, attelées de deux bœufs gris à bosses, avec des yeux graves et doux, ou bien encore lorsque l'un des deux animaux se repose, on voit dominant de sa taille grêle et ondulante le gros corps de la bête à cornes, un chameau domestique, astreint au même joug. Sur la route, de longues files de ces quadrupèdes liés ensemble s'en vont d'un pas majestueux et lent et paraissent de véritables géants au milieu de cette étendue, dont la platitude fait ressortir encore leur bizarre et nonchalante silhouette. Les uns sont gris pâle, d'autres de teinte rousse, quelques-uns même tournent au marron. De jeunes garçons, la tunique relevée jusqu'aux reins, courent à leur côté, les excitant de la voix et de la baguette d'osier qu'ils tiennent à la main. Des filets en sparterie tombent des deux côtés d'une selle grossière et contiennent des pierres, des fruits, et quelquefois même de lourds chargements de bois ou de sacs de farine. Ce sont ensuite des ânes portant tout à l'extrémité de leur croupe quelque voyageur obèse serrant les genoux à la manière des singes, ou d'autres laissant pendre leurs jambes et balayant le sol de leurs pieds. Puis viennent des cavaliers montant de maigres haridelles et aussi des groupes de piétons. Deux femmes, un homme et un âne forment tableau; l'animal est débarrassé de son fardeau, que les femmes portent péniblement sur leurs épaules, tandis que, libre de toute charge, l'homme marche allègrement. Il y va de sa dignité, il ne peut faire métier de bête de somme; quant à la femme, il est évident qu'il ne saurait en être de même et qu'il est de son devoir d'aider le petit âne blanc à accomplir son service quotidien. Combien est triste le dommage que cause à ces beaux corps, à ces hanches souples et sculpturales déjetées par l'habitude des faix trop lourds, une excessive fatigue!

Les canaux se multiplient, rayant et quadrillant la plaine comme un damier; de temps à autre des palmiers et des dattiers dressent leurs panaches et, sous le soleil oblique, les feuillages semblent de sombre métal. Des enfants nus jouent entre eux, la bouche pleine de fruits mûrs tombés de l'arbre; tandis que le père attache un buffle noir à la roue du « saqquieh » qui, une fois en mouvement, amène l'eau des rigoles à des niveaux plus élevés.

Mais voici un village. Ce n'est à vrai dire qu'une série de misérables huttes faites de mottes de terre, de bois ou de pisé, et dont la couleur terne n'a sur le sol aucun relief; la boue des ornières relie entre eux ces mauvais matériaux; de petites fenêtres basses et étroites laissent à peine filtrer le jour à l'intérieur; à voir ces cabanes à demi terriers, on dirait l'œuvre de quelque colonie de castor. — Les visages qui paraissent au milieu de ces humbles édicules, semblent leur emprunter leur couleur. Le soleil et peut-être le contact de cette terre qu'ils remuent sans cesse et qui les abrite encore du froid et de la chaleur, a donné à leur corps une belle patine brune qui se confond avec celle du sol. Cette pauvre humanité est un peu semblable aux bêtes que la nature couvre d'un poil ou d'un plumage se fondant avec les teintes des lieux qu'ils habitent, pour que cette confusion leur permette de se dérober facilement aux regards de leurs ennemis, fauves ou chasseurs. — Appuyé contre la faible muraille de son logis, le fellah, qui a dépouillé pour son labeur sa tunique de souple toile bleue, semble un bonhomme de terre glaise sculpté là par la fantaisie d'un passant. — Il est véritablement attaché à la terre, non point qu'il veuille secouer cette chaîne et que sa servitude ne soit volontaire, mais justement parce qu'une force supérieure l'y place comme en un élément favorable à sa vie et à son développement. Et cette abstraction de la chair, unie et rivée à la glèbe, ne saurait apparaître d'une façon plus saisissante et plus tangible que sur cette terre cuivrée par l'éclat du soleil et dont les corps vivants sont pétris.

Dans le village, la fruste coupole d'une mosquée minuscule et les pigeons blancs des colombiers voisins piquent seuls de taches blanches la tristesse des couleurs fanées. N'est-ce pas en effet tout ce qui vient du ciel? Mais aussi quel charme, quelle immobilité expressive empruntent à cette monotonie les moindres choses : une femme assise et se teignant les ongles de henné; le feuillage léger d'un mimosa, le vol dominateur d'un milan ou le sautillement de petits oisillons!

Sur la plaine d'une gravité infinie, des troupeaux de chèvres et de moutons aux longues oreilles noires, se dirigent vers la petite ville de Tantah, quêtant l'herbe rare au bord de l'eau triste qui meurt dans les canaux ; il y a dans cette étendue troublée par de pauvres animaux et par des hommes qui leur ressemblent encore, je ne sais quelle grandeur qui absorbe la pensée en la rendant sérieuse. L'influence de ce paysage se lit jusque dans les yeux des petits bergers ; ils participent à sa tristesse, non point qu'ils la ressentent mais parce qu'ils la subissent.

Et cela est plus touchant encore de voir ces atomes d'un grand tout qui vivent un peu plus qu'une plante, mais si peu qu'ils en ont la grâce et la fraîche mélancolie. Le va-et-vient continuel des convois de toutes sortes, des cavaliers et des travailleurs, ne parvient pas à animer cette terre qui, malgré tout, reste un lieu de solitude ; le geste de chacun y est si conforme à la nature qu'il ne s'en distingue pas et disparaît sans qu'on y prenne garde. La vie n'y est qu'un bruit lointain ; il semble qu'il faille faire effort pour s'en souvenir. Nulle réflexion n'est forte comme cette pensée, dans le désert cultivé qu'est la vallée du Nil ; les plus jolies perspectives, les plus fines nuances ne valent pas pour un paysage d'être silencieux et tranquille.

Bientôt de longues bandes jaunâtres et rosées strient de leurs belles couleurs la plaine noirâtre ; les raies lumineuses, étroites d'abord, s'élargissent peu à peu et deviennent plus fréquentes : on dirait une marée de sable ; c'est bien en effet un véritable océan qui se déroule à nos yeux et dont nous venons d'apercevoir la frange ensoleillée et les premières vagues. Les caravanes se profilent maintenant en sombre silhouette sur l'horizon soudain éclairci, tandis que tout à l'heure, se détachant sur le fond ténébreux de la terre végétale, éclataient joyeusement la note fauve et rousse des chameaux, le pelage gris perle des petits ânes et les plis jaunes et bleus des tuniques flottantes. Les terres stériles ne sont jamais complètement tristes; elles sont légères et lumineuses; et, s'il est permis de leur prêter une sorte d'expression et de physionomie, elles paraissent insouciantes et joyeuses d'être ainsi toutes nues livrées à la brûlure du soleil. L'effroi dont le désert frappe certains esprits et l'impression profonde qu'il cause à tous, ne vient donc point de l'absence du moindre brin d'herbe, de la profondeur de ces flots mouvants qu'on ne saurait deviner par un temps calme, mais de l'immensité de cette étendue, de la monotonie de ces innombrables vallonnements de sable jauni où brillent seuls quelques fragments de gypse et les prismes de sel laissés par les eaux amères, aujourd'hui retirées; de cet infini d'éclat et de lumière, d'or et d'azur éternellement déployé aux yeux éblouis du voyageur.

* * *

Le désert inspire toujours à celui qui arrive au seuil de ses plaines sans fin de graves réflexions. Avant de mettre le pied sur le premier grain de sable, le mahométan s'agenouille dans la direction de la Mecque et, balançant son corps de droite à gauche, il gesticule la plus humble de ses prières. Chacun, en sa langue et en son esprit, murmure quelque grave parole, fût-ce un blasphème, au seuil de cette immensité qui le dépasse et le rejette au milieu de ces grains de sable comme une misérable poussière.

Cette séparation entre la terre cultivée et le commencement des sables marque nettement où s'arrête la bienfaisante inondation du Nil, le fleuve-pays « présent des dieux ». La dernière touffe de dourah et le dernier épi de maïs poussent sur la dernière motte de vase limoneuse. Des paillettes commencent à étinceler; puis ce sont de petites plages lumineuses, encore séparées par les plaques vertes de l'herbe, bientôt plus rare, plus sèche, un peu plus loin roussie et fauve jusqu'à se confondre avec le sol, jusqu'à disparaître dans la teinte générale du désert désormais ininterrompu. Vers l'horizon, un bosquet de palmiers et de dattiers, le dernier, projette une ombre démesurée et violette.

Nous avons quitté le royaume d'Osiris; celui de Typhon commence. Mais bientôt une verdure nouvelle éclate en taches vigoureuses sur la roseur pâle des terrains arides, et l'on pense une fois encore au fleuve, source de toute fraîcheur, véhicule sacré du bienfaisant limon. Le chemin de fer, en effet, ne tarde pas à traverser la branche phalétique du Nil, déroulant vers Damiette une large bande d'un jaune mat et violent. Ce n'est point sans émotion que l'on passe au-dessus de ces eaux fameuses qui, à vrai dire, semblent épaisses et lourdes. La végétation molle et luxuriante des berges atteste déjà la puissance vivifiante du fleuve. Tous les symboles dont on entoure son nom ne sont que les hommages d'une pieuse reconnaissance à l'égard de cette « grande eau » de cette « eau supérieure » de cette « eau vivante » de ce « père de Zeus » de ce « Dieu Nilus » artère féconde portant jusqu'au cœur de la vieille Égypte un sang toujours jeune et vigoureux. Albukerque, voulant ruiner le pays, chercha à détourner son cours et « si Mahomet avait bu l'eau du Nil, disent les Arabes, il aurait demandé l'éternité afin d'en boire toujours. » Cette vénération n'a point disparu, et la Sublime Porte reçoit encore tous les jours la quantité d'eau nécessaire pour la consommation du Sultan et de son harem.

Évoquant les deux vers de Victor Hugo :

> Comme une peau de tigre au couchant s'allongeait
> Le Nil tacheté d'îles,

de minces palmiers, sur une bande de terre encore immergée, dressent au-dessus du courant leur sombre et régulier panache. Un jeune étudiant égyptien s'écrie avec conviction : « Ce qu'il y a de beau, voyez-vous, monsieur, dans notre fleuve, c'est qu'on ne sait pas d'où il vient. »

A sa puissance le Nil n'ajoute-t-il pas le charme de cette éternelle et prodigieuse énigme, la vieille *questio capitis*? Jusqu'au mystère de ses sources qui sut accroître le prestige des dieux et faire rêver d'ambition César lui-même, tout embellit ce cours merveilleux qui créa une nature, un pays, une histoire. Et véritablement sa largeur, son courant à la fois grave et impétueux et la majesté de ses évolutions, ne le rendent pas inférieur à des souvenirs d'une aussi fameuse antiquité.

Après de nouvelles incertitudes entre la terre et le sable s'entremêlant comme en une lutte, et peut-être pour décider de la victoire du sol fertile sur le désert aride, apparaît soudain avec ses minarets embrasés, ses blanches coupoles, ses toits en équerre, entourée d'une ceinture de fleuve et de collines, une ville immense dont les derniers plans sont déjà noyés dans la brume violâtre du soir.

* *

Le Caire est la réunion et la juxtaposition de plusieurs villes ; les impressions qu'on y ressent sont donc variées mais peu complexes, aucune de ces cités n'ayant débordé sur ses voisines.

LE CAIRE

C'est aux alentours de la place de l'Esbekieh que l'on peut jouir d'abord de la vue d'une belle végétation, toute de larges feuilles étrangement découpées, de vrilles prodigieuses, de lianes enchevêtrées, de gerbes puissantes, de fleurs énormes et éclatantes, bien faites pour les beaux et impénétrables désordres de bosquets incultes et agrestes, pour l'élégante et vierge sauvagerie d'une

Au bord du Nil.

immense forêt; mais hélas! cette nature vivace et fougueuse a été pliée, rapetissée, étriquée, domestiquée entre des allées de gravier soigneusement ratissées par des jardiniers anglais; et cet îlot d'originale verdure, que le Nil recouvrait chaque année au temps des crues, est devenu un square, c'est-à-dire quelque chose de banal et d'hygiénique, de pratique et de commode, effaçant petit à petit le souvenir parfumé des jardins.

Tout ce quartier de l'Esbekieh est percé de larges avenues bordées d'arbres, de belles rues, propres et aérées; dans les cours on entend les coups de raquette et les disgracieuses exclamations des joueurs de lawn-tennis; la nuit venue, les façades des hôtels s'éclairent à l'électricité; les victorias découvertes, rapides et bien attelées, circulent en tous sens, occupées par des habits noirs et les fourrures des sorties de bal; les saïs, coureurs à la veste chamarrée, précèdent les équipages en criant, tandis que les officiers anglais, cirés et luisants des bottes aux cheveux, se promènent, leur badine à la main, avec des airs de dompteurs. — On se croirait dans une ville d'eaux, élégante et riche, au moment où la saison bat son plein.

Le jour, c'est une procession ininterrompue de minuscules baudets. Le Caire est une ville de cent mille ânes. — Il y en a de gris foncé, de gris perle, de pommelés, de fauves et de brun noir; certains ont les jambes et la croupe ornées de jolis quadrillages dessinés au rasoir, qui semblent les vêtir d'une étoffe à jour. Ils sont harnachés de maroquin vert, jaune ou rouge; leurs brides sont souvent incrustées de corail ou ornées de lamelles métalliques et sonnantes, et leurs têtières tout empanachées de soie, de laine et parfois même de plumes vermillon. — Ils vont d'un trot capricieux et saccadé, regardant de côté tout ce qui passe sur les trottoirs avec des yeux malins et moqueurs. En petites personnes très fines et très spirituelles qu'ils sont, ils paraissent se gausser silencieusement du gros pacha ventru, véritable caricature, qu'ils secouent comme un sac trop plein sur le bout de leur irrespectueuse échine. Si les ânes orientaux sont aussi civilisés, s'ils poussent jusqu'au jugement leur instinct de gracieux animaux, c'est qu'ils ont un passé, de glorieux ancêtres, toute une histoire.

J'imagine que si l'on demandait à l'un d'eux pourquoi il lance sur les hommes des regards méprisants et ironiques, pourquoi, étant la moindre des bêtes de somme, il use d'une telle audace, l'âne interviewé répondrait par des hennissements significatifs :

« Pourquoi? je vais te le dire. Si nous vous méprisons, c'est que notre passé égale le vôtre et que nous lui sommes restés plus fidèles. Chez les tiens, les enfants ne reconnaissent plus leur père, et pour se dérober à lui, ils prennent d'autres costumes et d'autres idées. Nous sommes pareils à nos premiers ancêtres, et nous aimons toujours les chardons bleus qui poussent au bord du Nil. Vos civilisations passent, nos coutumes sont immuables; nous disons aujourd'hui les mêmes choses qu'au temps lointain où Chéops et Chefren ne levaient pas encore vers le ciel leurs cimes orgueilleuses et dorées. Vous appelez votre vie le progrès, nous appelons la nôtre le bonheur.

« Nous nous souvenons qu'un poète, presqu'un dieu, qui était aveugle et qui marchait appuyé sur un bâton, donna notre nom à un illustre guerrier. Les conteurs orientaux ont eu sans cesse recours à nous pour amuser l'imagination des peuples, qui sont de véritables enfants. Les rois nous placèrent auprès de leurs épouses pour les surveiller, ce qui nous donna fort à faire; celles-ci nous prièrent de conduire leurs maris bien loin dans le désert en leur suggérant l'espoir de quelque butin. Mes semblables ont rempli les écuries de la fille de Pharaon Rhampsilite, et, cette femme ayant eu de grandes qualités, nous avons reconduit jusqu'à leurs palais tous les hommes importants qui la vinrent entretenir des affaires de l'État et, paraît-il, d'autres choses plus sérieuses et plus douces à la fois. Nous avons senti l'étreinte des genoux du sorcier Bition, dont le cœur enchanté se détachait de la poitrine sans qu'il perdît le souffle, et qui eut la science merveilleuse de se transformer tantôt en bœuf, tantôt en arbre, si bien qu'un jour, par une méprise sacrilège, un de mes parents faillit se repaître de son beau feuillage. Nous avons servi de monture aux prêtres les plus puissants, même à l'Hierogrammate dont la tête, comme la mienne, était ornée de plumes, et qui tenait dans ses mains une palette garnie de l'encre et des joncs nécessaires pour écrire.

Mais nous fûmes dirigés par des mains plus légères et moins pures. Les courtisanes et les femmes dissolues se disputaient nos services; il y en eut beaucoup puisque, d'après Hérodote, un historien qui ne nous négligea pas, un Pharaon frappé de cécité et qui, selon une divine et inconcevable décision, ne devait retrouver la lumière que dans les bras d'une femme n'ayant point trompé son mari, ne put découvrir un pareil trésor, après avoir essayé les esclaves, les femmes libres et la reine elle-même; il resta probablement aveugle jusqu'au jour de sa mort. Il en est mille autres preuves que je n'ai point le temps de te donner. Je veux cependant ne pas omettre ce sage souverain, digne pour sa clairvoyance d'être le roi des ânes et même celui des hommes, qui s'aperçut que pour n'être pas trompé par sa femme il n'y avait d'autre ressource que de lui donner dès le lendemain du mariage une tasse de café délicieusement empoisonné; un jour pourtant une nouvelle épouse parvint à lui conter durant la nuit une histoire d'un tel intérêt que, l'aurore l'ayant arrêtée dans son récit, elle obtint un sursis jusqu'au jour suivant. Il en fut ainsi pendant de longues années, et le souverain et l'habile conteuse sont morts l'un et l'autre avant que l'histoire soit terminée. — J'aurais bien voulu savoir quel était ce récit merveilleux, mais elle ne le confia jamais plus à personne.

« Ce sont là des souvenirs profanes auxquels je pourrais encore ajouter le transport de philtres amoureux, de médecines défendues, de parfums précieux, d'huiles et d'essences, d'onguents et de styptiques; il est temps d'en venir à de plus nobles services.

« C'est en brandissant comme une arme dangereuse la mâchoire d'un de mes ancêtres, qu'un jeune homme vigoureux, bien qu'il n'ait point connu le goût du vin, et dont la belle chevelure, presqu'une crinière, flottait au vent, tua mille Philistins. Ce n'est pas tout : notre gloire est plus grande encore : un âne, oui, un pauvre petit âne comme moi, avec cette seule différence que c'était une ânesse, reçut le don de la parole, et, ayant aperçu sur le chemin un ange armé d'une épée, refusa de passer outre. Comme son cavalier, le faux prophète Balaam, qui se rendait au pays des Moabites pour maudire le peuple d'Israël, la frappait avec violence, elle le convertit et le ramena dans la voie de la vérité en lui demandant pourquoi il la maltraitait.

« Mais voici les plus chers de nos souvenirs : un soir, dans une étable de Bethléem où régnait une douce clarté, un âne mangeait à la crèche un foin délicat; il en laissa de quoi réchauffer un enfant qui venait de naître auprès de lui d'une femme pauvre et belle, qui s'appelait Marie. Trente-trois ans après, des hommes qu'il avait comblés de ses bienfaits, crucifièrent celui pour lequel une pauvre bête s'était privée de sa nourriture. Les uns affirmèrent qu'il était Dieu; d'autres prétendirent qu'il n'était qu'un imposteur. Nous n'en avons jamais rien su, et pourtant nous ne l'avons pas abandonné. Par une nuit d'étoiles attiédie et sereine, guidés par un homme doux et robuste du nom de Joseph, nous avons conduit vers un arbre perdu dans le désert cette aimable et gracieuse famille. Plus tard celui qui s'appelait Jésus, étant arrivé au bourg de Bethphagé, ordonna à deux hommes qui l'accompagnaient d'aller chercher à la ville une ânesse et son ânon; personne n'essaya de retenir mes deux parents, car il avait dit : « Si quelqu'un vous dit quelque chose, dites que le Seigneur en a besoin et aussitôt on vous les laissera emmener. » Ainsi fut-il fait. Et lui, fleur de douceur, assis sur l'ânesse suivie de l'ânon que les disciples avaient recouverts de leurs habits, vint vers la fille de Sion. Mes ancêtres foulèrent de leurs sabots les vêtements dont le peuple s'était dépouillé pour les jeter à terre, et les branches d'arbre dont la route était toute fleurie. Et tous, tant ceux qui précédaient que ceux qui suivaient, criaient et disaient : « Hosannah au fils de David ».

« Et maintenant tu sais un peu pourquoi je suis fier de mon passé! pourquoi je me moque si volontiers des hommes, alors que je promène sur mon échine, — que tu traitais d'irrespectueuse, — quelque pacha interlope qui n'est pas toujours le fils de son père et jamais celui de ses œuvres, pourquoi je me plais à le déposer à terre par une bonne ruade, et pourquoi j'en ris jusqu'aux larmes. Lorsque j'ai à faire à quelques benêts voyageurs qui parcourent les bois de palmiers et les bords du Nil en regardant dans de gros livres rouges ou bleus « si c'est bien ça », je me contente de les inquiéter par de légers sautillements. Aux femmes je suis toujours plus indulgent; leurs jupes me caressent de façon agréable, et j'agis en âne qui sait son monde. Chacun me paie son tribut. Je suis à la fois le juge et l'exécuteur ; et, crois-moi, mes fils peut-être te le prouveront à quelque Exposition universelle de l'avenir, les petits ânes égyptiens pommelés ou gris perle seront un jour les derniers dépositaires de la justice. »

L'âne sans doute eût ainsi parlé. — Mais son hypothétique conversation nous a entraînés bien loin des beaux quartiers de l'Esbekieh. Ne quittons pas encore notre âne; et comme le soir vient, demandons-lui de nous conduire jusqu'à la cité dite des « Califes » ou, pour parler plus exactement, vers les tombeaux des Mamelucks. C'est un lieu de silence et de mort, situé à l'extrémité du Caire et que l'on gagne en tournant la formidable citadelle dont la masse darde sur la ville la gueule de canons qui viennent d'Angleterre et qui devraient bien y retourner. Le Mokkatam domine lui-même la forteresse; c'est une sorte de montagne abrupte que les carrières qu'on y a ouvertes ont taillée à pic comme une falaise. Sur la blancheur éblouissante de la pierre, se détachent une multitude de petits points bleus qui vont et viennent, montent et descendent; on dirait une fourmilière en grand travail; ce sont, à vrai dire, les claires tuniques des ouvriers, qui extrayent et transportent les énormes blocs extraits de la roche que les Pyramides n'ont pas épuisée.

Pour arriver à la nécropole des Califes Mamelucks du XVe siècle, figures énigmatiques et farouches dont la férocité bénéficie du voisinage des turbans empanachés et des belles gravures des sabres et des coutelas, il faut traverser un coin de désert : les dernières maisons que l'on vient de quitter, alternant avec de petits cimetières privés dont les murs sont blanchis à la chaux, éclatent dans la lumière; elles sont habitées par toute une population de gardiens, de fossoyeurs, de bourreaux et de croque-morts. Tous ceux qui avoisinent la mort ont besoin de solitude. Bientôt on rencontre le sable nu et, à peine distincte, tant le poudroiement du soleil confond en une même féerie le sol et ce qu'il supporte, une longue caravane de chameaux attachés par demi-douzaines, et toute une troupe de porteurs psalmodiant des versets du Coran.

Leur triste mélopée n'est qu'un faible bruit ; bientôt ils disparaissent dans un léger brouillard.

A une courte distance, se déploie toute une ligne de mosquées semées au hasard, entourées de plus humbles tombeaux. Les édifices encore debout sont proches de la ruine. La sépulture de Barkok, majestueuse pour ses vastes cours, pour ses minarets élégants, pour la pierre

Les tombeaux des califes.

curieusement sculptée et dentelée de son « mihrab », sorte de niche précieusement ornée, marquetée de fin ivoire et de métaux précieux, indiquant dans toute mosquée l'orientation vers la Mecque, a je ne sais quoi dans sa richesse d'éteint et de finissant qui annonce sa ruine prochaine. Les élégants édicules élevés en l'honneur de Barsebaï et de Kaït-Bey sont délicats et s'embellissent d'arcades en trèfle, de mosaïques, d'arabesques d'une grâce indienne et d'une recherche prétentieuse, qui doit au désert environnant de ne pas être mièvre et d'un mauvais goût de parvenu.

Mahomet, paraît-il, revient chaque jeudi visiter la silencieuse nécropole, et l'on montre sur une plaque de granit la trace de son pied. De misérables masures se groupent autour des trois mosquées ; elles semblent attendre le prochain écroulement des minarets pour se parer de leurs dépouilles. Des Arabes sans beauté habitent là au bord du désert, ils n'ont

La citadelle.

pas subi pourtant son influence ; ils vivent dans des cabarets où ils fument et boivent ; la pipe à peine tombée de leurs lèvres, ils se livrent au rêve de l'opium. Et comme c'est jeudi, Monseigneur Mohammed viendra sans doute visiter leur sommeil.

En quittant la triste cité des Califes, la visite du bazar qui prolonge la rue franque du Mousky vous rejette brusquement au milieu de la foule ; mais ce n'est plus le beau monde de l'Esbekieh et son élégance cosmopolite. Sur une longue voie centrale à peu près droite, débouchent des milliers de petites ruelles étroites et sombres, où les toits des maisons, obliquement cons-

truites, se rapprochent jusqu'à se toucher et ne laissent
voir qu'une mince bande d'un ciel chargé de cobalt.
Elles tournent et serpentent, formant parfois de brusques zigzags, se déployant en anneaux réguliers plus ou
moins serrés. Sur ces ruelles elles-mêmes, donnent des
impasses plus étroites encore; une fumée épaisse y circule dans l'étouffante atonie de l'atmosphère, buée
chaude qui semble ne pas pouvoir s'élever et traîne sur
les pavés disjoints. Des cours en culs-de-sac rejoignent
les impasses et reçoivent à leur tour de véritables couloirs ; la lumière n'y passe pas; des planches qui supportent des fruits en train de se dessécher interceptent
le jour. C'est un dédale sans fin.

Le long de ces murailles se rangent de petites boutiques, dont la plupart n'ont guère plus de deux ou trois
mètres carrés. La nuit venue, le négociant ferme son
échoppe, s'en retourne à son logis qui est parfois somptueux et contraste étrangement avec l'humilité de son
magasin, et le bazar reste désert. Quelques gardiens
seulement couchent sur des cafas faits d'ajoncs ou de
branches de palmier.

Les marchands sont répartis dans divers quartiers,
selon leur spécialité; il y a la rue des Orfèvres, celle des
Changeurs, celle des Fabricants de tapis. Voici sur une
grande longueur une véritable allée de babouches jaunes
ou rouges recourbées ou droites; une odeur de maroquin mouillé ou brûlé infecte l'air. Voici les étalages
de cuivres, de casseroles, de cafetières, de tasses à café
semblables à des coquetiers; plus loin des amas de
sabres, de poignards, de fusils ivoirés, de pistolets à la
poignée d'argent incrustée de cornaline et de malachite
dont les Moujiks font un commerce spécial. Puis succède immédiatement à tout cet attirail guerrier la cité
des brodeurs, accroupis sur des tables basses, soutachant

de fils d'or ou de cuivre des vestes de soie, des gilets de velours ou de petits mouchoirs carrés. Puis le clan des parfumeurs, débitant avec force saluts d'une onction singulière et nombre de gestes de la main, qu'ils ont blanche et mielleuse, des tubes d'essence de rose, des paquets d'encens, de cinname et de myrrhe, des paillettes et des feuilles d'or parfumées, si minces qu'un souffle les déplace, et des boîtes assorties d'onguents précieux. Là, mille odeurs violentes se confondent, et la douceur suffocante des huiles embaumées est relevée par la senteur acide et vigoureuse des herbes aromatiques. Il semble que l'on agite dans l'air le mouchoir de cette sultane Fatimite qui passa sa vie à choisir dans la montagne et à recueillir dans un carré de fine soie, imprégné de toutes les essences d'Orient, les plantes et les fleurs qui devaient servir à embaumer son cercueil.

Viennent ensuite les changeurs, presque tous Juifs, visités par les prêtres Arméniens à la coiffure triangulaire et les popes grecs affublés du bonnet noir, apportant à ces dignes marchands de vieux bijoux, legs de quelque défunte. Ce ne sont que nez en bec d'oiseau, qu'ongles crochus, que petits chocs métalliques produits par les pesées successives de plusieurs balances.

Voilà le royaume des tapis ; les rayés de Tunis, les pelucheux de Perse, les petits carrés de prière de Bokhorah, les carpettes éclatantes de Caramanie et les élégants tissus de Nîmes et de Lyon. Voici les magasins de thé et de café d'où se dégage une odeur délicieuse ; les établis des tourneurs sur bois, les creusets des bijoutiers ; ceux-ci y jettent les métaux précieux, les y fondent, les pétrissent, les coupent en trois, les réunissent, les tirent et les modèlent en bracelets à torsades, le tout en quelques instants; la rue des Porcelainiers, où les marchands sont, pour la plupart, des vieillards qui vendent les faïences curieuses récoltées au cours de longs voyages. Tous les négociants de ces corporations distinctes, dont quelques-uns ont réalisé d'énormes fortunes, en dépit de leurs gémissements et de leurs modestes devantures, rivalisent de politesse exquise. « Ce

La Citadelle, du côté du désert.

sont des gens d'un rapport agréable et qui causent bien », disaient les anciens voyageurs; on est frappé, en effet, de l'intelligence de la plupart, et de cette courtoisie qui sait n'aller jamais jusqu'à l'obséquiosité. Oh! les charmants marchands, avec leurs yeux qui ont des timidités et des instances d'une habileté suprême! Oh! les jolis négociants dans leurs longues robes de soie jaune ou de foulard vert pistache! Quelle délicieuse façon d'être habiles, et qu'il est agréable de voir manier par leurs belles mains, chargées de pierres précieuses, la richesse de leurs pacotilles! Hélas! tous ces attraits ne sont pas étrangers aux folies qu'on ne manque point de commettre dans ce merveilleux bazar, et au retour, il faut se préparer à entendre les conseils d'un sage et prudent personnage des *Mille et Une Nuits* : « Mon frère, voilà mille sequins ; achetez des chameaux et ne voyagez plus. »

Le spectacle de la rue, en effet, est déjà un divertissement suffisant. De loin elle semble une palette couverte de mille couleurs. Un enterrement s'avance. Cha-

Au bord du désert.

cun s'arrête : on fait silence, les balancements de tête, les contorsions des mains attestent de muettes prières. Le corps passe, recouvert d'étoffes criardes, rouges, vertes ou bleues et porté sur les épaules de quatre hommes ; un bouquet de fleurettes est déposé sur le cercueil, car c'est une femme que l'on mène en terre. Les pleureuses suivent le cortège en poussant des gémissements à fendre l'âme, la tête enveloppée dans un large morceau de toile que leur a donné la famille de la défunte pour témoigner de sa bienfaisance et de sa richesse. Au nombre de ces femmes échevelées, à la largeur des étoffes qu'elles ont reçues, on juge de la fortune du mort. Plus loin l'enterrement croise un étrange cortège. Un jeune garçon habillé de vêtements richement brodés, est perché sur un cheval blanc, au sommet d'une selle d'où pendent des verroteries et des franges de soie. Des clochettes, des trombones et des flûtes devancent le cavalier; la famille suit en hurlant de joie. C'est la marche triomphale qui précède toute circoncision. Les cris de gaîté des invités et les plaintes douloureuses des pleureuses se confondent en un assourdissant vacarme; mais bientôt tout disparaît au milieu de l'animation générale.

Des enfants demi-nus gémissent autour de vous l'éternel « bakchich » qui est tantôt une aumône, tantôt un pourboire et qui, pour certains voyageurs à la cervelle anémique, est le seul souvenir qu'ils emportent de la terre d'Égypte. Au détour d'une rue, voici un véritable essaim de culs-de-jatte; bien qu'il soit passablement inexact de donner des ailes à de misérables humains qui n'ont pas de jambes, cette cour des miracles orientale semble voleter autour de vous, se frayant facilement un passage et ne paraissant pas s'apercevoir de ses infirmités. Ces pauvres mendiants sont couverts de robes faites avec des lambeaux d'étoffe que la charité des marchands leur a parcimonieusement distribués; il en résulte une chamarrure d'un éclat prodigieux, une procession de lugubres arlequins. Les boîtes à roulettes, véhicules de leurs moignons empaquetés, sont elles-mêmes grossièrement coloriées et ornées de maximes dont l'infortuné est parfois l'auteur : « Je n'ai pas de jambes et pas d'argent, donne-moi une pièce de monnaie puisque tu ne peux pas me rendre mes jambes; Monseigneur Mohammed pourra seul me faire ce cadeau dans l'autre monde »; ou bien : « Je ne doute pas que tu n'aies des qualités, ô passant, montre-les moi en me faisant l'aumône » ; ou encore : « Donne-moi de l'argent et je pleurerai pour toi, afin que les larmes te soient épargnées. »

Dans la foule, les Arabes et les Égyptiens dominent ; les premiers comparent justement la nuance de leur teint indécis entre le gris, le brun et le chamois à la couleur de l'œuf d'autruche ; les seconds se sont réservé l'épithète d' « hommes au visage de bronze doré. » Des bédouins vêtus de poils de chameau, des nègres couverts de manteaux de toutes nuances ou de robes chargées de coquillages ; des Arméniens, au teint mat, aux traits fins et distingués ; des Persans, dans de larges robes à ramages, la barbe teinte en roux et les yeux enduits d'une pommade bleue ; des Juifs, des Moujiks, des Circassiens aux belles chevelures blondes, vont, viennent, discutent, marchandent, achètent et revendent.

Les femmes, ici encore, sont les plus bavardes ; elles ont des voix gutturales dont elles ne peuvent modérer les inflexions ; c'est un concert de sons aigus et de notes rauques. Les campagnardes sont enveloppées d'un grand voile semblable à une robe de pénitent ; les yeux peints au kohl sont seuls à découvert et, sur le haut du nez, juste à l'endroit où les sourcils se joignent, apparaît l'extrémité d'une sorte de tube qui est d'or, d'argent ou de cuivre selon la fortune et la situation de la fellahine. Les femmes de la riche bourgeoisie ne circulent que sur leurs ânes ou dans des landaus aux stores baissés ; ces attelages sont parfois suivis de deux ou trois eunuques qui montent de beaux chevaux, à la façon des singes. Leur chair fine et huileuse, leurs lèvres épaisses comme un objet inutile, inspirent à l'égard de ces « incommodés » — ainsi que les appelait Mme de Longueville — qui d'ailleurs sont pour la plupart méchants et venimeux, une pitié qui tient du dégoût.

Les jeunes filles, reconnaissables à leurs voiles blancs, ressemblent à des premières communiantes masquées ; celles de la classe riche sont accompagnées d'esclaves noires à l'air rébarbatif, qui sont en quelque sorte des eunuques femelles. Les Levantines, aux chairs fines et nacrées, sortent le visage découvert.

La mode des voiles hermétiquement clos n'est point sans charme ; la beauté si vantée des Orientales, que les romantiques chantèrent pour leur fatalité et leur sauvagerie, et que de plus sceptiques aimèrent pour la langueur et la morbidesse de leur teint et de leurs regards, — doit sans doute sa réputation à ce mystère dont elles s'entourent, car les quelques visages que l'on voit librement donnent vite le regret de tous ces voiles, qui permettent à l'esprit les plus séduisantes illusions.

Un pied nu chargé de bagues et d'amulettes, un bras couleur de raisin mûr, entrevu à travers une large manche soulevée par le vent, devient une délicieuse émotion. Il se mêle à tout cela un petit plaisir d'intrigue qui excite la curiosité et quelques autres sentiments. On dirait un bal masqué que l'on prendrait au sérieux et qui serait non une fête passagère, mais la vie. Ce n'est pas en vain qu'une romance arabe compare la belle fille dont la fine oreille est ornée de sequins et de turquoises, à un « jardin secret qui marche dans la lumière ». Mais si les roses épanouies et les troublants iris sont cachés, quelle puissance humaine, à travers les haies fragiles saurait empêcher d'en respirer le parfum ! Ainsi, par un geste, par un mouvement, grâce à l'air que déplace en volant l'aile d'une colombe et qui fait flotter une gaze légère, la noblesse, la gracilité ou la souplesse d'une hanche, d'un bras ou d'une taille se révèle avec infiniment de charme et de précision. Et toujours, lorsque la tête voilée se retourne vers vous, on voit flamboyer, rapide, le regard de ces mystérieux fantômes aux yeux noirs et ardents, seul point de leur personne qu'elles laissent apparaître.

Les femmes âgées ont une taille élégamment cambrée qui contraste avec leurs longs doigts pâles et osseux. « Là, dit Michelet, les femmes ont le privilège de ne pas vieillir. Elles conservent les belles formes qu'on admire dans les monuments. »

L'Orient ne ressemble-t-il pas aux jeunes Égyptiennes, lui dont l'éclat aveugle dès le premier instant, mais qui se cache et se dérobe à travers le labyrinthe des rues et des impasses comme elles, sous leurs voiles légers, et qui ne livre que peu à peu le secret de sa beauté? N'emprunte-t-il pas aussi, comme les vieilles orientales qui défient les années, un peu de sa noblesse à son antiquité et à la puissante structure de ses monuments qui bravent impunément les siècles?

De cette agglomération humaine plus encore que de la fantasmagorie du bazar, on emporte une impression profonde. Après quelques heures passées là, du sentiment de repos que l'on éprouve, du calme, de la douceur et de la fluidité de ces milliers d'hommes réunis en masse compacte, naît une véritable admiration pour cette foule qui sait ne pas être encombrante, pour ce peuple qui peut ne pas être vulgaire ; la réunion de cent individus est, sous nos climats, un intolérable spectacle où l'on recueille au passage des horions, des grossièretés, des injures, les réflexions de la bassesse et de la jalousie et, après tout cela, un peu de pitié pour tant de vulgarité et d'ignorance.

Dans ces longues rues et ces couloirs où l'éclat des costumes, la variété des races et des nations, le nombre infini des marchés qui se concluent à chaque seconde, semblent être autant de causes de trouble et de désordre, règne cependant une paisible animation. Si ce n'est le passage d'un enterrement, du cortège d'un prochain circoncis ou de quelque congrégation religieuse, un murmure confus, général, d'une parfaite égalité, ne va jamais jusqu'au vacarme; le mouvement n'est pas cohue, l'agitation n'est pas bousculade. Il est plus facile de traverser le Mousky, même aujourd'hui où la vente à l'encan attire un public plus nombreux, que de parcourir les grands boulevards en temps ordinaire; chacun s'écarte pour vous faire place, on ne sent pas un coude vous frôler, on glisse contre des hommes qui trouvent le moyen de n'en pas renverser d'autres en voulant se frayer le chemin; point de vociférations; la discussion du vendeur et de l'acheteur ne va jamais jusqu'à la dispute, à moins que ce dernier ne soit un Français ou un amateur Britannique. Ces gens ont la délicatesse de craindre le bruit comme une chose méprisable et vaine. Les fabricants de babouches ont soin de recouvrir de drap la forme en fer sur laquelle ils posent le cuir qu'ils travaillent pour assourdir les coups de leurs marteaux.

D'ailleurs n'est-il pas merveilleux de n'apercevoir sur les physionomies aucune trace des petits soucis quotidiens? on trouve des visages tristes, on en chercherait en vain d'ennuyés; la douleur seule est assez noble pour qu'ils ne craignent point de la trahir aux yeux de leur prochain. La pensée de cette grave et profonde volonté est parmi les choses les plus belles et les plus émouvantes du monde. Qui d'ailleurs ne serait saisi de la fière misère des mendiants que l'on rencontre? Il est remarquable aussi que ces figures affermies par une dignité constante ne s'arrêtent point à considérer un étranger qui passe, et ne gaspillent point une attention curieuse en d'inutiles spectacles. Le regard des Orientaux ne se promène pas, il se pose ; la plupart du temps leurs yeux vagues et beaux attestent la contemplation d'une vision intérieure. Un poète arabe a magnifiquement fixé cette gravité sérieuse que les yeux ont le devoir de conserver toujours : « Ce sont de petites fenêtres qui doivent rarement prendre vue sur le monde afin de pouvoir considérer sans trouble la tombe de leurs ennemis, celle de leurs amis, et tous les paysages où est présent ce bienfait qui se nomme la Mort, par lequel Monseigneur Mohammed nous fait connaître sa volonté. » On ne saurait trouver davantage l'expression du désir ou du remords. Partout la même paix, la même sérénité. Chacun sait où il va et rencontre d'autres individus venus là dans le même but. Dans la quatrième rue à droite, on parlera de lingots d'or ou d'argent et des funestes variations du change ; dans la deuxième rue à gauche, il n'y aura personne qui ne soit préoccupé du cours subitement élevé du maroquin ; aucun importun ne viendra mêler à ces conversations des sujets étrangers. Ainsi chaque quartier remplit une sorte de fonction, et les hommes y sont rassemblés non pas au hasard ou par oisiveté, mais pour une action commune. Cette organisation commerciale, que Fourier rêva en vain pour son phalanstère, est d'une admirable simplicité. Elle canalise en quelque sorte l'activité humaine en l'empêchant de se répandre sans profit.

Mais dans le quartier du bazar, il y a autre chose que la foule ; entre deux masures, telle porte de mosquée couverte d'une infinité d'arabesques, d'ornements, de stalactites en encorbellement où s'épanouissent des fleurs qui tiennent à la fois du lotus et du lys, est une surprise délicieuse. Cette fontaine, dont l'eau vive est toujours limpide sous l'ardeur du ciel Africain suffit à rafraîchir les murs, les pavés et jusqu'aux visages humains qui l'entourent. Cette petite oasis de fraîcheur est envahie par quelques croyants qui profitent de cet abri contre la fureur du soleil pour prier, les yeux levés au ciel, le corps secoué par un balancement continuel. Jusque dans les coins les plus retirés, on reconnaît toujours le signe d'une exaltation intérieure qui ne manque point de pousser au mépris de l'action. C'est dans les mosquées nombreuses et d'aspect varié que cette violente élévation de l'âme, qui énerve et contorsionne les corps accroupis, se manifeste avec le plus de désordre et de beauté.

Ces mosquées sont curieuses aussi par leur délabrement, qui en est la marque distinctive. Ce ne sont pour la plupart que de vastes bâtiments enrichis de pierres précieuses, de plaques de marbre, de tapis de soie ou de fine laine, des sortes de hangars propices à la prédication des foules fanatisées... Rien n'est là pour l'œil; la gloire du prophète doit seule profiter de toutes ces richesses; aussi quel curieux et étrange contraste entre l'extérieur de ces murs simples et droits, grossièrement blanchis à la chaux, zébrés parfois d'épaisses raies rouges simulant la brique apparente, et la profusion à l'intérieur des lapis, des brèches vertes, des porphyres roses, des granits étincelants assemblés au hasard; il importe seulement que ces blocs, quelles qu'en soient la forme et la couleur, soient là pour que la valeur de chacun d'eux atteste la piété des hommes et la magnificence qui convient au temple de Dieu.

De cette absence d'art systématique résulte pour le spectateur une impression confuse, mais profonde. Les nombreuses colonnes, disposées sans ordre, semblent des forêts de palmiers au tronc droit et élancé. Il en est de même pour toutes les sculptures, fines découpures et autres ornements ; le travail infini qu'ils ont coûté n'exprime pas une pensée unique, un plan général, il suffisait que l'on sentît l'effort de l'homme pour honorer la divinité. Tel morceau, qui est un chef-d'œuvre de grâce, est dû à l'initiative d'un ouvrier isolé qui avait un goût exquis. Les divers motifs d'ornementation ne

La porte d'une mosquée dans le bazar.

sont pas toujours symétriques; mais en dépit de ce désordre, un hasard merveilleux, une action mystérieuse de l'atmosphère et de la lumière diffuse, adoucissent les brusques contrastes des tons, en font valoir les hardiesses et arrivent à établir une prodigieuse harmonie générale.

C'est ainsi que la mosquée d'Hassan, où par exception on ne trouve pas une colonne, est d'une sévérité presque chrétienne. La cour intérieure à ciel ouvert, donne accès sur ses quatre côtés dans une salle couverte de nattes, qui est le lieu de prières de chacune des quatre sectes de la religion musulmane.

17.

Au centre de l'édifice, s'élève une délicieuse fontaine peinte en un joli bleu pâle et d'une finesse exquise; devant la porte qui conduit aux escaliers des minarets, plusieurs fidèles en prières donnent des signes de terreur évidente. Ils préféreraient mourir plutôt que de franchir ce seuil, où des serpents ailés ne manqueraient point de les saisir et de les entraîner dans des lieux de supplice. Le beau plafond de cèdre des voûtes, et la note qui domine de sombre carmin donnent au monument la mélancolie d'une gaieté éteinte; aujourd'hui on dirait une forteresse religieuse. Par bonheur, les plans de restauration de Violet-Leduc furent trouvés trop onéreux, et on ne rétablit pas les couleurs primitives.

Tous ces grands vaisseaux religieux, ces grilles usées, ces lampes enfumées, ces ogives obscurcies valent moins pour leur majesté et leur grâce que pour leurs splendeurs évanouies. Les légendes seules restent debout, et emplissent les chapelles dévastées et les tribunes croulantes. Le passé n'aurait point de charmes si l'on ne trouvait, auprès d'un reste de vie, des ruines, des choses mortes ou fanées. Quel avantage aurait-il sur le présent? La perspective délicieuse, qui est le souvenir, ne serait qu'un leurre. Or, en entrant dans ce sanctuaire, il semble que l'on pénètre dans le passé. — En certains endroits, si l'on s'émeut profondément de le retrouver ainsi vivant, c'est que, près de là, on n'en a retrouvé la trace que sous des décombres et des cendres; et voilà pourquoi ce qui a disparu de ces voûtes n'est pas moins nécessaire à leur touchante beauté que le silence et le demi-jour qui y règnent, et que les richesses qui subsistent encore. L'œuvre du temps, dégradant l'œuvre des hommes, laisse pénétrer un peu de la vie présente.

A l'entrée de la mosquée d'Hassan, un mur est si

écroulé, si misérable, que le savetier chargé de fournir aux visiteurs les pantoufles qui les préservent du sacrilège, n'a pas craint d'y établir son atelier, d'y travailler, d'y chanter et d'y boire. Dans un coin une vieille femme fait cuire sur un réchaud des boulettes de viande hachée entourée d'une lourde pâte. Un jeune homme et une jeune fille causent de leurs projets. Ce sont deux amoureux sur le point de se fiancer ; elle porte déjà au poignet le bracelet à torsades d'or, d'argent ou de cuivre, selon la situation et la fortune des époux, qui est l'ordinaire présent de noces. La complaisance et l'hospitalité de cette ruine ne passe-t-elle pas en douceur les plus délicates décorations, et même la délicieuse fontaine de la cour intérieure ?

La mosquée de Qualaoun est, sans doute, justement célèbre pour la magnificence de sa décoration ; mais dès qu'on y pénètre, on oublie tout ce luxe pour écouter les gémissements des jeunes filles phtisiques, léchant cette colonne de beau porphyre déformée par l'usure, ou les plaintes des femmes stériles suçant entre deux prières le jus d'un citron béni qui doit les rendre fécondes, ou les cris de ce paralytique se faisant porter au pied du tombeau de Qualaoun dont il baise la pierre avec ferveur, après s'être préalablement vêtu du costume du sultan, vénérable loque couverte de bijoux. Ce sont là les préceptes inventés par Qualaoun lui-même, qui fut médecin à ses heures. Devant un pilier, dans cette vasque abandonnée, on versait jadis chaque matin, selon l'ordre du souverain, un peu de froment que les oiseaux du ciel venaient librement becqueter ; et nul joyau précieux ne vaut aujourd'hui la pierre fruste dans laquelle fut taillé ce bénitier des colombes.

De la mosquée d'Amrou emporte-t-on une autre vision que celle de cette colonne en marbre noir du sanctuaire de la Mecque, que le successeur de Mahomet, d'un coup de sa kourbasch, sorte de cravache taillée dans le nerf d'un hippopotame, envoya remplacer dans l'édifice qui porte son nom, un pilier sans élégance? La blessure en est encore toute saignante; de nombreux adorateurs entourent ce précieux débris et paraissent plongés dans une enivrante extase; les yeux sont fixes et mouillés, et les lèvres remuent convulsivement. Il ne leur importe guère que sur une corniche effritée, entre deux légères colonnettes, il y ait un nid d'hirondelles et qu'une inscription compliquée ait été écaillée par un rayon de soleil pénétrant à travers un vitrail brisé; absorbés dans leur contemplation, ils ne s'aperçoivent point de ces dégâts.

La mosquée de Mohammed-Ali, dont le luxe moderne n'est qu'un misérable pastiche du goût persan, nous laisse froids et moroses, en dépit de ses tapis magnifiques, de la splendeur bâtarde et trop chargée de la pompe byzantine, et de la préférence que lui marque le khédive pendant ce mois de Ramadan. Nous n'y sentons de prétexte à aucune émotion, et nous ne retrouvons plus ce curieux voisinage de dépouilles illustres, de reliques divines et d'humbles hommes en prière auprès des nids fragiles des oiseaux.

La mosquée d'El-Azhar est d'un intérêt tout particulier. Son nom veut dire fleuri. On y voit de nombreuses colonnes de marbres divers et, sur les murs, dessinés en couleur, des oiseaux de proie, les ailes étendues, servant à empêcher les oiseaux du ciel de dégrader ces parois sacrées. Une large cour est entourée par des arceaux et des voûtes angulaires; dans un coin, une haute fontaine d'albâtre livre aux fidèles en quête d'ablutions une eau croupissante et saumâtre. Dans des bâtiments adjacents, on reçoit les infirmes et les pauvres; El-Azhar est en même temps la plus vieille université du monde. Au milieu de l'enceinte une centaine de jeunes gens sont accroupis autour d'un beau vieillard à barbe blanche, juché sur une sorte de chaise portative et coiffé du turban vert qu'ont seuls le droit de porter les croyants ayant accompli le pèlerinage de la Mecque. Ce prédicateur est une des lumières de la théologie musulmane; son auditoire est composé des étudiants les plus distingués. Ils ont les yeux fixés sur l'orateur et, d'un geste lent et régulier, avec un léger balancement de tout le corps, ils trempent le bout de leurs plumes de roseaux dans l'écritoire de cuivre qui pend à leur ceinture et tracent gravement de beaux caractères sur les feuilles d'un papier écru. Chacun à haute voix épelle les phrases qu'il note. Les élèves d'un autre professeur, qui vient d'achever son cours, sortent silencieusement; quelques-uns se prosternent sur les nattes, le front tourné vers la Mecque; il y en a qui sont venus pour entendre la parole du maître, des pays les plus lointains, même du fond de l'Inde. Deux Cyngalais, aux jolis yeux bruns et transparents, gagnent la porte en se donnant la main.

Cette mosquée est une véritable Sorbonne, et ressemble plus exactement encore à une de nos cathédrales du moyen âge; le sanctuaire est une école et un hôpital; on y soigne les poitrinaires et les aveugles, et on y souffle dans les jeunes cœurs un fanatisme turbulent, une intransigeance provocatrice, tout comme dans une de nos universités du XIVe siècle.

C'est ici que se forment et se recrutent les prêtres qui vont jusqu'au fond des provinces éloignées et sauvages, raviver la foi et porter la parole du prophète. Notre visite, d'ailleurs, est accueillie par des grognements significatifs; l'iman nous lance de travers un regard de dédain et de colère et agite fiévreusement le Coran qu'il tient entre ses mains.

Toute science découle du livre saint, véritable Bible orientale. Les étudiants qui se nomment ici, comme jadis dans la vieille France : « clercs », ont des privilèges spéciaux, des coutumes à part; le plus grand nombre est logé et nourri dans la mosquée même; les autres habitent le quartier environnant. L'enseignement, comme l'ancienne scolastique, se divise en droit canon, droit civil, grammaire et mathématiques. Il est curieux de voir comment la religion « dont la scolastique est l'ennemie » s'accommode de ce voisinage. D'ailleurs l'une et l'autre se confondent un peu aux yeux des orientaux. « Ceux-là seuls sont des hommes », a coutume de dire le gardien d'El-Azhar, d'après un proverbe arabe, « qui apprennent et qui savent : tout ce qui ne rentre pas dans ces deux classes est vermine et bon à fouler aux pieds. » Les mêmes épithètes s'appliquent exactement aux mauvais croyants.

* *

L'activité commerciale du Mousky et du Bazar, l'existence mondaine de l'Esbekieh et la foule fanatique ou savante des mosquées ne valent pas encore, comme intensité de vie et comme couleur locale, le coup d'œil du vieux Caire. C'est toujours le même labyrinthe de rues, ruelles et impasses, mais d'un aspect tout différent. Là seulement, on surprend la vie intime, quotidienne, de la basse classe égyptienne; et, sur le seuil des mauvais lieux, des cabarets borgnes et des bouges, on peut retrouver, mêlés ensemble par la commune débauche, des échantillons variés de cette grande cité étrange et multiple.

À la place de l'Esbekieh succèdent d'abord de larges voies sur lesquelles s'ouvrent les croisées européennes de l'hôtel Sheapard, les portes d'une foule de bars et de cafés tenus par des filles de toutes nationalités semblablement enlaidies par une même âpreté au lucre et à la bassesse, et les devantures de boutiques qui ne seraient point déplacées parmi les étalages d'un exotisme contestable de la rue de Rivoli. — La plupart de ces négociants en boissons, sourires et bibelots, ont suspendu dans leurs magasins interlopes des gravures et des tableaux dont les sujets ne sont pas étrangers à l'histoire britannique. On y voit même une gracieuse et royale image que l'on ne s'attendait guère à trouver en de pareils lieux.

Serait-ce là une des exigences de lord Cromer, une ruse assez neuve pour ceux qui ne craignent point de choisir dans l'arsenal toujours bien pourvu des moyens, les plus mesquins et les plus petits, pourvu qu'ils soient les meilleurs. Et à toute « belle et malhonnête dame », désirant ouvrir « miroir sur rue » pour que les oiseaux cosmopolites qui passent viennent benoitement s'y faire prendre, n'imposerait-on pas cette effigie respectable comme pouvant rappeler que la nation britannique est partout et n'importe où, non du fait du droit de la conquête, mais de celui de sa force primant justice et bonne foi. Il ne faut peut-être voir là que le résultat d'une fâcheuse coïncidence, qu'une malveillance bien excusable interprète calomnieusement. Il suffira que l'on admire l'ingéniosité de ce nouvel impôt dont le revenu d'influence n'est peut-être point médiocre : l'impôt du cadre! O vertueuse Albion, que de crimes on commet en ton nom!

Dans cette promenade, la compagnie d'un homme grave et informé est d'un précieux secours. Aussi demanderai-je la permission à cet excellent F......Bey, qui me fit l'honneur de m'y accompagner, de lui exprimer ici ma vive gratitude. Après avoir franchi une sorte de porte basse, blanchie à la chaux, on se trouve au milieu d'une rue bordée de maisons peu élevées. Il fait nuit; les portes sont éclairées de lampions; les fenêtres grillées, garnies de vitraux en couleur, parfois embellies de versets du Coran; et c'est un concert de petits cris, de petits sifflements provocateurs, de paroles rauques vociférées par des négresses, des bédouines et des Égyptiennes dont les voiles ont disparu, qui vous assaillent en vous montrant l'entrée très hospitalière, bien qu'étroite, de leur étrange domicile.

F......Bey dit un mot, un seul, dont l'effet fut magique : « *Tayeb* », qui, paraît-il, sert à tout exprimer, précisément parce qu'il ne veut rien dire; négresses et bédouines, d'un saut, eurent rejoint leurs seuils. On pense à vrai dire être au milieu d'un ghetto oriental.

Mais voici qu'assise sur un banc, une femme pauvrement vêtue d'une toile loqueteuse, tient dans ses bras un poupon qu'elle allaite maternellement; près d'elle, deux enfants dont les yeux sont mangés de vermine, s'amusent à agiter un collier de verroterie; un homme s'approche d'elle, tenant sur l'épaule une rame longue et pesante; il vient du Nil où il possède une cange. C'est, paraît-il, un ménage de braves gens que F......Bey assure être honnêtes et laborieux. La maison voisine de la cambuse où loge cette honorable famille est d'un goût charmant, les fenêtres sont ornées de grilles anciennes d'un joli travail, le mur tout blanc est par endroits bizarrement colorié et la main de Fatma y est reproduite en toutes couleurs, entremêlée de guirlandes où s'épanouissent les pâles fleurs de lotus; tout cela est d'un travail fruste et grossier, mais d'une naïveté enfantine. La maîtresse du lieu, en un excellent français, murmure d'une voix qu'elle s'efforce de rendre caressante : « Toi, jeune homme étranger, et toi, monsieur

Une rue du vieux Caire.

d'ici, entre, entre; je suis marchande de bonheur. » — Derrière la grille d'une fenêtre apparut une jolie tête de jeune fille, presqu'une enfant; c'était sans doute le bonheur. Les grands yeux doux et tristes, des yeux d'antilope blessée, éclairaient un teint si mat et, par endroits, si bronzé du soleil, que l'on eût dit toute la gamme des belles nuances chaudes et veloutées d'une treille automnale, depuis le raisin doré jusqu'au pourpre vermeil des feuillages. Une lente mélopée s'éleva tout à coup plaintive et traînante. La chanteuse passa à travers les barreaux un bras maigre et nacré et agita, pour nous séduire et pour nous flatter, sa jolie petite main d'enfant. Pour mieux entendre le concert, la mère nourrice, l'homme à la rame et les deux marmots aux pauvres yeux s'approchèrent de la fenêtre. La chanson finie, le petit public battit des mains, et la jeune femme passa son poupon, pour qu'elle le gardât quelques instants, à la respectable dame de la porte, tandis que le pêcheur, jouant avec les doigts de la pauvre petite recluse, lui faisait mille compliments en l'appelant de son nom qui signifie, m'a dit F...... Bey, « petite gazelle ». Je savais bien que ces grands yeux attristés et gracieux ne pouvaient appartenir qu'à quelque animal élégant et mélancolique, aspirant d'une morne prison à la douceur d'un horizon libre. Et, plus loin, voici d'autres familles occupées aux mille soins du ménage, épluchant des légumes ou faisant griller quelques tranches de viande; puis d'autres maisons où, derrière des barreaux de fer, apparaissent les visages résignés et dociles d'étranges prisonnières.

Voici des marchands de pâtes de semoule, de galettes et de hachis divers roulés dans des feuilles de vigne frites; d'étroites niches remplies de sacs de graines grises, jaunes ou rouges, — qu'on grignote comme des noisettes — et de corbeilles pleines de fruits et de cannes à sucre; des cuisiniers en plein air, enduisant le pain qu'on leur présente de graisse chaude, ou remplissant les marmites qu'on leur apporte d'une eau claire, où nagent des pistaches, des amandes et des raisins secs : c'est une épouvantable odeur de grillade rance, d'encens, de lampes fumeuses et de boue croupissante. De minuscules enfants grouillent dans cette atmosphère suffocante, et, plus loin, à travers les mille détours des rues sinueuses, les femmes et les filles circulent, tenant à la main quelques provisions en attendant le retour du compagnon, interprète ou ânier, qui a été dans la « belle ville leur gagner les pièces dont il est glorieux d'avoir un collier. »

Du porche d'une maison part un cri monotone « ia sater, ia sater », c'est-à-dire « ô toi qui te voiles ». C'est un étranger venant rendre visite à un de ses amis et qui avertit de son arrivée les femmes de la maison, pour qu'elles aient le temps de disparaître ou de se voiler. Plus loin, par une porte ouverte donnant sur une petite cour, nous apercevons un troupeau de dindons rentrant avec vacarme dans une construction en briques rouges. Auprès d'une fontaine une jeune fille se livre à toutes sortes d'ablutions. Surprise à la vue d'un étranger, elle rachète sans tarder le péché d'avoir été ainsi aperçue en tenue fort légère et sans voiles, en se cachant la tête dans les mains avec un joli geste de pudeur effarouchée. N'est-il pas charmant, le sentiment de cette femme qui refuse d'apercevoir l'effet produit par sa beauté aussi complètement révélée, et qui, dès lors, se figure comme par miracle, être toute vêtue.

Sur une petite place, des chevaux de bois on ne peut plus primitifs excitent la curiosité publique. Un âne est arrêté devant la boutique du charron et tenu à la bride par un bel Arabe portant sur le dos une couverture à larges raies du Kurdistan. Le maître du logis, qui était absent, rentre, tirant à grands efforts un char sur lequel sont assises ses trois femmes, voilées de soie noire. Des balançoires garnies de grelots et de lampions, mal suspendues à une poutre transversale et appuyées sur deux poteaux branlants, attirent une foule considérable; on y monte, on en descend et l'on en tombe avec une joie pareille, au milieu de cris, de rires et de quolibets. Mais voici un bien autre vacarme : à ces huit petites fenêtres d'une maison basse et malpropre appa-

Les chevaux de bois.

raissent huit têtes éplorées poussant des cris de désespoir, et répandant au dehors de noires chevelures; devant la porte, brûle un gros cierge de cire noire exhalant dans l'air une odeur nauséabonde. « La mort est passée par là dans la journée », dit un vieillard avec un geste hiératique. C'est en effet le domicile d'un vieux juif, changeur au bazar, qui est décédé dans l'après-midi; les pleureuses sont les servantes; elles sont chargées par la femme et les enfants du défunt de mimer pour la foule leur douleur, qu'elles-mêmes ne peuvent exprimer, tant est grand leur accablement.

Le tumulte de cette place est indescriptible ; c'est une véritable mer houleuse de têtes bigarrées. Tout ce peuple est là joyeux, en fête ; mais sa gaîté ne se traduit point par un rire abondant et jaillissant en belles cascades argentines ou sonores. « Rire est pour eux une bassesse, m'explique F...... Bey ; c'est une grimace qui enlaidit et déplace les traits ; aussi remplacent-ils

Les balançoires.

ce signe d'allégresse par des cris perçants qui ne troublent point la régularité de leurs visages. La gravité pour eux est le propre de l'homme. Les femmes, créatures inférieures, se permettent seules l'inconvenance du rire. »

Il est en effet facile de le constater, en voyant le public assistant à ces étranges et obscènes ombres chinoises qui sont pour toute cette basse classe une sorte de San-Carlino oriental, satire Ménipée plus grossière et pour ce, plus populaire... Le héros de ces petites malpropretés où s'épanche la causticité et la rancune du peuple est

Quaraqouch, représentant, non le personnage sacré du Sultan, mais son grand vizir; véritable bouc émissaire. On retrouve partout ce pauvre personnage chargé d'iniquités, objet de torture pour le contribuable obéré. A Constantinople il s'appelle Kara-geuz, c'est-à-dire « mauvais œil »; à Alger et à Tunis il se nomme Garagouss. Il symbolise, d'après les plaisanteries qu'on lui adresse et que F...... Bey voulut bien me traduire, le pacha repus et cruel qui, au contact des Européens, a augmenté le bagage de ses vices, d'une avarice sordide et d'une redoutable âpreté au gain. — Parmi les spectatrices, il en est peu qui « fassent harem », c'est-à-dire qui soient voilées; la pauvreté de la plupart d'entre elles ne le permet pas. Des enfants, des fillettes écoutent ces dialogues orduriers, l'air grave et béat. Des jeunes garçons, qui semblent être les gamins du Caire, rivalisent de grossièreté avec les acteurs. Il y a aussi une scène dans la salle; un individu en gifle un autre au milieu du public et lui donne une série de noms immondes. Un petit ânier très civilisé, un Parisien comme on appelle en Égypte ceux qui vinrent à la dernière exposition, nous dit obligeamment, poussé sans doute par un touchant orgueil national : « Hein! dis donc, c'est mieux qu'à Paris. »

En sortant de cette étrange salle de spectacle, une femme, le visage ensanglanté, se précipite sur F...Bey: « Ah! il t'a marquée, dit mon éminent compagnon. » — « Oui, parce que je ne voulais pas donner à manger à son chien. Il me tuera. Je vais chercher le Cadi. » — Celui-ci, grand vieillard à la barbe blanche, passait par hasard; il écouta avec gravité le récit que la pauvre blessée lui gesticula avec une prodigieuse rapidité. Il sourit, lui donna sur les joues une chiquenaude et l'apaisa d'un mot, un seul, toujours le même :

« Tayeb. » Soudainement calmée elle regagna une ruelle latérale et le Cadi poursuivit sa route d'un pas lent et majestueux, en caressant sa barbe qu'il avait fort belle. Doux pays! Admirable justice, dont l'arrêt se résume en un mot incompréhensible et bisyllabique! Mais le juge était grand, de noble aspect, et c'était un vieillard; un sourire large et serein lui avait suffi pour embaumer l'âme de la pauvre affligée et la renvoyer satisfaite; un beau geste avait tout arrangé.

La foule devient de plus en plus compacte. D'heure en heure une patrouille anglaise la traverse, composée d'un sergent, la kourbasch au poing, et de deux soldats, le fusil chargé sous le bras, le doigt sur la gâchette. Cet excellent sous-officier cingle à tort et à travers, de sa dure badine, le pauvre troupeau des badauds et des promeneurs, qui se disperse sans un mot de révolte. D'autres soldats, la jugulaire au menton, sortent à demi-ivres des cabarets; et, sur ce fond de rêve oriental, ces tuniques rouges, ces glabres visages ont de sinistres lividités. La nuit sombre et l'étrangeté du décor, ces filles énigmatiques et parées, ces vapeurs d'encens et de chairs roussies, ce sang rose sur la joue cuivrée d'une femme, tout cet appareil plaisant et terrible contribue sans doute à fixer la brutalité de cette odieuse patrouille; mais quelle que soit la cause de cette persistance, le souvenir du déambulement militaire de ces trois hommes reste dans l'esprit présent et vivace.

En descendant vers le Nil, les maisons prennent une apparence moins misérable, quoique réellement elles abritent toujours la même population; elles se dominent les unes les autres par des terrasses taillées en équerre, d'une blancheur éblouissante dans cette nuit d'un bleu sombre.

Sur le pas d'une porte, assis sur des bancs fragiles de joncs et de roseaux pas encore fanés, une douzaine de beaux adolescents aux yeux clairs et vifs prennent le frais, surveillés par un homme déjà mûr, richement vêtu d'une longue robe de soie jaune. Un individu fort bien mis, effendi de bonne marque, s'engouffre sous l'entrée, très visiblement gêné par la présence de

Les trois femmes du forgeron.

F...... Bey. Aussitôt les douze adolescents se lèvent et suivent le noble visiteur. L'homme à la robe de soie jaune entre immédiatement après eux en faisant claquer ses doigts avec un petit air de satisfaction. La maison voisine est habitée par plusieurs vieilles dames dévotes et charitables qui vivent religieusement en dehors du siècle. Plus loin, de pâles veilleuses dans des verres de couleur, suspendues au-dessus d'une sorte de portique, éclairent un cercle respectable de femmes et de filles, Levantines aux chairs rose-thé, Égyptiennes aux tons dorés, parmi lesquelles s'épanouit une enfant récemment arrivée d'Ispahan; celle-ci a les yeux allongés et la bouche gracieuse et petite, les lèvres entr'ouvertes laissant apercevoir l'éclat de dents charmantes; on dirait un flocon de neige posé sur le cœur d'une rose du Bengale; elle est vêtue d'une soie relevée par devant en manière de paniers, un fichu de foulard blanc couvre à peine son col fauve et souple; par jeu elle

L'atelier du forgeron.

s'est poudrée, et l'on dirait vraiment, au milieu de cette nuit tiède, le personnage gracile et somptueux rêvé par un écrivain du XVIII siècle pour animer un conte d'une élégante débauche et d'un exotisme musqué. Des rues du Caire on ne saurait emporter une plus séduisante image que le souvenir de cette persane Louis XV. A côté d'elle une fellahine, nouvellement venue de la campagne du haut Nil et qui n'a pas encore dévêtu la longue robe bleue se pliant selon ses mouvements comme une draperie antique, s'amuse à tenir en équilibre sur son épaule une aiguière de vieux cuivre. Il est remarquable que ces paysannes aient toujours quelque chose à la main, qui sert en quelque sorte de prétexte à leurs gestes harmonieux. Celle-ci a le menton taché de tatouages bleuâtres; sa robe fendue sur le cou laisse entrevoir la netteté vigoureuse d'un torse sculptural. Au milieu du cercle un vénérable vieillard parle avec abondance; le Coran à la main, il rappelle le devoir, la bonté de Mahomet et le zèle qu'il faut mettre à suivre ses enseignements; il dit encore que le mois de Ramadan dans lequel nous nous trouvons, doit être la cause d'une piété plus fervente. Ce bel iman poursuit sa péroraison avec une facilité merveilleuse. La poussière de la rue desséchant sans doute sa gorge fatiguée, il fait un signe à un individu qui passe, portant sur son épaule un étrange fardeau. C'est un simple marchand d'eau chargé d'une outre en peau de bouc; l'une des pattes de l'animal est aménagée en robinet. Le porteur remplit un gobelet qu'il tend au prédicateur; celui-ci le vide et le lui rend. F...... Bey suit cet exemple et traduit une pieuse pensée incrustée au fond de la tasse, déclarant que les lèvres ne doivent pas être seules à se désaltérer, qu'il faut que l'âme aussi ressente du bien et de la paix, « et qu'en buvant cette eau du ciel il est sage de penser à la gloire de Monseigneur Mohammed. » Le sermon continue, vantant l'élévation de l'âme et la qualité d'un parfait dévoûment.

A ce moment, deux individus traversèrent l'auditoire attentif et pénétrèrent dans la maison; une grosse femme siffla; deux des assistantes disparurent et l'iman, sans se troubler, poursuivit ses exhortations. Une troisième suivit bientôt les premières, puis une autre, puis une autre encore, et il s'en fallut de peu que le saint homme fût contraint de se contenter de la grosse dame, qui paraissait très heureuse d'avoir sifflé aussi souvent, et de deux petits enfants déguenillés qui lui servaient de pages. L'amour sensuel, d'après la religion musulmane, étant pour l'homme une fin en soi, le prédicateur ne s'attrist) point sans doute de l'infidélité générale de son auditoire.

Peu à peu le calme se fit dans les rues et laissa s'élever les mélopées et les airs de danse partant du sommet des terrasses. « N'est-il pas vrai, ô Jessica, dit le More de Venise, que le silence et la nuit sont propices aux accents de la suave harmonie » ?

Ce fut alors un véritable concert de tambours de basque et de clochettes agitées, et rythmées de coups sourds donnés par saccades sur une sorte de marmite recouverte de peau tannée. D'une haute terrasse inondée de la lumière bleue et glacée du ciel profond, on aperçoit le flot argenté du Nil. Des femmes dansent, la gorge nue, les bras élevés en l'air; elles agitent leurs mains baignées de lune, en riant de voir les rayons y jouer leur fraîche clarté. Une petite négresse se met à chanter une vieille chanson : « Prends une blanche pour tes yeux, mais pour le plaisir prends une Égyptienne; son oreille est un frais coquillage..... »

Dans le lointain, les Pyramides dressent nettement leur silhouette massive sur l'horizon du désert; au-dessus s'allument de nouvelles étoiles qui achèvent de donner à cette nuit, en dépit des chants, des danses et des femmes, le charme tendre et mystérieux de quelque fuite en Égypte.

Sur la rue, les ombres agrandies des almées se projettent noires et fantômatiques. Troublant l'air d'un léger frisson, un vol de cigognes traverse l'espace, lançant par instants, le cri aigu par lequel elles annoncent leur départ.

Oiseaux et danseuses, le fleuve et le désert, la nuit

obscure et pourtant si lumineuse, tout dans cette soirée donnait à la vie de ce coin d'Orient, une prodigieuse intensité comme si quelque magicien des *Mille et une Nuits* eût versé à travers le ciel, pour donner à toute la nature une plus saisissante beauté, les trois gouttes merveilleuses de l'essence des Califes.

***

On peut négliger la belle promenade qui mène à Gesireh, sorte de palais dont l'ingéniosité des architectes et entrepreneurs européens a fait un chef-d'œuvre de mauvais goût et un excellent prétexte aux devis les plus fantastiques. Les allées bordées de sycomores et d'ébéniers sont larges et ombreuses; les alentours sont animés par les joueurs de tennis, et toute la colonie européenne y exhibe ses toilettes et ses prétentions. D'une voiture à l'autre on cause galamment : c'est un feu d'artifice d'œillades assassines. Tout caractère national, toute élégance de race ont disparu sous une même ostentation vaniteuse et banale.

Le rastaquouérisme y sévit avec violence. Un séjour au Caire est le stage imposé à tout marchand d'esclaves récemment débarqué du Brésil avec nombre de millions, et qui ambitionne de faire son entrée dans le monde. Les allées de Gesireh le préparent à l'avenue des Champs-Élysées. De là le futur gentilhomme pourra passer à Nice, perdre avec crânerie quelques billets à Monte-Carlo, après avoir préalablement acheté en Italie un blason fraîchement repeint. Paris lui ouvrira ses portes toutes grandes. Des amis anticipés viendront l'attendre à la gare et il trouvera, en arrivant chez lui, une foule d'invitations pour les fêtes du jour. Il mettra toutes ses bagues et un faux-col blanchi en Angleterre; on ne lui

en demandera pas davantage et, en vérité, n'est-ce pas
déjà assez d'exigences ? Il devra éviter de demander à la
maîtresse de la maison le prix de ses domestiques ; mais
ce sont là des manières qu'il aura vite acquises et, dans
peu de jours « il en sera ». Tel est ce singulier type de
rastaquouère, aperçu là au bon moment, alors qu'il
quitte les *affaires* (et Dieu sait l'élasticité de cette inno-

Rives du Nil.

cente locution) pour devenir un Monsieur, faire peau
neuve et fleur nouvelle au milieu d'une société dont il
se partage, avec les ténors et les politiciens, les plus
magnifiques honneurs.

* * *

C'est une joie de fuir cet élégant défilé pour gagner
de l'autre côté du Caire, par le quartier de l'Abassieh,
un silencieux paysage. La campagne est plantée d'oliviers et d'amandiers poussant au hasard parmi des blés

d'une verdure fraîche et drue. C'est au milieu de cette plaine que se dresse, solitaire, l'obélisque d'Héliopolis.

La ville du soleil s'éleva là; ce débris atteste seul du prestige de son nom. Platon, en le prononçant, sentait se ranimer ses forces et renaître l'espoir d'une science nouvelle. Une inscription décore le cartouche du monument :

OUSORTÈSEN,
LE ROI QUI AIME LE SOLEIL,
L'ÉPERVIER D'OR,
L'AIMABLE DIEU A ÉRIGÉ CET OBÉLISQUE
POUR QU'IL LUI SOIT ACCORDÉ
DE VIVRE TOUJOURS

N'est-il déjà pas admirable qu'une partie de cette demande ait été exaucée, grâce à la durée du marbre, dépositaire du vœu royal? Si le désir d'Ousortèsen, dans sa naïve infatuation, est parvenu jusqu'à nous, c'est que « ce n'est jamais en vain que l'on s'adresse aux pierres; elles sont de fidèles alliées pour qui leur confie une mission ». Ce bloc contemporain d'Abraham et de Jacob, « qui a vu passer tant de moissons », a pour lui le charme d'une solitaire vieillesse.

A peu de distance, au milieu de beaux vergers, à l'ombre de quelques vieux citronniers, apparaît un joli village, singulièrement fleuri, tout entouré de haies d'églantines. C'est sans doute à cause de cette gracieuse parure que l'on place dans cet enclos, afin que son précieux feuillage s'épanouisse en cette oasis tranquille et parfumée comme dans un cadre digne de lui, l'arbre auprès duquel se reposa la Vierge. Près de là, dans une ferme, on élève de belles autruches qui passent leurs longs cous, jaunis par la couvée, au-dessus du grillage qui les enferme; sans trêve elles regardent le désert. Tout est paisible auprès des maisons claires et rustiques de Mataryeh. Des bœufs reposent dans les sillons et des chèvres, en bondissant, cueillent des baies mûres dans les buissons. Une impression bienfaisante se dégage de ce joli coin de terre souriant au milieu de ces vieux jardins.

* * *

La classique expédition aux Pyramides de Giseh est obligatoire; et pourtant n'est-il pas pénible de transformer en réalité, un rêve depuis longtemps familier? Le ciel d'Orient se charge de vous épargner une déception. Avant d'aller au pied même des Pyramides, du haut du Mokkatam, on aperçoit une masse sombre et violette se détachant nettement en silhouette triangulaire sur le fond d'azur et d'or du ciel et du désert. Chaque soir, de la citadelle, on peut la voir pâlir, s'effacer, se parer de rose, s'incendier de pourpre et disparaître dans une ombre confuse, papillotante et lumineuse.

Dans toute cette Égypte brûlante et comme enivrée, une sorte de mirage vous prépare non des désillusions, mais des surprises. Vous vous attendez à recevoir telle impression, il se trouve que vous en ressentez une toute différente. C'est un vieux lieu commun en Orient, que de prétendre qu'il vaut mieux ne pas s'approcher des villes et des monuments, et les contempler de loin, comme les vieilles cités que les jeux du soleil élèvent tout à coup dans le désert aux yeux fatigués du voyageur. Le soleil ne se borne pas, sans doute, à remplir cette tâche merveilleuse et à être un fastueux et divin architecte au milieu des sables; tout ce qu'il touche de ses feux en ce pays, est magnifiquement transformé. Mais se contenter de ce leurre, que l'on n'ignore point, vaut-il d'aller chercher auprès de ces pierres vénérables des documents précis, des mots étranges et des momies bizarres pour en repeupler ensuite et en fortifier un souvenir cher et fidèle?

Le soleil, dont nous venons d'admirer les effets magiques, monte, encore pâle, dans un ciel qui se fonce rapidement d'outremer. Pas un souffle; les branches des palmiers sont immobiles; rien ne trouble leur majesté. Le désert se couvre de taches rousses, grises et violettes. Allons aux Pyramides.

Avant de gagner la longue avenue plantée de lebias, qui conduit à peu près en droite ligne au lieu célèbre, on trouve de beaux jardins gâtés par le voisinage d'un immense cube de pierres, qui a le double tort d'être une caserne odieuse sous ce ciel oriental, et d'appartenir aux troupes anglaises établies là malgré le peuple qu'elles gouvernent, malgré la justice et malgré la parole donnée.

Cette bouffée de chauvinisme dissipée, on parvient au large pont tournant de Kasr-el-Nil. Chaque jour, à certaines heures, il livre passage à une foule de barques de pêcheurs et de chalands chargés de blés et de cannes à sucre. Ces barques se balancent là, serrées les unes contre les autres avec leurs voiles en ciseaux, éblouissantes de blancheur; dans la lumière intense, on dirait une troupe de mouettes attendant, pour s'envoler, qu'un oiseleur indulgent leur ouvre la porte de leur cage.

Le Nil limoneux roule des eaux jaunâtres; par un jour de pluie on pourrait le prendre pour un Escaut triste et brumeux. Mais la magie de cette atmosphère limpide et scintillante transforme tout; il y a devant nous des eaux bourbeuses, des huttes de boue, des barques grises; et nous voyons des cabanes élégantes et colorées, un fleuve rutilant et majestueux, des nacelles de neige et de soleil.

Point de roseaux sur les rives; quelques fleurs larges aux couleurs délicates, aux feuilles aplaties flottent auprès des berges. La gracieuse petite île de Roddah elle-même, toute fraîche et de belle verdure au milieu

Gizeh.

des flots, n'est plus entourée d'une forêt d'ajoncs opposant un obstacle aux mains pieuses et charitables de la fille du Pharaon, découvrant sur les eaux l'esquif qui servait de berceau au nouveau prophète.

On a bientôt gagné la plaine qui conduit au désert; la campagne présente toujours le même spectacle : des champs verts, des terres brunes séparées par de petits canaux remplis d'une eau claire et bordés de joncs fleuris; des troupeaux de buffles, aux yeux graves et doux, suivent les sentiers, conduits par des enfants. Au bord d'une flaque, des oiseaux échassiers piquent le sol de leurs longs becs. Un ibis dort sur une patte, confiant en sa divinité; il arrive dans ces parages en même temps que la crue du Nil; il s'envole quand les eaux se retirent. Comment ce symbole de la fécondité terrestre ne serait-il pas sacré, aujourd'hui comme jadis, pour de pauvres fellahs! Et n'est-il pas merveilleux de trouver dans cet Orient, immobile tandis que nous marchons, les mêmes mœurs et les mêmes coutumes qu'il y a six mille ans! L'homme y est toujours le même, étant selon la nature; dans cette campagne, la vie n'a de saveur qu'autant qu'elle ne se détache pas du sol; la présence des palmiers indique seule les villages de terre dont les maisons sont semées au hasard comme des dés à jouer.

Les fellahines vont et viennent, portant aux travailleurs dans des paniers plats du fromage de chèvre, des galettes de maïs et, posée sur leur tête, une gargoulette pleine d'eau du Nil. Elles ne sont ni recluses ni voilées; leur indigence les contraint à montrer leur face et à commettre ainsi sans cesse le plus horrible péché. Heureuses pauvresses, qui trouvent dans la beauté librement contemplée du ciel, du fleuve et de la moisson déjà haute, la preuve d'un pardon anticipé!

A mesure que le soleil s'élève, l'ombre des Pyramides s'allonge vers le Nil; leur pente lumineuse est d'un rose doré; les autres côtés, moins directement éclairés, sont violets et transparents. Leur silhouette, qui semble déjà vue, n'a rien en elle-même qui impressionne : au premier abord, leur masse ne paraît pas prodigieuse. Chacun a subi la fascination que produit le nom seul des Pyramides; mais à leur aspect, chacun, peut-être sans vouloir se l'avouer, a éprouvé une déception. L'illusion disparaît au moment où l'on pensait qu'elle allait s'épanouir. Depuis longtemps on sentait son âme s'agrandir comme pour se préparer à une admiration prochaine; sur la route, il y a une heure à peine, on se plaisait à fixer dans sa mémoire ces oiseaux aperçus près d'une eau dormante, ce buffle se roulant dans la vase d'une mare desséchée et jusqu'aux moindres détails, pour entourer d'une humble foule, afin qu'elle ne soit pas seule et qu'elle la domine de sa majesté, la grande impression que l'on se disposait à recevoir. Et voici que tous ces préparatifs deviennent inutiles et que retentit le cri du voyageur éploré : « Je ne sais pas comment faire pour admirer! » C'est bien là, naïvement exprimé, le trouble qui vous agite. — On avait fait à l'avance provision d'enthousiasme et l'on s'aperçoit, une fois au but, que ces rêves pieusement accumulés ne correspondent plus à la réalité.

Il faut, en effet, comme un effort de la pensée pour s'étonner du spectacle que l'on a devant soi. Mais, après qu'on a franchi la rampe abrupte jusqu'où s'éboule un sable fin et scintillant, les Pyramides apparaissent sur la perspective du désert; les blés ont disparu, pas une fleur de dourah n'égaye l'horizon, et l'on n'a plus devant soi qu'une immense mer de sable et trois montagnes de pierre qui menacent le ciel.

Vues de près, elles ont de belles colorations; les faces qui, de loin paraissent lisses et unies, sont en réalité une succession de deux cent trois gradins, formant escalier jusqu'au sommet. Les blocs merveilleusement appareillés laissent à peine apercevoir entre eux une mince couche de ciment; chaque pierre des quatre arêtes est incrustée dans la suivante; la pierre inférieure, creusée de deux pouces, reçoit une saillie égale de la pierre supérieure, et chaque arête est ainsi liée de toute sa hauteur. Un revêtement poli de marbre dur couvrait sans doute chaque face dans toute son étendue; on voit encore subsister au sommet de Chefren une petite surface lisse et luisante, qui est tout ce qui reste de cette couche extérieure.

Peu à peu, de tous ces détails, une impression se dégage. Ce que l'on admire en effet au pied des Pyramides, ce n'est point cette régularité parfaite, pas plus que leurs vastes proportions, mais bien leur vieillesse, leur durée, et je ne pense pas que l'on puisse éprouver plus violemment la sensation un peu grossière de la solidité. Partout ailleurs, ce serait là un sentiment de propriétaire, mais au seuil du désert, où la seule trace visible de l'homme se réfugie dans les squelettes qui blanchissent à la surface du sol, il se complique de mille souvenirs vagues ou précis, de mille hypothèses et de mille certitudes, d'un trouble charmant et infini.

Sur le flanc de la montagne de pierre est gravé le nom de « Knout la Brillante »; un vieil arabe demande quelque aumône en chantant un refrain où les Pyramides sont désignées par le mot « *Haramat* », qui veut dire « incroyable vieillesse ». « Toute chose craint le temps, dit-il encore, et le temps craint les Pyramides ». Le sable brûlant lancé contre leurs assises par le souffle du « khamsin » n'a pu en effriter la moindre parcelle; depuis soixante siècles et non quarante, Sirius, la plus belle étoile, éclaire leur sommet de son mince rayon. Depuis soixante siècles, les Éthiopiens, les Perses, les Lagides, les Romains, les Chrétiens, les Arabes, les Mameluks, les Turcs, les Français et les Anglais ont interrogé ces pierres.

Si ceux qui, à travers les âges, ont tenté de déchiffrer leur langage, en causent encore aux Champs-Élysées; si à l'ombre des bosquets, que le Styx baigne de ses eaux noires, ils conservent les opinions qu'ils nous ont léguées dans leurs ouvrages, en cueillant un bouquet d'asphodèles pour n'avoir point l'air d'y prêter attention on pourrait ouïr le propos suivant et le rapporter en la jolie forme surannée, bien qu'un peu scolaire, d'un dialogue des morts.

« — Les Pyramides, affirme un Éthiopien au visage brûlé, sont l'œuvre prodigieuse des premiers géants qui peuplèrent le monde.

« — Vos suppositions sont sans probabilité et sans

Le Sphynx.

charme, homme primitif murmure un ancien poète; n'est-il pas plus simple et plus agréable d'admettre que de pieux ouvriers voulurent figurer par ces pierres amoncelées l'image sacrée du sein d'Isis?

« — Pardon, insinue Hérodote, sans révéler les merveilleux secrets que me confièrent les prêtres lors de mon voyage en Égypte et que j'ai promis de ne pas trahir malgré ma légère tendance au bavardage, je ferai cependant remarquer que les obélisques s'élevaient sur la rive droite du Nil, tandis que les Pyramides couvraient la rive gauche : Osiris et Isis eurent chacun leur royaume d'un côté du fleuve et les obélisques honorent le principe mâle et fécondant, tandis que les Pyramides célèbrent le principe féminin et la terre fertile.

« — Vos conjectures sont vagues, Hérodote, et sans base précise, déclare dédaigneusement l'astronome Achille; ces monuments étaient le dépôt des étalons, des rituels et de tous les papyrus contenant les découvertes de la science. Tout le démontre : les herses de marbre qui ferment les chambres intérieures les préservaient de la curiosité du vulgaire, et vous n'ignorez point que telle base est exactement la vingt-sept millionième partie du rayon de l'Equateur.

« — Silence, dit Aristote, tout ceci n'est qu'enfantillage; accordons-nous à reconnaître que l'un des principes de la tyrannie est d'appauvrir ses sujets, afin que ceux-ci, forcés de vendre leurs armes, soient contraints par la nécessité à travailler chaque jour; croyez-moi, le but de tous ces édifices est de tenir le peuple pauvre et occupé.

« — Vous êtes dans l'erreur, Aristote, reprend avec douceur le vieux Pline; il ne faut voir là qu'une démonstration vaine et insensée de la richesse des rois; peut-être cependant ceux-ci avaient-ils l'intention d'y cacher leurs trésors pour les dérober à leurs successeurs ou à leurs rivaux. C'est là, me semble-t-il, une hypothèse digne de foi.

« — Pour ma part, dit avec sérénité le divin Platon, je suis tenté de croire que les Pyramides furent des observatoires servant à l'étude des phénomènes astronomiques. N'est-il pas vrai, Proclus ?

« — Vous avez raison, maître, répond celui-ci avec déférence; Plutarque, fils de Nestorius, et Syrianus lui-même, ne penseraient pas autrement. Orphée, Pythagore, Jamblique et Plotin, tous gens que je vénère, partageraient aussi cette opinion. L'application à connaître les astres est favorable à l'extase qui doit dominer la raison et la tenir prisonnière. Ainsi, je m'associe à votre croyance.

« — Trêve aux bavardages, messieurs ! s'écrie Barthélemy de Salignac ; je prétends, avec les meilleurs savants de mon siècle, que les Pyramides sont l'œuvre de Joseph, qui voulut en faire de sûrs greniers à l'abri de tout pillage.

« — Mais vous savez bien, pauvre homme, réplique avec impatience Jean Helfricus, que l'un de ces trois monuments fut le tombeau du Pharaon qui, d'après l'Exode, poursuivit les Juifs et se noya dans la mer Rouge.

« — Vos interprétations sont mesquines, décide le savant Médicus avec un flegme tout germanique. On doit considérer les Pyramides comme la représentation et le symbole de l'immortalité de l'âme.

« — Chimère ! sourit Diderot ; ces vastes constructions ne furent qu'un dépôt d'archives.

« — Quelle erreur ! s'exclame Gérard de Nerval, l'air inspiré ; pourquoi ne pas penser que c'était là un lieu consacré aux mystères et aux initiations auxquelles Orphée et Moïse furent admis ?

« — J'aurai le dernier mot, tranche M. de Persigny avec un geste justement napoléonien. Les Pyramides ne sont qu'une barrière opposée aux sables du désert.

« — Quoi qu'il en soit, conclut gravement Bossuet, je n'y vois qu'une chose, c'est que, quelqu'effort que fassent les hommes, leur néant paraît toujours : ces Pyramides étaient des tombeaux, et les rois qui les ont bâtis n'ont même pas eu le pouvoir d'y être inhumés, et n'ont pas joui de leur sépulcre.

Et Mahomet d'achever : « Vous retournerez tous vers Dieu ; il vous éclaircira la matière de vos disputes. »

De ces puériles discussions, de ces assertions graves et enfantines, aucune ne resta vaine. Toutes les phrases que l'on consacra aux Pyramides ont servi à les embellir, à mettre autour de leurs masses immobiles les festons et les guirlandes des admirations et des impressions diverses.

Les noms gravés à leur sommet ne le furent pas sans profit, puisqu'ils témoignent encore du passage des hommes et de leur éphémère renommée. L'immobile vétusté de ces colosses de pierre en ressort plus nettement accusée. N'est-il pas agréable de retrouver, à peine effacées par le sable et l'eau du ciel, d'antiques inscriptions; celle-ci gravée au stylet par la main d'un jeune visiteur, en songeant à un absent étrangement aimé : « J'ai vu les Pyramides sans toi, ô mon bien-aimé ; je t'ai donné tout ce que j'ai pu, un torrent de larmes et, plein de la douleur de notre séparation, j'ai écrit cette plainte. » Plus loin on voit encore briller les lettres d'un nom magistral et sonore, celui de Chateaubriand ; et, bien qu'il y perde quelque chose, ce souvenir n'est-il pas plus piquant si l'on relit dans l'itinéraire ces lignes naïves et orgueilleuses : « L'eau du Nil n'était pas encore assez retirée pour aller aux Pyramides. Je chargeai M. Caffe d'écrire mon nom sur ces grands tombeaux, selon l'usage, à la première occasion. On doit remplir tous les petits devoirs d'un pieux voyageur ; n'aime-t-on pas à lire sur les débris de la statue de Memnon, le nom des Romains qui l'ont entendu soupirer au lever de l'aurore ? Ces Romains furent comme nous étrangers dans la terre d'Égypte, et nous passerons comme eux. »

* * *

Les découvertes d'une science nouvelle permettent, tout en goûtant le charme des anciennes hésitations, de faire revivre en cette terre d'Égypte tout le peuple des villes mortes. L'évocation peut en être d'autant plus exacte qu'aux personnages dont nous connaissons jusqu'à la vie intime, viennent s'ajouter les êtres mystérieux des légendes et des vieux récits. Diodore de Sicile et Hérodote nous en transmirent l'agréable puérilité et devinrent ainsi les premiers auteurs charmants et vénérables de ces informations, trop séduisantes pour ne pas contenir une part de vérité et de mensonge, que la curiosité toujours un peu méchante est seule à pouvoir recueillir : le potin.

Le joli endroit pour feuilleter ces antiques commérages que le sommet de Chéops, la plus belle des trois Pyramides !

Dans le désert voici d'autres monuments semblables, puis d'autres encore : Saqqarah, Dachour ; plus loin vers l'horizon quelques dunes légères, mobiles, et, prêt à disparaître, un chameau portant un cavalier déjà invisible, auquel on attache passionnément ses yeux.

Il faut avoir pénétré jusqu'aux chambres intérieures, avoir respiré l'air glacial des salles tumulaires pleines de ténèbres depuis six mille ans, y avoir entendu l'imperceptible frôlement des vols de chauves-souris, pour ressentir l'immense désir d'arracher à ces pierres leur secret.

Ces caveaux communiquaient-ils avec le sphinx ? Celui-ci, père de l'épouvante, dresse sa masse mutilée par les soldats de Cambyse, au fond d'une large dépression ; il est plus énigmatique par ses proportions, par les mille couleurs dont le granit s'est teinté, que par son fameux sourire, transformé en rictus par la dégradation du temps. La pensée qu'il est antérieur aux Pyramides ne laisse pas indifférent. Contre ses flancs, moururent sous le feu d'un soleil impitoyable des milliers de ces ouvriers, si nombreux que ceux-là seuls occupés à la construction de Chéops consommèrent pour plus de six cent talents d'argent de raves et d'oignons.

On est à quelques mètres du colosse, qu'on ne le voit pas encore. Il eût été impossible de transporter ailleurs une roche de cette dimension ; on dut la tailler à même le sol. Le corps est à moitié enfoui dans le sable ; les différentes couches de granit le strient de couleurs variées. Depuis le rose jusqu'au brique, c'est une série de nuances, les unes brillantes, les autres mates; toutes d'une extrême délicatesse. Au sommet de la tête, une assez forte cavité recevait probablement les ornements dont on le revêtait aux jours de fête. O panaches d'autruche, guirlandes de lotus, vieux bijoux naïfs et magnifiques, qu'êtes-vous devenus ?

Un sanctuaire, sans doute, existait à l'intérieur du monstre de pierre ; on voit encore entre les pattes les traces des montants d'une porte. Des couloirs souterrains communiquaient peut-être avec les Pyramides ; un escalier magistral conduisait-il jusqu'au pied de la statue ? Des galeries ne menaient-elles pas au temple voisin ? Autant de problèmes insolubles, et le sphinx conserve son secret, sentinelle du désert, vieux gardien survivant aux villes qu'il domina. Lui aussi on l'honora de mille hypothèses.

« Tu célèbres le dieu Soleil, Père éternel qui laisse sur ton col titanesque la brûlure de son durable baiser. Tu le glorifies, ô sphinx, par ton corps robuste de bête féroce, par la mélancolique ironie de tes lèvres de porphyre et la douceur de tes yeux féminins, au moment où, dans sa course, il passe dans le signe du Lion et de la Vierge. »

Mais le Sphinx ne cessa point de sourire.

« — Tu es le durable symbole, ô roc immuable, de l'union mystérieuse d'Isis, dont les yeux sont humides et les cheveux souples comme un roseau, et d'Osiris, assez robuste pour t'élever sur ses bras vers la voûte céleste. Tu glorifies la féconde influence des astres radieux sur la terre rendue fertile. »

Et le Sphinx sourit encore. L'impuissance des hommes en présence de sa masse silencieuse et immuable n'est-elle point la seule cause de son ironie ?

A quelques pas du Sphinx, entre deux gigantesques murailles de granit, on gagne une vaste salle souterraine dont le plafond est soutenu par de prodigieux piliers monolithes et quadrangulaires, d'un porphyre rougeâtre resté brut ; il y a là comme l'effort de cyclopes artistes et civilisés ; la simplicité de cette architecture et la beauté de ces matériaux rappellent à la fois la vigueur celtique et la splendeur byzantine. Les parois, taillés à même le flanc de la colline, s'étayent sur des colonnes formées de blocs gigantesques apportés d'ailleurs. Ce mélange est d'une puissance singulière. Les dalles sont d'albâtre; à travers une imperceptible couche de sable fin on entrevoit, courant en lignes sinueuses, des veines d'azur.

En sortant de ces substructions et de ces caveaux, la vue du désert est un éblouissement. Un petit palmier tordu par le vent vous passionne par son abandon et le désespoir de ses branches rejetées vers le sol... Un fellah assis, qui regarde avec obstination un caillou, est admirable de majestueuse dignité; un vieillard à longue barbe blanche et un Syrien vêtu d'une étoffe orangée taillée en forme de dalmatique, semblent, tant ils sont simples et tristes, venus d'un autre monde pour prendre en pitié tout ce qu'ils voient. Derrière eux un chameau balance son long col, et un ânier courbé en deux lampe à même une aiguière d'argent, quelques gorgées d'une eau saumâtre.

Au sortir de ces tombeaux, auprès de cette nécropole, par une illusion de l'imagination, la vie apparaît comme ralentie et insignifiante, et semble figée dans l'attente de la mort. Là est bien le secret de la beauté et de la fascination de la vieille Égypte, qui n'est qu'une stratification de sarcophages, d'hypogées et de syringes, séparés par la couche toujours renouvelée et toujours égale du limon qu'apportent les crues annuelles du fleuve; c'est une merveilleuse géologie historique et chronologique.

Pourquoi les adolescents qui conduisent au désert la troupe sautillante des petits ânes, ont-ils des yeux mélancoliques de graciles animaux? Pourquoi les vieillards ont-ils une gravité souriante, signe d'un paisible bonheur? Cherchez, demandez, interrogez les hommes et les usages; les uns et les autres vous répondront : « C'est parce que la partie du chemin où ils sont arrivés se couvre d'ombre et de fleurs; c'est parce qu'ils approchent de la mort bienheureuse que le rituel funéraire auréole du beau nom de «manifestation à la lumière », de « joyeuse naissance », de « passage à la vie délicieuse. »

Au bord du désert plus que nulle autre part, le flot des civilisations abolies a rejeté tout ce qui mourait.

Il n'y a là du paradoxe que l'apparence : le secret de la vie, c'est la tombe qui le détient, qui seule peut le livrer. L'histoire ne fournit qu'une sorte de squelette; l'archéologue le recouvre de ses chairs, le pare de ses habits et de ses ornements. De ces nécropoles, où il ne devrait y avoir que cendre et poussière, jaillissent des peintures, des joyaux, des vêtements, les mille accessoires nécessaires à l'existence; toute une époque intacte et vivante se dresse dans la rigidité de ses bandelettes sacrées.

* * *

Ce contraste entre ces tombeaux qui sont des palais et ces maisons qui sont des tanières ne peut s'expli-

Au pied des Pyramides.

quer que par la pensée constante de la mort durant la vie. — Dès le berceau on songeait à préparer sa couche dernière. Ce devoir immédiat s'imposait au souverain comme à l'artisan. Les Pyramides élevées à l'entrée du désert nous le révèlent.

Le jour de son avènement, le roi commençait à faire construire sa tombe; elle ne devait être achevée qu'à l'heure de sa mort. — La partie principale, c'est-à-dire la chambre du sépulcre, devait être prête en quelques jours pour le cas de mort subite du prince. Ensuite on travaillait à l'agrandir, à l'embellir, à l'orner, à la parer pendant toute la durée de la vie du roi. Si celui-ci ne mourait que très vieux, son tombeau était vaste comme un palais; s'il ne régnait que quelques années, il avait de moindres proportions. La seule vue d'une tombe égyptienne permet donc d'établir une exacte chronologie. Les Pyramides, qui ne sont qu'une forme de monument funéraire, nous laissent deviner la durée du règne du souverain qui y est enseveli. Elles ne furent pas construites par couches horizontales, comme le dit Hérodote; mais on établit un noyau pyramidal central abritant le caveau, et, d'année en année, on le revêtait d'enveloppes nouvelles et successives. Le jour de la mort du roi on achevait rapidement le revêtement commencé, et la pyramide était terminée. Si la pyramide de Chefren est un peu plus haute que celle de Chéops, c'est que le règne de l'un fut un peu plus long que celui de l'autre (il le dépassa de six années). Si la pyramide de Mycerinus est deux fois plus petite que celle de Chéops, c'est que ce prince régna deux fois moins longtemps.

Il en était de même non seulement pour les tombes royales, mais pour toutes celles des grands personnages et des plus humbles serviteurs. Par tous les moyens on se procurait l'argent nécessaire à ces pieuses constructions. Il en est un exemple merveilleux.

Chéops qu'avait ruiné de folles prodigalités, ne put donner à sa fille pour toute richesse que des bijoux de plomb; la malheureuse jeune femme était fort en peine d'acheter, avec ces misérables joyaux, les matériaux suffisants pour élever une pyramide. Elle décida alors de se prostituer, ce qu'elle ne tarda pas à faire. Beaucoup de seigneurs attirés par la réputation de sa beauté vinrent la voir; mais les temps étaient durs, et elle ne reçut pour prix de ses charmes que de minces présents. Elle eut alors la pensée de ne point demander à ses amants de pierreries et de lingots, mais d'exiger d'eux qu'ils lui apportassent à chaque visite un beau bloc de porphyre. On voit encore aujourd'hui, à l'est de Chéops, trois petites pyramides écroulées à demi recouvertes par le sable du désert et que les Arabes désignent sous le nom de *Maslaba*. L'une d'elles est tout ce qui reste du tombeau de la fille de Chéops ; ce pauvre tas de pierres rappelle seul l'étrange piété de cette princesse qui dut faire pendant sa vie l'humble sacrifice de son corps pour lui assurer après sa mort une demeure digne de sa naissance.

Mais auprès de Giseh, si l'on en excepte la statue de Chefren, que les prêtres mécontents de ce roi qui s'était efforcé d'amoindrir leur puissance, jetèrent au fond d'un puits, on ne peut admirer ni statuettes révélatrices ni peintures murales.

* * *

Une promenade à Memphis, à Saqqarah et au musée de Boulaq, opérera le prodige de replacer les hommes à côté de leurs dates, au milieu de leurs mœurs, de leurs usages, dans leur intérieur, faisant leur geste accoutumé, accomplissant leur besogne quotidienne.

Pour aller à Memphis il faut remonter le Nil en dahabieh jusqu'au village de Bedrechein ; les âniers envahissent le petit débarcadère et le guide Moïse, sorte de brute à face humaine, la boursbach à la main, les disperse en les frappant. X... se réjouit fort à ce spectacle ! « il n'y a que ce moyen-là de les faire marcher ; ça leur fait du bien ! C'est quelqu'un tout de même, ce Moïse ! » et mille autres sottises.

Le Nil s'étale dans toute sa largeur ; des forêts de palmiers le bordent, il bouillonne autour de quelques rochers et une cange déjà lointaine disparaît à l'horizon dans une buée rose et ensoleillée. Des fellahs en longue file suivent la berge en halant péniblement, avec lenteur et régularité, un radeau chargé de bois; il semble que l'on soit en face d'un bas-relief, tant leurs gestes sont identiques et finement découpés sur la blancheur mate du sol.

Voici les plaines de Memphis, les terres fertiles que

Le Nil.

couvrait le lac Achéruse; de nombreuses mares, barrées par l'ombre des palmiers, miroitent parmi les blés verts et les champs de maïs. La campagne semble un vaste lac mi-desséché, couvert d'herbages et de lotus. Des rivières courent entre les bois, et dans l'air paisible, le balancement léger des palmes donne sur les lisières une fraîcheur délicieuse. Sur un petit étang dont les bords sont étoilés des pas des cigognes, une barque légère, faite d'épaisses feuilles de papyrus, repose sur l'eau paisible, retenue au rivage par des joncs à peine fanés tressés en forme de chaîne. Un agneau se roule paresseusement dans l'herbe humide et se relève souillé de boue. — Des villages toujours pareils, de pauvres huttes, de tristes fellahs, des troupeaux de buffles graves et doux, une femme coupant d'un geste lent et mesuré des roseaux encore mouillés, un marécage fertile presque transformé en belle terre cultivable, des fourrés inextricables de palmiers nains, de genêts et d'églantiers, de hauts arbres inclinés par le vent et pen-

Halte auprès des Pyramides.

chés sur les eaux, un paysage antique paré de je ne sais quelle grâce japonaise, une atmosphère berceuse, limpide et musicale, tel est le charme calme et mélancolique de ce tableau à la fois puissant et mièvre qui donne aux plaines de Memphis une inoubliable beauté. Le passé les habite encore.

A demi enfoncé dans la vase, près d'un bois fleuri, la colossale statue de Ramsès II, l'illustre Sésostris, gît renversée « les pieds à l'ombre et la tête au soleil ». Sa belle face sereine, au large sourire figé sur les lèvres de granit, ses gros yeux ronds recouverts de lourdes paupières reçoivent les feux du soleil, tandis que les plis de sa robe hiératique s'effacent dans l'ombre fraîche du bois de palmiers.

Un petit fellah tout nu est courbé sur l'extrémité du nez de la statue, qui ne se fâche point de cette familiarité; une herbe moussue fait aux larges bras de Ramsès des bracelets de verdure, et des herbes folles, poussées sur sa large poitrine, s'amusent à lui chatouiller le menton. Le Nil, chaque année, submerge le colosse et se retire après lui avoir laissé, comme un présent, cette fraîche parure. Quelques fragments disparaissent sous les lichens. C'est ici le doigt brisé d'une main gigantesque, c'est là une narine prodigieuse de porphyre.

Le sentier quitte cette terre fortunée, se cache parmi les herbes courtes, se retrouve à l'ombre d'un dattier et se perd tout à fait dans le sable. Mais voici les Pyramides de Saqqarah. Tout près, semble-t-il, fort loin en réalité, les lignes régulières de la nécropole de Dachour se détachent sur un ciel verdâtre et orangé. — Dans le même alignement, Giseh, plus loin Abousir, et vers l'horizon, d'autres silhouettes effacées et mesquines, auxquelles l'immensité plate du désert donne seule quelque grandeur.

Il est difficile d'admirer la pyramide à degrés de Saqqarah; — c'est aujourd'hui un amas de pierres effritées, de misérables décombres. Tout autour ce ne sont que vallonnements, que monticules. Le « khamsin » et la pioche de Mariette Bey ont bouleversé ce coin du désert. Au bord de ces puits, on retrouve de précieux sarcophages et des stèles hiéroglyphiques. Mais quelques-uns trompèrent les plus rusés; ce sont les « puits menteurs » que creusaient les anciens pour déjouer les profanateurs et les voleurs qui infestaient les bas quartiers de Memphis. La plus ancienne ville du monde regorgeait déjà de malfaiteurs.

Une route, creusée dans le sable retenu par des maçonneries, descend vers le Sérapeum. C'est la célèbre allée des Sphinx, dont les lourdes têtes jaillissent de la poussière d'or qui les enveloppe. C'est là que Mariette se fit construire au bord du désert, près de ces chers caveaux qu'il força peu à peu à lui livrer leurs secrets, un petit ermitage qui était comme la guérite fraîche et joyeuse dans la lumière, où veillait le bon souverain de tout ce peuple à jamais endormi, de tous ces amis qui lui avaient fidèlement confessé jusqu'à leurs moindres actions, jusqu'à leurs goûts pour les danseuses aux hanches étroites. Il dort maintenant dans un antique sarcophage. Il y est bien sans doute, heureux et reposé, puisque « les morts qui ont bien vécu entendent le bruit du vent à travers les palmes », et qu'il est là tout près du grand fleuve qu'il aimait tant, « sous la brise qui rafraîchit le chagrin ».

Le Sérapeum est un souterrain où, à peine entré, on respire un air glacé; de funèbres vols de chauves-souris « joyeux oiseaux de la mort », palpitent dans l'obscurité. — Aux lueurs vacillantes des bougies qui piquent les ténèbres de leurs pointes de feu, on distingue d'énormes sarcophages en granit poli, monolithes pour la plupart, rangés des deux côtés de la galerie dans quatre-vingt grandes chambres. Ces colossales sépultures contenaient les restes du bœuf sacré, du bienheureux Apis, en qui s'incarnait Osiris. Le nom du dieu, mêlé et contracté par les Grecs avec celui de l'animal, a donné à cette gigantesque nécropole le nom mortuaire et glacé de Sérapeum. — Puis ce sont d'autres visites souterraines à travers des ténèbres propices aux plus ardentes imaginations, et enfin le fameux hypogée de Ti et de sa femme qui lui fut « une palme de délice et d'amour ».

Ti, grand prêtre, gendre d'un Pharaon, favori du roi et grand maître des écritures, est assuré de notre éternelle reconnaissance pour nous avoir laissé, dans la plus exquise et la plus naïve imagerie, un récit détaillé et sincère de sa vie qui fut longue. C'est cette heureuse

Le débarcadère de Bedrechein.

circonstance qui lui donna le temps de faire exécuter une aussi grandiose sépulture. Il put donc veiller tout à loisir à l'édification et à la décoration des trois chambres de son hypogée, réunir les ouvriers, choisir les architectes et les peintres, aller poser chez le sculpteur qu'il chargeait de la tâche importante de représenter ses traits, et lui enjoindre de les reproduire dans un grand nombre d'attitudes ; faire tailler dans les plus belles carrières de marbre la pierre de son cercueil, examiner laquelle des trois classes de momification il choisirait sur le catalogue de l'embaumeur. Il lui fut encore loisible de faire le pèlerinage de Saïs, d'y assister à la grande fête des Lampes, de méditer de nobles inscriptions, de s'agenouiller sous le parvis du temple de Neith-Isis et d'en rapporter les précieuses bandelettes qui conféraient dans l'autre monde à ceux qui en étaient pourvus d'inappréciables avantages, et entre

Auprès de la statue de Ramsès II.

autres, une chaude recommandation de la part de la déesse elle-même. Il lui fut possible de commander au mouleur de prendre maintes fois l'empreinte de son visage, de peindre lui-même son masque d'argile en se considérant dans un miroir afin de lui donner une parfaite ressemblance, et de choisir parmi les lapis et les onyx, la pierre dont la couleur ressemblait le plus à la teinte de ses pupilles, afin d'y tailler deux billes destinées à remplacer dans les orbites désertes le « globe périssable de ses yeux ».

Tous ces soins ne furent pas inutiles. C'est ainsi que Ti

légua aux siècles à venir l'exacte connaissance de toutes ses dignités. Qui se serait chargé de cette œuvre? Chacun ayant souci de laisser un souvenir après soi, devait, par de belles images, graver sur la pierre ses titres et ses fonctions... et, pour indiquer ses liens de parenté, se faire représenter au milieu des siens. Ti, suivant l'usage, et pour que les siècles à venir ne pussent pas ignorer qu'il était bien le seul possesseur de cette somptueuse sépulture, imagina de faire donner à son personnage une taille dix fois plus élevée que celle attribuée à ses pères, oncles et neveux. Sa reconnaissance alla jusqu'à élever la « palme d'amour » à la hauteur de son coude. Mais Ti était bon parent; s'il eût dédaigné sa famille, il ne l'eût point groupée à ses côtés et se serait contenté, comme tel roi Thébain, de la remplacer par quatre lévriers d'Afrique, où, comme cet autre monarque, d'entourer son image de mets succulents : fines pâtes d'orge, maïs grillés ou quartiers de mouton rôti parfumé au safran.

Une courtisane de la XVIIe dynastie, qui avait nom Taïa et qui était chanteuse d'Hathor, s'étant brouillée avec ses parents soucieux d'une plus grande dignité, omit de les faire figurer sur la paroi de son tombeau. Elle pensa à se faire entourer de ses amants, ce qui eût laissé au peintre chargé de les représenter un inépuisable sujet de décoration qu'il n'aurait pu achever qu'avec le secours d'Isis, lui accordant une seconde jeunesse. Mais Taïa, mécontente de ses bienfaiteurs qui la laissèrent une année dans sa demeure sans l'y venir visiter (car malgré l'antimoine ses yeux perdaient de leur éclat), renonça à son projet. Elle se contenta d'une moins nombreuse assemblée; elle nous est parvenue assise sur une chaise de joncs à laquelle est attaché un beau singe vert, don d'un prince Éthiopien, qui sautille joyeusement autour de la courtisane en effeuillant à ses pieds des fleurs de lotus couleur d'azur. Et Taïa, chanteuse d'Hathor, rit à son singe qui suffit sans doute à lui rappeler la cohorte infidèle de ses amants.

Mais comment du vénérable Ti en sommes-nous venus à cette courtisane? Le soin qu'a pris Ti d'éclairer l'histoire lui a été infiniment profitable. Nous le trouvons d'abord tresseur de guirlandes auprès du Pharaon, et peu après époux de la fille du souverain. Dès lors Ti mène la plus heureuse des existences. Nous le voyons chef des « écritures royales », ayant à la main un calamus d'or et partout nous lui retrouvons l'œil vainqueur, la sereine beauté et la noble suffisance de l'homme qui est arrivé par les femmes. Ti est un peu sur ses images le « Bel Ami » de la vieille Égypte. Le voici causant familièrement avec le roi, lui tapant sur l'épaule ou se rendant à la cour, paré de bijoux et de pierreries, drapé dans un manteau de pourpre. Le voilà à la chasse, l'arc à la main, suivi de beaux lévriers, et devant lui s'enfuient effrayés les gazelles, les antilopes, les lions et les renards, tandis qu'un hérisson caché derrière un arbre, dévore benoîtement une souris qu'il vient d'attraper. Nous le rencontrons encore en petite tenue, le matin dans sa basse-cour, au milieu des pigeons, canards, poules et grues cendrées, parmi lesquelles se distinguent par leur embonpoint les oies fraîchement gavées; ou bien encore dans une barque de papyrus, entouré de ses serviteurs, relevant des nasses pleines de poissons, parmi les feuillages des iris et des glaïeuls. C'est toujours lui, surveillant la moisson, suivi de longues files d'ânes chargés de gerbes liées. Puis le grain est pilé, broyé, pétri; le pain est cuit et porté sur des plateaux d'argent par d'innombrables esclaves qui défilent devant Ti radieux, le pas régulier, le geste identique comme au son d'une marche militaire.

Mais si Ti eut une heureuse fortune, il montra une âme reconnaissante envers les dieux qui le protégèrent. Une salle entière, en effet, est consacrée aux scènes des sacrifices expiatoires, des processions funèbres et à la représentation de tous les objets qui devaient contribuer aux cérémonies de son enterrement. La pensée de ces fêtes emplissait sans doute de joie le bon Ti; il se fit représenter dans un coin surveillant lui-même les moindres détails des défilés mortuaires de mille cuisiniers portant sur de larges plateaux des oies rôties, des galettes et une foule de mets du plus bel aspect, prêt à sévir contre quiconque ne l'accompagnerait pas jusqu'à sa dernière demeure avec la plus respectueuse déférence. Tout s'accomplit le mieux du monde. Aussi la figure de Ti rayonne-t-elle de satisfaction. Platon ne devait-il pas plus tard, par la bouche d'Hippias, assurer que « parmi les plus belles choses qu'un homme puisse rêver, il fallait compter les belles funérailles que l'on fait à ses parents quand ils meurent, et la magnifique sépulture qu'on reçoit de ses enfants. »

Cependant pour l'Égyptien Ti, toutes ces précautions avaient un autre but qu'une vaine gloire. Ti ne devait pas mourir tout entier; son corps momifié devait rester sur la terre, dans un triple cercueil que contenait le sarcophage de granit, jusqu'au jour de la résurrection. Mais si une momification défectueuse eût causé la perte d'un membre, le corps du malheureux Ti serait ressuscité estropié et aurait été rejoindre auprès des dieux impitoyables la foule nombreuse des bancals et manchots, ayant par avarice demandé l'embaumement de troisième classe. Aussi avait-on grand soin de ne point perdre la plus petite parcelle de cette chair précieuse. On disposait dans le sarcophage, aux pieds du défunt, quatre vases de terre cuite contenant la cervelle, le foie, le poumon, la rate et les intestins; et sur chacun d'eux, on inscrivait la promesse de la divinité sous la protection de laquelle on le plaçait, de veiller avec le plus grand soin sur ce dépôt. Tous ces organes devaient reprendre leur place au jour de la résurrection, et la momie intacte allait au ciel retrouver

La Pyramide à degrés de Saqqarah.

l'âme, le *ba* qui s'y était déjà envolé sous la forme d'un petit oiseau. Pourtant une partie plus matérielle de cette âme nommée *ka*, c'est-à-dire le double, restait sur la terre. Pendant la vie ce double enveloppait le corps, l'animait tout entier; il n'était pas invisible comme le *ba*, ou opaque comme le corps, mais léger, transparent, fluide. Après la résurrection de cette momie, il lui fallait un support, une autre matière qu'elle pût habiter. Voilà pourquoi Ti, soucieux de la conservation de cette âme qui devait après sa mort le représenter sur la terre, lui prépara de belles statues, les plus ressemblantes possible, afin qu'elle pût choisir entre plusieurs la résidence qui lui plairait.

Mais cette âme a besoin d'aliments, de divertissements et d'hommages. Ti, sans doute, craignit après sa mort de s'ennuyer à périr. Et voilà pourquoi il décora les murs de son hypogée des scènes champêtres et urbaines qu'il avait aimées durant sa vie. Ti prépara sa tombe de telle sorte que ses habitudes ne fussent pas dérangées, et c'est à peine s'il dut s'apercevoir de son changement d'existence. Il avait été un très heureux homme ; aussi ne chercha-t-il point à égayer sa vie future par des spectacles nouveaux. De longues files d'almées agitant des branches de myrtes, des joueuses de cithares, de trigones ou de flûtes faites d'un double roseau, couvertes de voiles noirs et transparents, l'entourent avec mille gestes pleins de gentillesse : Ti reste indifférent à tous ces témoignages: C'est toujours sa « palme d'amour » qui est auprès de lui. Elle ne craint point le voisinage des prêtresses d'Hathor, déesse de la beauté et de la toilette, toujours parée de lotus bleus où tremble la fraîche rosée du matin. L'éclat des trompettes guerrières et des crotales sonores ne trouble pas le bon Ti, pas plus que les ballets cadencés des almées et des adolescents beaux et nus, dont les chairs ensoleillées prennent des couleurs roses.

Un prince aussi tranquille ne pouvait connaître la haine. Aussi Ti négligea-t-il de faire peindre sur ses sandales de paille la silhouette blanche d'un asiatique et le profil noir d'un Éthiopien, ce qui lui aurait permis de fouler aux pieds, sans cesse, les plus irréconciliables ennemis de son pays et de devancer ce verset des psaumes : *Ponam inimicos tuos scabellum pedum tuorum.*

La chambre contenant les statues funéraires est séparée de la salle des prières par une muraille percée de petites fenêtres. C'est par ces ouvertures que les parents du défunt venaient l'encenser. Mais par prudence, sur la paroi, des femmes sont représentées faisant brûler dans des cassolettes le cinname et la myrrhe. C'était une utile précaution contre l'ingratitude des parents, et le *double* était satisfait de cet encensement en effigie.

Telle est, bien incomplètement décrit, l'admirable hypogée de Ti, qui se plaît encore aux joutes de barques, aux travaux des champs et aussi à voir se renverser en arrière les corps élancés et menus des danseuses, écartant en l'air comme une palme les cinq doigts de leurs mains effilées, et laissant tomber régulièrement le long de leurs hanches étroites les tresses noires de leurs chevelures plaquées d'or et de turquoises ; tout cela est fin, harmonieux, symétrique, précis et d'une expression prodigieuse, si l'on songe que les visages sont impassibles et que les gestes suffisent à tout expliquer.

Mais il faut bien l'avouer, nous sommes amusés, intéressés, intrigués bien plus qu'éblouis et transportés ; notre curiosité est éveillée plutôt que notre admiration.

***

Il est prodigieux de pouvoir, grâce à ces innombrables peintures, évoquer, assez exactement sans doute, les habitudes de vie de ces anciens personnages.

Ti, suivant la coutume, s'épuisa dans la construction de son tombeau dont il fit un palais. Il ne faut pas en conclure qu'il habita de son vivant de si somptueux édifices. Depuis l'humble fellah jusqu'au plus puissant monarque, tous donnèrent à leur demeure le nom d'hôtellerie, parce qu'on ne fait qu'y passer quelques instants.

Ti abrita sans doute son heureuse existence sous un toit de cèdre, soutenu par des murs de brique; il avait un jardin rempli de palmiers, percé de claires allées d'azalées et d'héliotropes; des sources fraîches jaillissaient à l'ombre et couraient, à demi cachées sous des mousses. Il se plaisait, au bord de bassins cerclés de marbre blanc, à voir sauter au soleil les poissons roses du Nil et les dorades d'Alexandrie, au milieu d'un crépitement d'étincelles, jaillissant des écailles électriques du silure tremblant. De beaux cygnes blancs fendaient la surface tranquille des étangs, qu'ils couvraient au printemps de neige ensoleillée. Sur les bords, d'impassibles pélicans regardaient, s'ébattant sur l'herbe, des canards aux milles couleurs, huppés et frisés, dominés par l'élégante silhouette des hérons, tandis que les demoiselles de Numidie se joignaient au vol des cigognes et que les ibis blancs et noirs, perchés sur une patte, se préparaient gravement à leur prochaine consécration. Dans l'air voletaient parmi les palmes, des oiseaux diaprés venus des bords du Phase, effrayés par la course légère des antilopes aux yeux bleus.

Au milieu de cette nature bruissante et frémissante, assis auprès de son humble demeure, Ti, la tête ployée par la pensée, songeait, en émiettant un pain noir, à embellir sa sépulture, dont l'ombre gigantesque et bleuâtre se détachait chaque jour plus imposante sur le sable fin du désert. Puis, le soir tombant, il se levait et rejoignait son épouse cueillant dans une prairie près d'une mare couleur du ciel, des lotus blancs ou bleus, dont elle prenait soin de détacher la souche, qui grillait bientôt pour le repas sur un feu clair de charbons de papyrus. Elle épargnait pieusement les lotus roses, dont la graine était sacrée, et ne faisait point tomber leurs belles corolles dans les feuilles de la colocase entrelacées en forme de panier. Puis, rencontrant une jeune gazelle, sa favorite, elle s'attendrissait et songeait à la faire embaumer des fleurs qu'elle venait de cueillir et à placer son sarcophage auprès du sien.

C'était l'heure de la toilette; elle rentrait, et assise sur de fines nattes, maniait mille étuis, peignes et pinceaux décorés de la tête de chat, symbole de propreté.

Un bois près de Memphis.

Elle revenait belle et parée, les yeux allongés d'antimoine, les mains peintes de rouge orangé, les épaules toutes roses de poudre de carthame mêlée à une goutte d'essence. Ses cheveux bleuâtres encadraient les tempes, serrés en cordelettes, tandis que les lèvres un peu épaisses laissaient entrevoir des dents dorées, et que sur ses joues rondes tintinabulaient de larges disques de métal.

Pendant ce temps, Ti choisissait les volailles et les gigots destinés, après avoir été embaumés, à être entassés autour de sa momie, surveillait les serviteurs,

taillant dans les roseaux du Nil des flûtes et des lances
et parfumait lui-même de vin de palmier, dans un pot
de terre, le corps d'un ibis plumé par un vautour. Parmi
la foule de ses serviteurs, il allait de l'un à l'autre, féli-
citait les travailleurs et gourmandait les paresseux; les
uns modelaient des vases de libations, préparaient les
pâtes d'orges ou de maïs, emplissaient les jarres de liqueurs ou d'essences; d'autres sculptaient des statues
funèbres, cueillaient les figues et les raisins, égorgeaient
les moutons ou gardaient de beaux singes aux yeux
peints en vert. Mais un des animaux échappe à son
conducteur et renverse un jeune boulanger : « Fais
donc attention à ton singe! » crie la victime. — « Il
s'amuse, ce singe », répond l'autre. Dispute et rixe. Ti
intervient et rétablit le calme : ainsi s'achève la journée, au milieu d'utiles travaux. Bientôt les serviteurs
regagnent leur logement, et dans la brume du soir les
almées, les bras et les jambes cerclés de bracelets et de
périsclcides, les cheveux teints en clair azur, les pieds
chaussés de sandales en feuilles de dattier, le corps
voilé de gaze noire et transparente, se déploient en
harmonieuse théorie et charment les convives. Puis, la
nuit venue, les chants cessent et le silence n'est plus
troublé que par le ronflement sonore des crocodiles et
les hurlements des chacals.

* *

Il faut promener sa rêverie et son imagination sur-
excitée par ces mille détails, aperçus sur une stèle, un
socle ou un sarcophage, à travers les palmiers du Nil.
La lune se joue sur les eaux mortes, parmi les nénuphars et les lis d'eau. Dans la blanche lumière, le sombres évoquées se livrent à mille jeux. C'est un merveil-

leux décor pour y rappeler de vieux souvenirs, dans la
tiédeur étincelante et parfumée de cette nuit orientale.

Mais, quel rêve pourrait dépasser en étrange beauté
les vitrines du musée de Giseh! Tout y surprend et y
déconcerte. Les statues datant des plus vieilles dynasties sont les plus parfaites; le commencement de cet
art en est l'apogée, ou plutôt il semble n'avoir pas eu
de commencement.

Il n'y a point jusqu'aux bijoux, bracelets, colliers,
gorgerins et pectoraux récemment découverts à Dachour, par l'habile ingénieur M. Jacques de Morgan, qui
ne soient sujet d'étonnement. Ce sont des merveilles de
joaillerie; la préoccupation de faire riche n'a pas détruit
le souci de faire beau. Que vous êtes loin de cette élégante splendeur, vieux trésors de Mycènes qui décorez
les tombes fastueuses des sombres Atrides!

Dans toutes choses l'influence sacerdotale apparaît
et cherche à détruire le sentiment de la nature. Le
fameux homme de bois, aux yeux de cristal et aux
paupières de bronze, a pourtant l'allure tranquille d'un
riche campagnard à la promenade. Les membres sont
revêtus d'une fine gaze simulant parfaitement l'épiderme, la taille entourée d'une petite jupe très courte,
et, depuis plus de six mille ans, le bonhomme, plus
vieux que les Pyramides, poursuit sa route, la canne à
la main.

Chefren, abrité par les ailes étendues d'un épervier,
symbole du soleil, repose entre deux plantes, symboles
de la haute et de la basse Égypte, réunies par le caractère hiéroglyphique qui signifie réunion. Puis ce sont
des statues de bronze, de diorite, de porphyre, de granit,
d'albâtre. On sent que l'influence religieuse devient
dominatrice et qu'elle est l'unique source d'inspiration.
Il en résulte un hiératisme exagéré et conventionnel

qui achevait de corrompre l'art, lorsque les Grecs vinrent le relever et l'animer de leur merveilleux génie.

* *

Mais, que nous importent les statues, puisque nous avons sous les yeux les momies des hommes qu'elles représentent? On peut même acheter un spécimen de cette foule desséchée, leur nombre toujours croissant ne trouvant plus d'abri.

Ces innombrables momies sont couchées derrière des vitrines.

Les unes sont encore enfermées dans un sac de toile grossière, tandis que d'autres ont été dévêtues de cette première enveloppe et apparaissent entourées de bandelettes, semblables à des mannequins de chiffons. Ce paquet informe est volumineux : ce sont, en effet, des centaines de mètres de rubans jaunis par le vin de palmier, qu'il faut dérouler pour arriver à démailloter complètement la momie. Au cours de cette opération, la tête est dénudée la première, et on trouve le corps enveloppé dans une fine mousseline qui est orangée sous l'action des baumes. Cette seconde pelure écartée, on a de nouveau à dévider un réseau de bandelettes. La poupée mincit alors rapidement, et on ne tarde pas à arriver à une couche de bitume assez difficile à briser. Brillant sur la peau sèche et tannée, apparaissent enfin de touchants et pieux souvenirs. C'est une médaille où se lit un suprême adieu; c'est une mince feuille d'or où l'on inscrivit à l'encre, avec un calamus de roseau, une invocation à quelque déesse protectrice; des breloques de turquoises, de cornalines, des colliers de verroterie, et sur le front, presque incrusté dans la chair, le scarabée de jaspe vert que les dieux eux-mêmes désignèrent comme le symbole de la résurrection, puisque chaque année, lorsque le Nil se retire après avoir couvert le sol d'un linceul de limon, cet insecte sort du sable en même temps que le premier brin d'herbe. Autour du corps, on trouve mille offrandes funèbres, des jarres autrefois remplies d'eau, contenant encore aujourd'hui une boue humide.

La momie, entièrement mise à nu, est enduite de gommes antiseptiques dont on la recouvrait le jour de l'embaumement. Elle regarde fixement avec ses yeux d'émail et sourit atrocement; les lèvres sèches s'entr'ouvrent et laissent apercevoir les dents, blanchies avec la poudre de charbon d'acacia, ou cachées sous de minces feuilles d'or. Les cheveux fins et soyeux entourent le front, et dans le flanc, un trou béant indique l'incision pratiquée pour retirer les organes contenus dans quatre pots enfermés à l'intérieur du sarcophage. Une odeur aromatique et résineuse se répand dans l'air. Sous le corps on aperçoit un lit de fleurs, des guirlandes tressées et, parfois entre les doigts crispés, un bouquet de lotus. Cette prodigieuse conservation défie la plus vive imagination. — Une abeille qui butinait les herbes parfumées dont on entourait le corps du défunt, fut prise il y a plusieurs siècles sous le couvercle du sarcophage... On l'a retrouvée intacte, le dard encore plongé dans la poussière, n'ayant de cassé que l'extrémité d'une aile. Sous les aisselles de la momie d'une jeune femme dont la rousse chevelure est restée admirable, on découvrit deux petites fleurs encore bleues, déposées là par une main pieuse. Un tel spectacle amène les larmes aux yeux. Les touchantes puérilités des grandes douleurs, qu'attestent ces milles détails, vous émeuvent si fort qu'on regrette, comme une sacrilège indiscrétion, de les avoir surpris. Petites mains de femmes qui tristement vous êtes jouées dans ces pauvres chevelures, lèvres qui vous êtes posées sur ce front desséché, des barbares qui ne vous comprennent point parce qu'ils cherchent sur le cadavre de celui que vous avez pleuré à satisfaire leur savante curiosité, ne vous ont-ils pas profanées en découvrant la trace de votre dernière caresse et de votre dernier baiser? N'eût-il pas été d'une simple piété de laisser l'abeille butiner une poussière de fleurs sur cette chair jaunie, et de permettre à ces humbles fleurettes, fragiles souvenirs qui auraient traversé l'éternité, de rester attachées à ces cadavres, comme le fidèle gage d'une affection, depuis six mille ans oubliée. Voilà peut-être pourquoi, dans les galeries de Giseh, les momies regardent avec colère et dédain, de leurs yeux d'émail, ces hommes qui leur ont pris leurs bijoux, leurs bracelets et leurs colliers, qui n'ont même pas épargné ce bouquet qu'elles tenaient à la main et les guirlandes de leurs funèbres couches.

A quoi servit-il à Ramsès II et à Séti Ier d'être de grands monarques, puisqu'ils ne sont aujourd'hui pour nous que de pauvres poupées aux grotesques visages, sujet d'horreur et de moquerie pour une foule cosmopolite et ignorante?

A côté des momies, les sarcophages étalent leurs bois ou leurs cartonnages peints de mille sujets divers, depuis ceux du vieil Empire aux tons éteints et passés jusqu'aux cercueils de l'époque romaine aux dorures encore fraîches et vernissées ; c'est la scène du jugement des âmes qui est le plus habituel sujet de décoration.

L'âme de la défunte est conduite devant Osiris coiffé du pschent ou tiare royale, tenant dans une main un fouet, dans l'autre un crochet, indiquant qu'il est le recteur de tout mouvement et qu'il peut à son gré l'activer ou le ralentir. Le corps du mort est peint en vert pour expliquer qu'il est encore plongé dans les ténèbres terrestres. Anubis, fils d'Osiris et de Nephté, tient à la main une balance ; dans un des plateaux, se placent le cœur de la défunte et ses bonnes actions enfermées dans un vase d'argile ; dans l'autre une pierre, quelquefois remplacée par une plume d'autruche, représente l'image de la justice ; Tnéi, la Thémis égyptienne, assiste à la pesée, tenant à la main la croix, signe de la vie céleste. Quarante-deux juges à la tête de lion, d'épervier et de bouc, prennent part au jugement.

La confession des défunts se retrouve également sur un grand nombre de sarcophages ; le mode en est délicieux. Le pénitent ne s'accuse pas de ses fautes, mais indique au contraire toutes celles qu'il n'a pas commises.

Quelle peine d'abandonner tout ce peuple de « cadavres parlants » qui nous ont dit leurs exploits comme leurs faiblesses ! Ils sont pour ceux qui savent les aimer de bons amis, « les seuls fidèles », disait Mariette Bey dans un mauvais jour.

Après avoir parcouru les salles de Giseh, il semble que l'on soit plus près des civilisations anciennes et que l'on comprenne mieux encore la majestueuse beauté du Nil. L'art est semblable au paysage ; les montagnes ont la forme de pyramides et la campagne a je ne sais quoi de solennel et de figé que l'on retrouve sur le visage des statues. L'ordre et la régularité ne cessent de régner ; le *khamsin* souffle à intervalles égaux, les crues du Nil sont périodiques, les ibis viennent peupler les bords du fleuve aux mêmes époques de l'année ; les peintures des bas-reliefs sont symétriques, les lignes des monuments simples et droites, et il n'y a pas jusqu'aux visages des fellahs, dont les traits graves et réguliers rappellent les hommes de marbre ou de bois du musée de Giseh, qui ne rentrent dans cette harmonie générale.

* *

Aujourd'hui toute l'armée égyptienne a défilé dans les rues du Caire, escortant le cercueil d'Ismaïl-Pacha, l'ancien vice-roi d'Égypte, arrivé de Constantinople à bord d'un cuirassé turc. Le khédive Aboul-Abbas, fils de Tefik, accompagnait son grand-père jusqu'à sa dernière demeure. Aboul-Abbas a de bons yeux timides et intelligents, les joues rondes et pleines, le regard empreint de douceur et de bonne volonté.

Le jeune souverain vit à l'européenne et vient d'épouser une belle fille de Circassie, dont il est éperdument amoureux. Malgré la rudesse britannique de lord Cromer, le Khédive maintient les droits de l'Égypte et défend de son mieux les épaves de notre pouvoir.

Le théâtre est encore dirigé par un Français, ce qui dépite fort les autorités anglaises ; car, malgré des démarches pressantes, rien n'a été changé dans l'administration de la scène où eut lieu la première représentation d'*Aïda*.

Hier au soir, on donnait le *Grand Mogol*. Il est superflu d'essayer de décrire les éclats de rire, la joie violente et bruyante, mêlée de hoquets et de grincements de dents, de toute la salle fêtant un grotesque personnage à paletot rouge et à favoris de même couleur, héros de cette opérette. Quelques spectateurs, fraîchement débarqués de Londres, voient avec inquiétude et défiance ce public qu'ils trouvent un peu trop gai.

Sur le parcours de l'enterrement d'Ismaïl, les sous-officiers de la garnison anglaise regardent défiler avec une ironie évidente les troupes égyptiennes. Mille ban-

Le Caire.

22.

nières flottent en l'air, brodées d'or sur un fond vieux rose ou bleu passé. Les hommes sont pour la plupart beaux et bien faits, mais ils marchent sans grand ensemble, privés pour cette parade du secours des cadres anglais. L'armée n'a plus la beauté désordonnée et exotique d'une armée orientale, et elle n'a pas encore la discipline et la crânerie d'une armée européenne. Que de quolibets sur le passage du cortège, échangés entre des individus à mines louches, déguisés en fellahs ou en arméniens! Les voitures du harem ferment la marche, entourées d'une garde d'honneur.

La vue du corps diplomatique intrigue la foule, massée des deux côtés de la chaussée. Ces costumes chamarrés et variés plaisent à ses yeux habitués à l'éclat des couleurs. Entendu un touchant propos : « Où est celui de la France? » — « Tu ne vois pas, c'est celui-là, le grand en avant, avec une barbe brune. » Et le premier de répondre : « c'est le plus beau. » Ce compliment d'un misérable inconnu n'est point seulement flatteur pour M. Georges Cogordan, dont tout le monde apprécie au Caire l'intelligente amabilité, mais pour la France même, qui a su éveiller sur les bords du Nil une réelle et profonde sympathie.

Il importe pourtant de ne pas se méprendre. Certes, il est touchant que votre ânier vous demande des nouvelles des « soldats de Mme Gaspard » et laisse percer à travers ce lapsus toute la sincérité d'une naïve sollicitude; mais s'il en est ainsi, c'est que notre influence devrait être le contrepoids naturel de l'autorité anglaise, et que c'est seulement à la faveur de cet équilibre que le pauvre peuple Égyptien espère trouver quelque indépendance. Il se met de notre côté et nous tend les mains pour essayer de neutraliser la violente pression exercée sur l'autre plateau de la balance.

Il y a à cette sympathie des raisons mécaniques. Il en est d'autres aussi ; les capitulations nous ont conféré, depuis le roi François I*, d'inappréciables avantages. Dans tous les pays d'Orient, dits de capitulations, le représentant de la France étend sa protection aux sujets des cours et des pays qui ne sont pas accrédités auprès de ces puissances. Le Saint-Siège, n'ayant pas d'agents spéciaux en Égypte, notre Résident représente les intérêts du Vatican et se trouve par suite le protecteur de tous les sujets de la cour de Rome. On comprend aisément quelle influence cette situation donne à notre mandataire. La messe consulaire, célébrée quatre fois l'année en grand apparat, précédée d'une procession à travers la ville, montre assez quelle pourrait être notre prépondérance. Le prêtre, avant l'Évangile, porte à baiser au Ministre français le Livre Saint ; et à l'élévation, l'officiant se retourne et dit : *Domine fac salvam atque liberam rempublicam Gallorum.* Le vénérable de la loge maçonnique assiste à la cérémonie, à côté des directeurs des nombreuses écoles congréganistes. Tous se donnent la main pour l'œuvre de propagande.

Le gouvernement a contracté en Égypte une dette de reconnaissance envers ces religieux qui, avec un esprit devenu plus impartial dans cet exil volontaire, ne cessent de répandre la langue française et d'étendre notre autorité. Le bénéfice de ces généreux efforts a été malheureusement à peu près perdu par la lourde faute de M. de Freycinet, qui aurait dû se souvenir du mot de Fontenoy, et ne commencer la retraite qu' « après messieurs les Anglais. »

Les lawn-tennis diplomatiques et les dîners élégants et délectables, où « ceux de la carrière » trop assidus auprès d'étrangères bien faites et bien informées, écoutaient avec trop de modération l'aigre et significative fanfare des fifres britanniques, défilant en bon ordre dans la rue, ne contribuèrent pas à améliorer la situation.

Aussi, est-ce avec une véritable reconnaissance qu'il faut saluer le nom de M. le marquis de Reverseaux, aujourd'hui ambassadeur à Madrid, qui maintint au Caire si haut et si ferme les intérêts de la France et dont la belle et généreuse politique a trouvé dans M. Cogordan un remarquable successeur.

Il faut penser bien haut que nous n'avons pas plus de droit à accaparer l'Égypte que l'Angleterre n'en a à le faire. En réclamant énergiquement la libération de ce pays, nous agissons au nom de la justice, gardant pour nous seulement le droit d'accroître ce tas de dévouements dont parle Michelet, qui atteindrait la tête d'un géant, tandis que celui des autres peuples ne parviendrait pas au genou d'un petit enfant. Nous voulons agir au nom de l'équité et sans intérêt personnel. C'est ce qu'il sera toujours difficile de faire comprendre à l'Angleterre, car Victor Cousin a sagement pensé « que les peuples ont seulement l'intelligence des faits et des choses qu'ils trouvent dans leur propre histoire ».

* * *

Le Caire disparaît à l'horizon; ses dômes et ses minarets reluisent encore au soleil; la masse blanche de la citadelle poudroie dans le lointain, et la voie ferrée s'enfonce dans les sables vers Ismaïlia. Le Mokkatam, dépouillé de verdure, diminue rapidement; l'éloignement lui donne des ombres charmantes et tendres comme les couleurs d'une fleur; ce n'est bientôt plus qu'une faible hauteur baignée de rose lumière; puis d'immenses plaines sans arbres, quelques ajoncs fleuris au bord des mares, au ciel un grand oiseau, à l'horizon la silhouette nonchalante d'un mehari au blanc pelage, suivi de chameaux de la couleur du sable.

Tout à coup, au loin, une grande tache verte au milieu du désert; c'est Ismaïlia, petite ville artificielle et lumineuse, née d'hier et toute fraîche pour cette jeu-

La *Touraine* à Port-Saïd.

nesse au cœur de ce sol vieux et brûlé. Sur le canal, des voiles se balancent entre les berges couvertes d'une prodigieuse végétation de palmiers et de grenadiers. Le désert en est parfumé jusqu'à l'horizon. Des maisons blanches s'élèvent dans les feuillages joyeux et légers, en cette journée de printemps. Les arbres étendent leurs rameaux sur les villas aux toits aplatis, s'y laissent tomber, et rampent paresseusement autour des fenêtres. Des oiseaux de mille sortes barbotent autour de l'eau, ou s'ébattent parmi les palmes et se reposent en cette petite oasis avant de reprendre leur vol.

La fureur du ciel semble s'adoucir au-dessus de cette indulgente nature. La fumée qui monte lentement est toute rose ; mais le désert surgit de nouveau de toutes parts, et au loin, Ismaïlia, — petit rêve semé là pour les yeux fatigués de l'aridité monotone, joli grain de verdure qui, en ne trompant point cette fois l'attente du voyageur, lui permettra demain de croire à ce mirage qui le conduit toujours plus loin vers son but, — disparaît, reposée parmi ses feuillages, ses oiseaux et ses fleurs.

La voie ferrée longe le canal ; de temps à autre, entre les bouées de couleur, on aperçoit la mâture et la cheminée de quelque bâtiment, ou encore la découpure de fer des dragues rejetant dans le désert le sable des berges éboulées au fond du canal.

Quelques ruisselets d'eau douce, filtrée par le sable entre les dunes, forment par endroits de petites mares, aussitôt couvertes de vigoureuse verdure.

C'est là que les tribus d'Israël marchèrent sans but au milieu de cette nature monotone, toujours pareille.

A l'horizon pourtant il semble, sous les feux du soleil déjà plus bas, que l'on aperçoive une nappe d'argent. Cela brille, scintille, miroite, s'éteint, puis de nouveau s'allume de mille étincelles. En approchant, les flaques plus nombreuses se couvrent de plantes aquatiques, et peu à peu l'on arrive à la nappe immense du lac Menzaleh, coupé de minces lagunes. De vastes plaines de roseaux jaillissent par endroits, et, sur de petites plages en partie immergées, des ajoncs en fleurs se pressent en masses compactes. Entre ces basses et inextricables forêts, tout un monde de reptiles et d'oiseaux glisse en silence. Des vols de canards s'élèvent brusquement en claquant des ailes. Le soleil descend rapidement sur la surface immobile du lac, apportant d'inoubliables féeries. L'horizon, autour du disque sans cesse grandissant, se nuance de rose et de vert pâle; au-dessus de nos têtes, le ciel quitte la couleur violente du saphir et se teinte d'améthyste. Une raie de pourpre barre soudain l'azur et ensanglante le paysage, puis bientôt s'adoucit, se fond, prend des tons vermeils, s'étale, s'élargit, moins triomphale mais plus charmante; des fumées grises glissent sur les eaux et se colorent de pâles lilas en voltigeant dans les derniers rayons. Enfin les plans les plus reculés s'embrasent, transparents et comme éclairés par un foyer plus lointain; c'est alors un ciel de pierres précieuses, d'onyx et d'agate, strié de veines profondes, un ruissellement d'émeraudes, de rubis et de chrysobéryls, une prodigieuse irradiation de la nature.

Des vols de flamants se détachent de neige sur le globe de feu, au milieu de cet éblouissement dépassant les plus ardentes imaginations. Mais bientôt le soleil s'abîme dans les profondeurs du lac, lance des jets de lumière à travers les roseaux qui le cachent, puis s'éteint, laissant derrière lui une vague lueur.

***

Au fond du lac, sur un mince banc de sable, s'élève Port-Saïd, ville toute neuve édifiée là pour les besoins de l'industrie. Un groupe de palmiers la domine, et de la haute mer on aperçoit leur silhouette.

Ce n'est point sans un peu d'émotion que l'on quitte cette terre d'Égypte, et l'on se souvient du regret gracieusement exprimé par la princesse Scheherazade, qui ne voulait point voir ses amants loin de ces rivages bénis.

C'est dans les maigres jardins qui entourent Port-Saïd

que l'on aperçoit pour la dernière fois les fleurs jaunes de dourah, les bosquets de bananiers et les parterres d'héliotropes.

Forcé d'obandonner la terre limoneuse de son pays, le vieux fellah mourait de désespoir, ou s'il consentait encore à supporter le fardeau de la vie, il mangeait au dernier buisson près de la mer la baie du népenthès qui fait tout oublier, après avoir eu soin d'emporter entre deux feuilles de papyrus une fleur de persea, pour qu'une main charitable la posât quelque jour sur sa poitrine refroidie.

Cueillons dans les allées qui bordent la mer une dernière fleur, une palme, une touffe d'herbes aromatiques, et que leur parfum embaume à jamais, comme une précieuse momie, notre souvenir.

Qui donc oublierait l'odeur des nymphéas, respirée par un soir de lune dans les vieux jardins de roses et de cyprès qui bordent le Nil?

Jérusalem.

Jérusalem.

> « Jérusalem, la grande cité, bâtie pour jouir dans son propre sein de la participation avec Dieu. »
> (LE PSALMISTE.)

A travers le ciel lavé par la pluie fine de la nuit, la côte de Syrie apparaît, comme un nuage plus bas et plus épais que les autres. Un rayon de soleil triomphe du brouillard, disparaît, puis revient; un autre troue la nuée, et forme bientôt avec le premier un faisceau de lumière, tombant d'aplomb sur un amas de pierres aux tons roux qui émerge des flots au milieu d'une plage dorée dominée par un bouquet de palmiers, et comme enchâssée dans une parure de haies vives et fleuries : c'est Jaffa.

La rade foraine de Jaffa, battue de tous les vents, est encombrée de récifs; la passe est étroite et difficile; de beaux bateliers levantins la franchissent d'un coup d'aviron, rythmant leur marche de chants et de cris.

Une route mal pavée monte vers la ville. Les rues sont pour la plupart voûtées, et des maisons sont construites au-dessus de ces arcades, autrefois peintes en couleur claire, flétries par la pluie et l'eau de mer.

Parfois, ce ne sont que des arceaux, partant d'un côté de la chaussée et s'accotant à l'autre, qui servent de fondement à d'étroites murailles dans lesquelles nichent, comme dans un pigeonnier, de pauvres gens.

La ville est tortueuse et sale. Mais que de coins curieux ou séduisants ! Sur une place, sorte d'entrepôt où une longue file de chameaux, chargés de bois et d'énormes ballots, brament de plaisir de se voir délivrés de leur lourd fardeau, un campement de pèlerins russes se repose de la fatigue d'une longue traversée, faite à fond de cale à bord d'un méchant caboteur turc.

Partis d'Odessa, ces pauvres Moujiks, enveloppés de leur manteau doublé de fourrure commune sous ce ciel de feu, font peine à voir; les uns dorment, d'autres mangent des croûtes de pain sur lesquelles ils versent quelques gouttes d'huile rance, d'une petite bouteille toute souillée; des femmes, serrées les unes contre les autres, disparaissent sous un monceau de hardes à demi mouillées. Tous respirent la plus complète misère, et pourtant il n'est pas un de ces pèlerins qui n'ait sur lui une bourse remplie d'or et d'argent. Mais ils ont fait vœu d'apporter intacte aux saints lieux cette petite fortune, et pour rien au monde ils ne consentiraient à toucher à cette somme, qu'ils considèrent déjà comme ne leur appartenant plus. Une vieille femme, la veille de notre arrivée, mourut en quittant le navire qui l'amenait en Terre sainte. Elle tomba sur le pavé brûlant. On fouilla ses vêtements, on y trouva, cousus dans un sachet de cuir, deux cents roubles. Un médecin amené en hâte constata la cause du décès : elle était morte de faim. C'est en effet après des fatigues inouïes, que ces pauvres chrétiens parviennent en Palestine. Ils sont souvent venus à pied des provinces septentrionales jusqu'au bord de la mer Noire, après s'être imposé pendant des mois entiers mille privations, pour amasser le pécule nécessaire à leur lointaine expédition. Autour des groupes de pèlerins, deux moines grecs rôdent déjà, comme des chacals, autour de leur proie. Tout cet argent, amassé au prix de tant de souffrances,

Bateliers syriens.

tombera bientôt dans leurs mains avides, jusqu'au dernier sou.

Aussi le gouvernement russe impose à ceux de ses sujets qui entreprennent le pèlerinage de Terre sainte, l'obligation de prendre un billet d'aller et retour. Des Espagnols, encore plus déguenillés, s'il est possible, attendent quelques fidèles attardés au Saint-Sépulcre, avant de regagner leur péninsule. Au milieu de ces groupes divers, de ces hommes au visage creux et exténué par la fatigue, où flambent comme braise les yeux allumés par la foi et par la fièvre, des musulmans en longues robes claires et soyeuses, le regard doux et paisible, se promènent, ou se prosternent dans la direction de la Mecque et murmurent en se balançant la prière du matin.

Les Orientaux ont une grâce extrême dans les attitudes d'humilité et d'extase; ils semblent converser avec Dieu; ils ne versent point de larmes en récitant les versets sacrés du Coran. Les Russes s'éveillent, s'agenouillent, se traînent, se lamentent, implorent le ciel avec bruit et ostentation, tandis que les croyants achèvent paisiblement dans un sourire leur prière commencée.

Quelques marchands ouvrent leur boutique, et des femmes de la campagne, pieds nus, portent sur leurs têtes, dans de grands paniers, de jolis citrons et des oranges éclatantes. Des formes voilées passent rapidement, mais ne s'arrêtent pas. En nous voyant, leurs voiles plus épais, leurs robes plus droites, attestent un réel souci de se dérober aux regards des hommes.

On a bientôt fait de trouver les murailles arabes qui entourent la ville, toutes blanches entre des taches de verdure fleurie qui s'accrochent après les pierres. Le long de ce charmant rempart, ce ne sont que murs écroulés entourant une citerne abandonnée, envahie par un inextricable réseau de liserons et de lierre sauvage. Le bon Denis Possot, naïf et gracieux voyageur du XIVe siècle, rêvait sans doute à cet endroit, lorsqu'il écrivit sur ses tablettes : « Jaffa est la ville la plus merveilleusement ruyne qui soit ». Mais on cherche en vain la « Tour des Patriarches ». Il faut se contenter des souvenirs et songer à la vision de saint Pierre, qui aperçut descendant du ciel « le linteul où était contenu les diversitez des bêtes », en même temps qu'une voix lui disait : « Lève-toi, Pierre, tue et mange. »

Il importe aussi de ne pas négliger une petite mosquée éclaboussée de soleil et toute délabrée. Les croyants font leurs ablutions au milieu d'une cour brûlante et trempent leurs pieds nus dans une vasque de marbre, plus belle d'avoir servi de lavoir à Simon le Corroyeur. Ce premier nom de la Bible, évoqué auprès de cette piscine, éveille en vous une source d'émotions nouvelles et qui ne se tarira point sur cette terre du divin passé. Et comme il faut toujours que quelque plante rajeunisse un lieu sacré, un figuier aux larges branches s'élève majestueusement dans la lumière.

Dès les premiers pas faits en Palestine, il est facile de constater toute la vivacité de l'influence française. Les Anglais n'ont pu la combattre; ils, ont dû s'arrêter à Chypre et regarder de loin avec regret cette terre qu'ils se sentent impuissants à exploiter.

Le vieux nom de Japhe se retrouve dans toutes les chroniques relatives aux Croisades, et, sur le sable, près des eaux douces qui bordent la mer, on montre encore la place où saint Louis, apprenant la mort de la reine Blanche, s'agenouilla en rendant grâce à Dieu « de lui avoir prêté Madame sa chère mère, tant qu'il plût à sa volonté et de ce que maintenant, selon son bon plaisir, il l'avait retirée de lui. » La darse inhospitalière de la ville frémissait alors sous la rame des galères chrétiennes, retentissait du chant des Vénitiens et des Pisans accrochés dans les mâtures et clouant à la place des drapeaux, parmi les voiles blanches, la croix de bois pour laquelle ils avaient quitté les heureuses lagunes de leur patrie. Sur le rivage, des chefs, couverts du heaume et de la cotte de mailles, causaient entre eux des projets de Godefroy. C'étaient Raymond Pilet, Achard de Mommellon ou Guillaume de Sabran. Puis Saladin revient casqué d'or, ouvrant de son cimeterre une large brèche; il se précipite dans la ville, un vautour sur le poing. Richard arrive et en chantant des cantiques, couvert de sang et de sueur, rejette pêle-mêle dans les fossés les vainqueurs de la veille. Le Sarrasin prend sa revanche, mais Gautier de Brienne le tient en respect, brave le Primat de Jérusalem, fortifie le Castel, établit cinq cents hommes derrière chaque créneau, et pourvoit chacun d'une large et d'un penoncel éclatants de lumière, puisque les armes du comte de Japhe « étaient de fin or à une croix de gueules, patées, faites moult richement. »

Tout cela est sans doute évanoui; mais parmi tous les souvenirs, celui de ces saintes pierres arrachées pas à pas, au prix d'efforts inouïs, par un peuple « où l'on voyait des vieillards à la barbe blanche combattre auprès d'enfants et d'adolescents », conserve une singulière noblesse, une dignité capable d'amener aux yeux, sans le secours de l'admiration, des larmes d'attendrissement. Quelques-uns ont trouvé que « voyager était le plus triste des plaisirs. » Gœthe pensa que c'était « la plus orgueilleuse des joies ». Sur ces rivages, à vrai dire, on ressent une prodigieuse fierté de retrouver encore visible la trace de nos glorieuses épopées. A chaque pas, une fleur, une pierre, un passant, réveillent en nous l'écho de la Bible, mêlé au cliquetis des vieilles chevauchées et autres vaillantises.]

* * *

Le chemin de fer franchit en cinq heures les soixante-dix kilomètres qui séparent Jaffa de Jérusalem.

A peine interrompus par l'espace qu'occupe la ville, des jardins et des vergers s'étendent jusqu'au bord de la mer. C'est une véritable forêt d'orangers; massifs et touffus, de citronniers plus pâles et plus légers, de limoniers et de cédrats aromatisés par la forte senteur des poivriers, d'où jaillissent par endroits les hautes silhouettes des bosquets de palmiers. Oranges, grenades et citrons disparaissent sous les fleurs tout épanouies par le printemps nouveau. C'est une longue série de dômes parfumés, parfois rompue par la majesté des sycomores et des

Une station entre Jaffa et Jérusalem.

platanes. Sous les allées hautes et ombreuses, à peine éclairées par quelque mince rayon de soleil, on entrevoit non sans plaisir la neige toute fraîche sucrant en légères pincées les rameaux d'un pommier; cet arbre de France, au milieu de cette végétation exotique et luxuriante, est agréable et piquant comme une goutte de clairet bourguignon au milieu des chaudes vapeurs des vins d'Asie. Ce sont proprement les jardins d'Armide, et Armide en effet n'y serait point déplacée; elle aurait, pour échapper par taquinerie amoureuse à la robuste étreinte de Renaud, des haies de cactus, de mûriers, de nopals étoilés d'églantines, quitte à donner à son chevalier, pour calmer la fatigue de cette poursuite, une douce pastèque ou quelque fruit mûr cueilli de sa belle main, parmi les bananiers et les pêchers du plus proche bosquet. Puis au loin, à travers une éclaircie, la mer s'étend fraîche et bleue dans la matinée. C'est le refuge de tous les oiseaux de Palestine; seules les blanches palombes aux pattes roses accrochent encore leur nid aux plus hauts rochers des montagnes de Moab.

Bientôt les vergers moins épais se peuplent d'oliviers au tronc noueux, d'une belle et noble vieillesse, frères peut-être de ces arbres témoins d'un trouble divin en une nuit de douleur et d'amour. L'oasis ne tarde pas à prendre l'aspect d'une pépinière. Tout y devient symétrique; c'est en effet le reste d'une importante exploitation agricole dont Colbert, au XIIIe siècle, fit une ferme-école, à la place même où les soldats de Bonaparte devaient trouver un campement hospitalier et bien pourvu. On traverse ensuite une vaste plaine se relevant à l'horizon dans la direction d'Apollonia et de Césarée, fermée par la haute barrière des monts de Judée; c'est la plaine de Saaron, sans un arbre, parcourue seulement par les caravanes qui montent vers le Liban et des troupeaux de bœufs et de vaches d'une extrême petitesse. Les villages, bâtis en pierre grise, sont couverts par l'herbe. A perte de vue s'étendent des prairies ondulées et des blés naissants; de pâles anémones et de violentes tulipes piquent es pentes gazonnées; les lys et les roses, les giroflées rouges ou blanches ne poussent plus au bord des ruisseaux. Que dirait la colombe, la bien-aimée, la fiancée du cantique des cantiques, si elle venait errer parmi ces prés fleuris? elle ne pourrait plus s'écrier en contemplant la moisson parfumée : « Je suis le narcisse de Saaron, le lys de la vallée. » Au milieu de la plaine s'élèvent deux villages : Lydda et Ramleh ; le premier s'enorgueillit encore d'être la patrie de saint Georges, le second d'avoir vu naître Joseph et Nicodème. L'un et l'autre sont à tout jamais embellis de petites églises franques, œuvre des croisés, dix fois détruites, dix fois reconstruites avec les moellons encore percés de flèches et les pierres fracassées par les boulets des catapultes. Ces humbles églises, plus belles et plus touchantes que les glorieux temples voués à Mahomet, reçoivent la lumière par de charmantes fenêtres en plein-cintre, que l'on aime doublement pour leur grâce romane, si inattendue dans ce paysage, et pour les efforts qu'elles coûtèrent à ces merveilleux croisés, qui, entre deux batailles, pendant qu'ils récitaient leurs litanies, s'improvisaient d'ingénieux artistes. Ces nobles édifices servent maintenant au culte musulman. Ces jolies petites villes sont entourées de chemins encaissés entre des haies de cactus. À l'ombre des vieux arbres jaillissent des fontaines ; des voyageurs y reposent leurs membres fatigués en se livrant aux ablutions prescrites.

La plaine bientôt est striée de bancs de sables éclatants, et des roches surgissent au-dessus des gazons ; des vallons se creusent ; le sol se dénude, la mousse, remplaçant l'herbe fraîche, est vaincue elle-même plus loin par des lichens secs et poudreux, et la voie ferrée s'engage dans les défilés des montagnes de Judée.

Le paysage est âpre et sévère, désolé comme Jérémie qui naquit là-haut, au bord d'un abîme. La montée est insensible et la ligne de fer se prolonge sans qu'aucun brusque mouvement de terrain vienne en rompre la monotonie : on dirait un océan pétrifié. Vers l'horizon quelques tourelles ruinées se détachent tristement avec une parfaite netteté sur le ciel uni ; des éboulis de pierres descendent jusqu'au fond des ravins où un mince filet d'eau atteste seul la place du torrent. Une cabane à moitié démolie, est suspendue au-dessus d'une vallée profonde, sur un rocher escarpé. C'était, paraît-il, l'ancien poste des veilleurs, terreur des voyageurs, chargés de surveiller les brigands cachés le jour dans les cavernes, avec lesquels d'ailleurs ils ne tardèrent pas à faire bande commune. De rares villages sont perchés sur les plateaux qui couronnent les sommets; des caravanes se détachent à peine sur la grisaille du paysage, escortées par des bédouins et des fellahs qui n'ont plus la douce physionomie des chameliers égyptiens. Les visages se ressentent de ce sol aride et sauvage; ils ont je ne sais quoi de dur, de net et de précis, qui leur donne l'air sévère et impitoyable. Les quelques groupes d'habitations que nous apercevons, attestent d'ailleurs, par leur seul nom, les violences et les pillages qui les désolèrent. C'est Latroun, cité des voleurs (*Latronum vicus*); à laquelle se rattache le souvenir du bon larron. C'est encore, à l'ombre d'un petit bois d'oliviers, Abou-Gosh, ainsi nommé du nom d'un célèbre maraudeur judéen, dont Lamartine se plut à vanter la magnificence. Ses descendants, encouragés sans doute par l'hommage du poète, passent encore pour redoutables.

Abou-Gosh, outre son voleur, possède une ravissante église gothique, dite de Saint-Jérémie, qui depuis peu, a cessé d'être une écurie. Elle est toute simple, dénuée d'ornements, allie le plein-cintre à l'ogive, et ses trois nefs, d'inégales hauteurs, sont terminées par trois absides. Les murs sont couverts de fresques à demi effacées par le temps; pourtant on distingue encore la silhouette byzantine d'évêques revêtus du pallium. Après avoir dépassé un ruisseau, le Ouady-Kolonich, au bord duquel s'éleva un village prospère à l'époque romaine, on franchit le torrent du Térébinthe, sur un petit pont que Goliath eût renversé d'une chiquenaude avant que David ne lui décochât, à cette même place, une pierre de sa fronde. La montée terminée, on est au bord d'un véritable désert pierreux. Un groupe de fidèles pieusement agenouillés chante avec de pauvres voix affaiblies par la fatigue de la route, un cantique sacré; en effet quelques pas nous séparent à peine de Jérusalem, dont on aperçoit les murailles basses et monotones et quelques bâtiments semblables à des hospices ou à des casernes.

Dans un coin du wagon, un Turc, qui s'est endormi en tournant dans ses doigts un de ces chapelets d'ambre qui sont en Orient un objet de distraction, se réveille, regarde à la portière, se retourne, et dit simplement, tout comme le guide de Chateaubriand : « El Gods la Sainte. »

* * *

Jérusalem au premier abord semble triste et désolée, et la masse de ses maisons grises, à peine séparées les unes des autres par des ruelles étroites et tortueuses, enserrées dans de lourdes murailles, se distingue difficilement au milieu du désert aride, hérissé de rochers, qui l'entoure de tous côtés. — Quelques monuments tranchent seulement par leur éclat sur cet ensemble monotone et blafard. — C'est bien la « veuve des nations » telle que la voulurent les prophètes, pauvre et ruinée. — Mais, vue de l'extérieur, la Ville Sainte offre surtout l'aspect d'une forteresse avec ses murs à créneaux, ses tours formidables, ses courtines, ses barbacanes, ses portes bizarrement coupées comme celles de Damas, d'une belle élégance arabe, ou épaisses et massives comme celles de Jaffa. — Le souvenir des sièges fabuleux, des armées qui se ruèrent contre ces remparts, depuis les hordes asiatiques du roi de Babylone et les féroces tribus des Parthes, jusqu'aux troupes disciplinées des Romains de Titus, des Arabes d'Omar et des croisés de Godefroy, de Tancrède et de Saint-Gilles, vous envahit l'esprit et vous montre les brèches ouvertes par les boulets de pierre des catapultes, les tours roulantes couvertes d'assaillants, les prisonniers immolés et exposés sur les murs avec leurs sentences clouées sur la poitrine; toute une époque guerrière, chevaleresque, sonnante de fer et d'acier, pavoisée d'oriflammes, de drapeaux, d'étendards et de bannières; à la fois défilé guerrier et sainte procession.

Mais ces murailles et ces retranchements, à cause de leur inutilité présente, donnent à la ville un air de profonde tristesse et de vaine puissance. Une batterie d'artillerie aurait raison aujourd'hui de cette position.

* *

La ville est située sur une des montagnes de Judée qui aboutit à un plateau légèrement relevé vers le nord. De tous les autres côtés, des ravins profonds l'entourent. Elle domine les deux petites vallées semées de roches grisâtres et de pâles oliviers, creusées par les torrents du Cédron et de l'Hinnôm entre les flancs à pic de la montagne sainte et les pentes plus douces de la colline des Oliviers et des monts Scopus et du Mauvais-Conseil.

La ville est bâtie sur deux lignes parallèles d'ondulations, bornant le plateau et séparées par un léger vallonnement qui s'étend de la porte de Damas à la fontaine de Siloé. Mais chacune de ces élévations est elle-même divisée en un certain nombre de petits monticules : les

monts Moriah, dont le nom signifie « Dieu y pourvoiera »,
Ophel « noyau de la cité », Bezétha « ombrage de pierre
du temple de Salomon », Sion « la citadelle des Jébusites »
dont David seul eut maison, Acra « semblable à un croissant de lune ».

Ces simples éminences auxquelles s'attachent des noms connus depuis la plus petite enfance, alors que les lèvres inhabiles s'amusent à épeler leurs syllabes étrangères, vous émeuvent par leur petitesse. On rêvait un mont Moriah gigantesque, imposant, colossal, dont la cime toucherait les nuages, et l'on se trouve en présence d'une sorte de talus, d'une butte légère. Et pourtant on n'éprouve point de déception... On se prend d'une plus vive sympathie pour les lieux que l'on se représentait si vastes et si grands que l'esprit même avait peine à s'en figurer la majesté, et voilà que vous pouvez les contempler, les embrasser d'un seul regard... Il en résulte entre vous et eux une plus rapide intimité, une affection nouvelle; l'impression se trouve débarrassée des vaines entraves de l'admiration; rien ne vous domine ni ne vous écrase; et lentement, doucement, vous vous laissez gagner par une émotion tendre, discrète et profonde, qui amène à vos yeux la bienfaisante rosée d'une larme.

* * *

Suivons les rues au hasard. Elles sont hérissées de pavés pointus et bordées de hautes maisons grises ou noires où prennent jour de petites lucarnes grillées. Les moucharabiés n'ont plus l'élégant aspect d'une dentelle de bois et ressemblent plutôt aux sévères fenêtres d'un couvent. Plus de colonnettes soutenant le plein-cintre des portes, mais des piliers froids et unis : point d'emblèmes sculptés sur les battants de bois. Des flaques d'eau boueuse croupissent entre les dalles disjointes des payés; les rues et les impasses, parfois à gradins, plus droites que dans les autres villes d'Orient, sont traversées par de larges arceaux jetés d'un mur sur l'autre, surmontés de constructions misérables, véritables niches aériennes. La poussière qu'on y respire sous un ciel torride est fade et sans éclat; les pierres des murailles sont énormes et régulières; quelques marabouts crépis à neuf se détachent sur la teinte générale.

Les parties les plus élevées de la ville vers le nord, plus directement éclairées, se nuancent de jaune sombre et mat. Des oiseaux de proie planent sur le rempart dont les glacis poudroient au soleil. Point de bruit, point de fumée sur les toits, nimbant d'un voile bleuâtre la masse de la cité. Un roucoulement de tourterelles sur les figuiers et la voix d'un enfant qui chante perché tout nu dans un sycomore, où il fait la cueillette des « grains carrez de quoi faire des patenostres » : ce sont les seuls indices de la vie. Tout est vide, mort. La ville semble entre ses murailles gothiques et crénelées, dix-sept fois détruites, une séculaire et glorieuse recluse.

Vers l'est un large plateau naturel, nivelé par la main de l'homme, tombe à pic sur le champ des morts répandu sur les pentes de la vallée de Josaphat. C'est le Haram-ech-Chérif, comme le nomment les arabes, piédestal du temple de Salomon, reléguant hors de sa vaste esplanade les maisons et les ruelles misérables. — Du milieu de la ville serrés, pressés, jaillissent des dômes : ceux du Saint-Sépulcre, du Calvaire et mille autres, plombés, cuivrés, surmontés de croix de formes diverses; parfois on aperçoit un cyprès solitaire.

Vers le Cédron et l'Hinnôm, des rochers surplombent

de maigres carrés de blé, poussant parmi les tombes.
— Au loin la vue s'étend par delà des ondulations de
terrain presque régulières, qui semblent de prodigieuses
vagues subitement pétrifiées, jusqu'à la nappe allongée
de la mer Morte, dont les eaux lourdes et mates réfléchissent les assises rocheuses des montagnes de Moab,
aux cimes violettes, finement estompées sur le ciel bleu
pâle. Dans sa sauvage nudité, ce paysage dépasse en profonde et simple beauté les plus nobles sites. Que l'on
est heureux de ne point trouver de riches cultures sur
ces crêtes dénudées que les souvenirs ont pour jamais
embellies et qui se passent si bien de tout le reste! Ces
âpres oliviers accrochés aux flancs d'un ravin, dont le
pâle feuillage se dessine sur la roche grise, sont plus
émouvants que les plus belles forêts, que les allées
parfumées et touffues de la plaine de Saaron. Point de
lourds feuillages pour amortir les résonnances argentines ou sonores des clochettes des troupeaux et des
cloches des couvents, aux voix diverses claires et distinctes, à travers cette atmosphère si pure que l'on entend
des hauteurs de Sion la chanson du berger de Bethléem.

* * *

Lorsqu'on est habitué à ces mornes horizons, à l'aspect
sans couleur de cette ville et que l'on étudie la physionomie des individus que l'on rencontre, on s'étonne de
la trouver si vivante, si expressive, de voir les yeux
briller, les places et les marchés regorger de monde, de
croiser à chaque instant de longues caravanes de chameaux dont la silhouette est encore grandie dans la
pénombre des rues voûtées, accompagnées de fellahs et
de bédouins, arrivant du Liban ou partant pour le Jourdain. On ne tarde pas à reconnaître que l'on s'est

trompé et que la vie ruisselle à travers ces défilés étroits
et sombres avec une violence inouïe; on devine dans les
esprits la présence d'un élément nouveau.

Notre erreur est facilement excusable: point de cafés,
point de girandoles, point de magasins, tout au plus
quelques boutiques d'objets pieux, de chapelets en
noyaux d'olives ou en graines de sycomores; dans les
hautes murailles de petites fenêtres laissant à peine
filtrer à l'intérieur un peu de jour. C'est en vain que
nous chercherions un indice du commerce et de l'industrie, la fumée d'un haut fourneau, la cheminée
d'une usine, le péristyle de quelque établissement de
crédit, d'une bourse d'affaires, occupât-t-elle une salle
de café borgne, comme cela arrive souvent dans les
petites villes d'Orient; et immédiatement, raisonnant
d'après les données acquises et selon notre conception
de la vie occidentale, nous en avions conclu : c'est une
ville morte. Et voilà que soudain la vie la plus intense qui soit, la vie de l'esprit, toute de pensée religieuse, nous apparaît : dès lors nous la retrouvons partout, et chaque pas nous en montre l'incroyable
puissance.

**

Les Anglais n'ont pas pu établir de grands hôtels à
Jérusalem: le point de vue matériel préoccupe tout au
plus quelques touristes français ou britanniques, le
confort y est un mot vide de sens, et à cause de cela
même, tout le reste en est rehaussé. Les juifs ne se livrent
à aucune spéculation, les Grecs ne font point d'affaires,
et la société qui tenta de relier Jérusalem à Jaffa par un
chemin de fer vient d'échouer misérablement. Les droits
de propriété ou de servitude ne sont jamais l'occasion

d'un débat judiciaire; on ne songe pas à amener l'eau des torrents dans les petits canaux; le blé pousse là où il y en a, voilà tout; chaque famille récolte pour sa consommation personnelle quelques sacs d'olives; de rares fellahs en font le commerce; les coupes de bois du Liban n'y trouvent qu'un faible débouché; elles prennent aujourd'hui une autre route. De très bonne heure les brigands quittèrent les environs de la Ville Sainte, et descendirent vers la mer; ils disaient: « qu'il n'y avait rien à faire ». Point d'almées et d'odalisques; elles seraient lapidées dans les rues. Jamais une musique profane ne retentit dans un bouge; les femmes n'existent point pour les hommes, et ceux-ci n'attirent pas leur attention; les enfants connaissent à peine leurs parents, qui n'ont pas le temps de s'occuper d'eux; ils ne jouent pas aux billes; on les rencontre dans la campagne, sur les chemins, au milieu de la rue, faisant des chapelets grossiers avec des petits cailloux ou les baies séchées des arbousiers; ils ne demandent point l'aumône, vous pouvez vous promener sans être assailli par le cri qui n'a pas cessé de retentir à vos oreilles depuis deux mois : *Bakchich*, *Bakchich*. Les malheureux, couverts de guenilles, sont superbes de dignité.

Les musulmans, eux aussi, sont plus graves et plus recueillis; les femmes ne revêtent plus de *féredgés* de couleur claire, de *yachmaks* aux nuances éclatantes; elles se couvrent de voiles foncés.

Des ouvriers mahométans, occupés à crépir le petit dôme d'un marabout, s'excitent au travail par un seul cri : Allah! Allah! Dans les villages accrochés aux flancs des montagnes de Judée, les gardiens, les *gaffir*, se tiennent éveillés la nuit en criant: « *Oihédé*, un, l'unique; » et leurs compagnons répondent : *Matoutchánia*, il n'y en a pas d'autre. » L'idée absolue du dieu unique absorbe

chacun et préside aux actes les plus insignifiants. Chaque geste, chaque parole, est une prière inconsciente, une élévation vers quelque chose de supérieur; tout semble annoncer la contemplation d'une vision intérieure, la concorde et l'harmonie. Le nom de Jérusalem, qui d'après l'étymologie hébraïque, signifie : « Héritage de la Paix », paraît entièrement justifié; c'est bien « la ville bâtie pour jouir dans son propre sein, de la participation avec Dieu. »

* * *

A défaut d'hôtels luxueux, les couvents sont de paisibles retraites. Casa-Nuova, où les Pères Franciscains vous accueillent avec une prévoyante bonté, est une pieuse « hostelleria » propice à la réflexion qui, dans ces murs, est si naturelle et si spontanée. Tout est un sujet d'étonnement et d'enseignement auprès de ces pierres parlantes, baignées d'une atmosphère spéciale. L'activité mystique de cette fourmilière religieuse vous échappe tout d'abord, comme quelque chose de trop étranger aux préoccupations du siècle. Il faut se ressaisir au milieu de cette foule saintement énervée, parmi ces êtres misérables, mais qui ne souffrent point, absorbés qu'ils sont par une pensée unique comme la divinité à laquelle elle aspire.

L'église du Saint-Sépulcre, c'est le cœur même de Jérusalem; c'est de là que toutes les artères de la ville partent et distribuent le mouvement jusqu'aux extrémités de la cité. Autour d'elle se serrent les chapelles des couvents latins, grecs, ou arméniens : chacune veut être le plus près du glorieux tombeau.

On a peine à se figurer le lieu où se dénoue le drame de la passion. La pente qui mène au Calvaire est aujourd'hui couverte de maisons, et on ne peut suivre la Voie Douloureuse que grâce aux plaques de marbre qui indiquent la place des divines défaillances.

Le Golgotha et le Saint-Sépulcre ont été réunis dans un même édifice. On ne se rend donc aucun compte de la disposition primitive du terrain. Les fleurs et les brins d'herbe qui auraient poussé sur la terre nue, eussent été une source d'émotions plus abondante et plus profonde que ces voûtes éclatantes d'or et de pierreries. Pour qui s'élève au-dessus de ce mince détail, il n'importe guère. Mais combien de pèlerins, affaiblis par la fatigue et les privations, sont arrivés là et ont senti dans leur cœur un froid mortel, sous ces dômes surchargés d'ornements, où ils cherchaient en vain la trace des pas du divin Maître et la pierre de son tombeau.

Il y a quelques années un pèlerin russe, en se cachant derrière un pilier, avait échappé à la surveillance des musulmans; la nuit venue, il sortit de sa retraite et, à l'aide d'outils dissimulés sous ses habits, il s'efforça de desceller une des dalles de marbre qui couvraient le sol, auprès de l'édicule qui abrite le tombeau. Rempli d'une joie immense à la pensée qu'il allait contempler à nu quelques pouces de cette terre sainte, il perdit toute prudence et redoubla d'ardeur. Le bruit éveilla les gardiens, et ils surprirent le pauvre travailleur, au moment où la dalle de marbre allait sauter. On le fouilla en vain; on ne trouva sur lui que les outils nécessaires à sa besogne. Interrogé sur le but de son nocturne travail, il répondit : « Le corps du Seigneur a touché la terre à cet endroit lorsque Joseph et Nicodème le couchèrent dans son sépulcre. Leurs forces les trahirent sans doute; ils durent à plusieurs reprises plier sous leur fardeau et le poser sur le sol. Je veux baiser le sol qu'il toucha, coller mes lèvres sur cette terre. » Et le pèlerin fondit en larmes; il regagna sa lointaine chaumière sans avoir accompli le rêve qu'il avait caressé pendant une partie de sa vie. Son naïf et touchant raisonnement, bien d'autres l'ont fait sans doute, qui ont voulu baiser la trace des pas du Christ.

N'est-il pas admirable de voir que ce sont précisément les plus humbles, les plus petits et les plus honteux, ceux pour lesquels une pièce d'or est un spectacle inconnu et capable de les remplir de joie, qui souffrent de l'intermédiaire des châsses somptueuses, des étuis couverts de diamants et de rubis, des reliquaires constellés de pierreries; qui veulent baiser la terre nue, plus belle pour eux que toutes les richesses qui la dérobent à leurs regards, ainsi seulement ils goûteraient l'ineffable saveur de leur foi, et ils en resteraient heureux pour la vie entière. N'est-ce point justice que ceux que Jésus a le plus aimés jadis, sachent le mieux aimer aujourd'hui?

Le vaste temple du Saint-Sépulcre est irrégulier, lourd, écrasé sous ses deux coupoles sans grandeur et sans beauté, affligé de toutes les maladresses de l'architecture byzantine, retouché avec un goût déplorable par les Occidentaux. Il est assez plaisant que M. de Lamartine trouve cet édifice « supérieur à tout, et Sainte-Sophie plus barbare dans sa forme ».

Devant le parvis, une petite place sans horizon, rétrécie entre les murs des couvents avoisinants, sert à l'étalage des chapelets et des petites fioles remplies d'eau du Jourdain. C'est au milieu de cet espace libre que la tradition place la troisième défaillance du Christ « qui était fort affaibly et débilité du travail, peine, et basteures que lui avoyent fait les Juifs », comme dit le vieux pèlerin. A droite et à gauche, deux rues y accèdent par une porte basse. Tout Juif qui en franchirait le seuil est, d'après la loi musulmane, déféré à la vengeance des chrétiens, qui peuvent le tuer sans jugement et qui ne manqueraient point sans doute de souscrire en cette occasion aux ordres de Mahomet. On remarque sur la place quelques fragments d'un vieux portique, et la sonorité du sol indique que l'on marche sur une crypte; cette crypte à arceaux, est fort ancienne et l'on n'a jamais pu en préciser l'époque. Autour du lieu du mystère tout ne doit-il pas rester mystérieux!

Le parvis du Saint-Sépulcre.

Le vestibule, qui donne directement sur la nef, est occupé en partie par un divan sur lequel quelques Turcs, portiers et gardiens musulmans, fument majestueusement leurs chibouks. Ils sont tous membres d'une même famille chez qui cette charge est héréditaire; ils s'inclinent poliment devant le visiteur étranger et l'un d'eux, politique avisé, ne manque point de vous saluer par cette phrase : « Qu'Issa (c'est ainsi que les Musulmans nomment Jésus-Christ) te garde et te protège! Il est juste et grand, frère et ami de Monseigneur Mohammed! »

Au bout de ce vestibule on se trouve sous la large coupole de l'église, dont le centre, d'après les Grecs, correspond au centre même de la terre. Un vaste rectangle de marbre rouge l'occupe ; c'est la pierre de l'onction, où le Christ fut déposé après sa mort et frotté de baume et de parfums par les mains pieuses de Nicodème. Une famille circassienne, à plat ventre, tient la pierre embrassée, tandis que plusieurs Arméniens à haut bonnet attendent la fin de ces saintes démonstrations. Un peu plus loin, vers la gauche, deux femmes, portant le vieux costume national de Pologne, récitent quelque litanie auprès de la pierre circulaire indiquant la place où se tenait la Vierge pendant l'embaumement du divin corps. De tous côtés, de petites portes, creusées dans la muraille, communiquent par de longs corridors avec les chambres des custodes, les chapelles des couvents ou les réduits obscurs et enfumés, habités par les marchands d'huile et de cierges. Enfin on trouve au milieu de la rotonde, après avoir dépassé l'escalier qui mène à la chapelle arménienne, un affreux édicule couronné d'une balustrade à colonnettes, surmonté d'un dôme en forme de couronne, épais et lourd, surchargé de plaques de métaux précieux, *ex-voto* privilégiés ; tout autour se pressent les chapelles syriennes et coptes. Par une porte étroite, on pénètre dans la chapelle de l'ange, où la résurrection fut annoncée aux saintes femmes et qui donne elle-même sur la salle du Tombeau, si petite que trois personnes y tiennent à peine, ornée d'un si grand nombre de lampes d'or et d'argent qu'elles ne peuvent occuper le même plan et qu'on a dû les échelonner à différentes hauteurs. Une lucarne creusée dans le mur, sert, le jour du Samedi saint, à la cérémonie grecque du feu sacré.

Le patriarche, « l'évêque du feu », s'enferme à l'intérieur du Saint-Sépulcre, et supplie Dieu de faire descendre le feu sacré sur la terre. De tous les coins de l'Orient, les Grecs affluent vers Jérusalem pour assister à la sainte cérémonie; l'église se remplit de fanatiques, hommes et femmes, plusieurs jours à l'avance; ils s'installent dans le saint lieu avec leurs provisions.

Lorsqu'approche le moment où le feu doit descendre sur la terre, les soldats turcs, armés de sabres et de fusils, forment une haie pour prévenir tout désordre; mais c'est souvent en vain; l'agitation grandit, chacun veut être proche de la lucarne, objet de l'attention générale, et allumer le premier un cierge à la flamme sacrée. Les chevaux encombrent les abords de l'église, tout sellés, attendant leurs cavaliers, qui doivent rapporter dans les villages une parcelle du feu divin.

Soudain la lucarne s'éclaire et un falot apparaît, que tient le facétieux patriarche; c'est alors du délire, de la frénésie. On s'écrase, on se bouscule; des femmes arrachent leur corsage et se brûlent le sein, en hurlant qu'elles ne sentent rien; les barbes des vieillards flambent comme paille. Le feu se propage, éclairant les visages de ces possédés; dont quelques-uns sont venus des bords de la mer Noire où, dès leur retour, ils permettront à leurs coreligionnaires, moyennant un bon prix, d'allumer un cierge au feu qu'ils auront rapporté.

En 1833, trois cents personnes périrent étouffées. Ces horribles saturnales tendent à disparaître; mais la cérémonie subsiste quand même, et est encore, chaque année, une cause de désordre.

Les prêtres grecs entretiennent avec soin parmi les fidèles la vénération toute particulière qu'ils ont pour cette tradition; elle est pour eux un fructueux revenu qu'ils seraient fâchés de voir disparaître; leur cupidité est sans nom. Vers le milieu de ce siècle, ils ne se gênaient point pour vendre à des pèlerins superstitieux et exaltés par la longueur du voyage, des plans du Paradis où la place de l'acheteur était marquée à l'avance, et dont le prix était plus élevé à mesure que celui-ci désirait obtenir un rang plus rapproché de Dieu, de Jésus ou de la Vierge. On trouve encore chez de vieux Juifs brocanteurs, quelques exemplaires de ces spécimens de topographie céleste.

La jouissance du Saint-Sépulcre est concédée par le sultan aux communions chrétiennes; tous les rites y sont représentés : Catholiques ou Latins, Grecs, Arméniens, Coptes, Abyssins; tous y ont leur chapelle particulière et possèdent en commun les sanctuaires les plus vénérés; mais chacun n'a le droit d'y officier qu'à son heure, fixée par d'anciens règlements; un retard de quelques secondes serait la cause de véritables émeutes des communions rivales.

En continuant la visite du Saint Lieu, on croise des délégations de tous pays. Ici, c'est une troupe de Maronites, descendue le jour même du Liban; là, un groupe de femmes récemment arrivées d'un village de Galilée pour faire une neuvaine dans la chapelle de Marie-Madeleine, qui est élevée à la place où le Christ apparut à la pécheresse repentie; ce sont, paraît-il, les pieuses envoyées de leurs concitoyens, chargées d'expier par leurs prières la faute de leur petite cité qui abrita, sans que personne pût s'en douter, une femme de mauvaise vie, et de demander au ciel qu'il ne leur tienne pas rigueur de cette coupable ignorance. Ah! tous les mobiles mystérieux de ces pèlerinages, de ces prières exaltées! C'est seulement en les connaissant, en les notant chaque jour durant de longues années, que l'on pourrait tenter de fixer la physionomie de cette église, où la foule bariolée de la Babel chrétienne vient en cent idiomes

JÉRUSALEM 293

Maronite en tenue de voyage.

prononcer les mêmes mots d'humilité et de contrition. Ce même sentiment, si diversement exprimé, cette unité dans la pensée, cette variété dans la forme,

25.

voilà l'éternel contraste auquel est condamnée notre éternelle infirmité.

On trouve encore une foule de chapelles témoignant des épisodes de la Passion. C'est la chapelle de la Prison, celle de Longinus, toutes les deux appartenant aux Grecs; celle de Sainte-Hélène, d'une assez belle architecture byzantine, dont la coupole surbaissée et percée de fenêtres est soutenue par quatre colonnes massives, couronnées d'un chapiteau corinthien. Ce dernier sanctuaire appartient aux Abyssins, qui l'ont revendu aux Arméniens, moyennant une forte somme d'argent. Treize marches conduisent dans la chapelle de « l'Invention de la Croix », taillée dans le roc; une citerne voisine, depuis longtemps abandonnée, communique aux murs un léger suintement, que les bons esprits prennent pour les pleurs arrachés au rocher par la vue de la vraie croix. Un escalier de dix-huit degrés conduit à la plate-forme du Calvaire, divisée en deux chapelles, la chapelle grecque de l'Élévation de la Croix, et la chapelle latine du Crucifiement. A travers un treillage d'argent, on aperçoit vaguement le rocher qui se fendit lorsque Jésus expira. Il faudrait citer encore mille pierres décorées d'un souvenir sacré; mille emplacements de saints personnages qui, de près ou de loin, versèrent des larmes de pitié à la vue du Juste, dont le front couronné d'épines suait le sang et l'eau; mille niches vénérées où, sous leur sombre manteau, se dérobèrent les soldats convertis et les centurions touchés de la grâce, tous les agents du martyre terrifiés du crime qu'ils venaient d'accomplir.

L'atmosphère qu'on respire est tiède et embaumée. Des encens brûlent sans cesse dans des cassolettes d'or; les lampes ne se sont pas éteintes depuis des siècles; la décoration même des chapelles est lourde et trop riche; l'air est imprégné d'un parfum trop oriental dans cet édifice qui devrait être hors les lieux, comme il est hors les temps.

Chacun pourtant peut s'y émouvoir, qu'il croie en un Dieu fait homme ou qu'il admire un homme divinisé. Sans doute l'authenticité du Saint-Sépulcre est fort douteuse; mais il n'importe guère, si ce n'est aux savants soucieux du point de vue scientifique, que le tombeau ait été ici ou là; il suffit qu'on nous ait fixé ce lieu pour nous recueillir. Ceux qui ne trouvent point à épancher leur cœur sous ces voûtes, collaborent par l'esprit à l'émotion générale: Jérusalem n'est pas seulement une station religieuse; elle est encore une station *idéologique*, propre non seulement à vivifier les ardeurs de la foi mais encore à faire naître les exaltations intellectuelles les plus ardentes. La curiosité, l'intérêt, tournent vite en passion; tout sentiment déclamatoire tombe de lui-même en présence de ces souvenirs; ces lieux n'ont jamais eu de poésie que leur réalité; toute recherche dans l'imagination pour aider à les concevoir, toute cueillette dans les champs de fleurs de rhétorique pour tâcher d'en exprimer l'impression, ne sont que de vaines et odieuses superfétations. La beauté de l'Évangile ne vient-elle pas de sa simplicité? Chateaubriand et Lamartine abandonnent aux portes de Jérusalem l'emphase de leur période; ils deviennent presque sobres, ils semblent ne plus être eux-mêmes. La personnalité ne manque pas en effet de souffrir de ces impressions trop fortes; nos âmes sont portées au delà de leurs propres émotions et, en dépit des variations des aspirations, nous participons à des manières de sentir depuis longtemps abolies, à des sentiments qui nous sont étrangers; nous prenons part à la sensibilité universelle.

***

Bien des inscriptions vous attirent encore, auprès d'un arceau, sous le mur d'un jardin, à l'ombre d'un arbre, que ce soit le sycomore qui abrite la fontaine d'Ézéchias, ou les trois palmiers qui poussent devant celle de Caïphe. Ce sont là autant de chapelles où des pèlerins simples et graves se recueillent plus facilement, et ne sont point sollicités par des émotions diverses.

Le vieux voyageur Denis Possot qui, sans doute, avait la prière plus spontanée auprès du pilier grossièrement badigeonné de la petite église de Coulommiers que sous la nef de la cathédrale de Meaux, conserva les yeux secs en franchissant le seuil du Saint-Sépulcre, et fut profondément troublé « sur le chemin du mont d'Olivet, en passant devant la maison de la Véronique, laquelle voyant Nostre Seigneur qu'on menait crucifier, elle luy bailla un beau drap blanc pour nettoyer sa face qui estait toute deffigurée de playes et ordures, que les faulx tirans avoyent gestez contre luy. Et en mettant le dict drappeau contre sa dicte face, sa propre figure y demeura. Et est à présent, la dicte Véronique à Romme, moult précieusement et chèrement gardée. » Et sur ce, le bon pèlerin versa d'abondantes larmes, et « fut merveilleusement rafraîchi et fortifié par le dict événement ».

Ce sont encore d'innombrables couvents, qu'il faudrait visiter, étudier, avec leurs religieux, ambitieux, fanatiques, prêts à la révolte ou au dévouement. Deux prêtres arméniens descendent vers le Saint-Sépulcre de l'ancienne église de Saint-Jacques-le-Majeur, résidence de leur patriarche. Un musulman s'agenouille devant eux et leur baise les pieds, un autre les insulte, se détourne et crache avec dégoût. Personne n'est indifférent à quelqu'un dans cette ville unique au monde ; il faut toujours que la haine ou l'amour s'en mêle.

**

Le Haram-ech-Chérif est le centre de la ville musulmane, comme le Saint-Sépulcre est celui de la cité chrétienne.

Le Haram-ech-Chérif est proprement le sommet du mont Moriah, nivelé vers le Nord et remblayé vers le Sud par les rois de Juda. Ce vaste plateau de cinq cents mètres de long sur trois cents de large, enserré par le mur d'enceinte de la ville, séparé du reste de la cité du côté du Nord par la citadelle romaine et la tour Antonia, domine de toute la hauteur du rempart édifié sur une pente à pic la vallée de Josaphat et le cours encaissé du Cédron, qui s'épanouissent dans la direction de Bethléem, au milieu des jardins du roi David.

Sur cette belle esplanade, donnant de tous côtés sur un incomparable horizon d'une sérénité charmante, s'élèvent des fontaines, des *mimbers*, des portiques soutenus par des colonnes délicates et légères, des édicules coiffés de mitres couvertes de plomb ou de faïences. Tout autour, les ruines des balcons et des terrasses gisent sur le sol, parmi l'herbe courte.

Des cyprès d'un jet vigoureux montent vers le ciel ; un platane, chargé de nids de colombes, abrite les ruines d'une stèle de marbre ; de maigres oliviers jettent leur ombre sur des croyants endormis. Il règne là une majesté souveraine, silencieuse et déserte.

Au milieu même du Haram, sur une seconde plate-forme dallée de marbre, élevée de deux à trois mètres au-dessus de la première, la mosquée d'Omar se dresse, belle et gracieuse, de forme octogonale, comme sur un admirable piédestal. Le calife Omar, aussitôt après la conquête, et avec une finesse politique étonnante pour un musulman, édifia un sanctuaire sur l'emplacement du vieux temple d'Israël, pour montrer qu'il continuait la tradition monothéiste que le paganisme romain avait fait disparaître. Il ramassa lui-même dans sa tunique de pourpre, de sa main brillante de bijoux, les immondices et les ordures dont les chrétiens avaient souillé le mont Moriah.

Ce sanctuaire est sacrosaint pour les musulmans, et vient le troisième dans la hiérarchie de leur vénération, après ceux de la Mecque et de Médine. Il a été décrit si souvent qu'il est inutile de vanter une fois de plus la justesse de ses lignes; l'habileté de légers étranglements qui donnent à la coupole une incomparable élégance; la délicieuse décoration de mosaïques vert sombre où se détachent les lettres d'or des versets du Coran, de faïences du XVIe siècle délicatement colorées, d'arabesques, et de sculptures sur bois; la richesse des marbres des colonnes monolithes; et enfin la pénombre lumineuse, traversée de mille rayons changeants, provenant de l'éclairage de merveilleux vitraux formés de mille petits morceaux de verres dont chacun est unicolore, et qui sont assemblés avec une savante connaissance des harmonies les plus délicates, au moyen de moulures de plâtre assez profondes pour se teinter comme eux, en amortir l'éclat et réduire la couleur à l'état de nuances.

Le centre de la Rotonde est occupé par un bloc énorme de pierre fruste: c'est le saint des saints, le Sakrah, le vieil autel des holocaustes. — Ce rocher colossal, mis à nu au milieu de ce temple splendidement orné, n'est point d'un médiocre effet. — Le travailleur nocturne du Saint-Sépulcre n'eût pas eu besoin de recourir à l'effraction pour baiser l'objet de son adoration. Il occupe le centre de la mosquée, entouré par une grille de bois d'un beau travail. Une crypte est creusée sous la masse de l'autel de David, sur lequel Salomon déposa l'arche d'alliance. C'est cette voûte souterraine qui donna lieu à la légende d'après laquelle le rocher serait suspendu dans le vide, soutenu seulement par un palmier invisible, que maintiennent en l'air les efforts réunis des mères des deux prophètes Issa (Jésus) et Mahomet. L'ingéniosité des imans a élevé une muraille pour dérober à ceux qui regardent avec d'autres yeux que ceux de la foi, l'endroit où le rocher fait corps avec la montagne. — Les musulmans, essayant de rivaliser avec les vieux souvenirs, montrent à chaque pas les traces du Prophète. — Ici, c'est l'empreinte de son turban, là, de ses sandales. — Ils reconnaissent d'ailleurs, et le miracle en est encore rendu plus admirable, que Mahomet ne vint jamais dans la Ville Sainte, autrement qu'en rêve, monté sur El-Borak, son invisible jument. Le cavalier et sa divine monture s'envolèrent un jour vers le ciel à travers le rocher, où un large trou atteste encore la trace de leur passage. La pierre voulut suivre le prophète et commençait à s'élever lorsque l'archange Gabriel l'arrêta. C'est depuis lors qu'elle reste entre ciel et terre. Ces histoires chimériques n'ont d'autre intérêt que de nous révéler la méthode qu'employèrent les musulmans pour frapper l'imagination des hommes, profitant des moindres accidents de la nature pour les diviniser par quelque sainte légende : une grotte à moitié comblée, un large conduit par lequel la graisse des victimes sacrifiées sur l'autel s'écoulait sous la terre, c'en est assez pour inventer un beau récit capable d'occuper les pensées enfantines des simples esprits, déjà attachés depuis l'enfance au culte des poils de la barbe de Mahomet, de la selle de marbre de la jument El-Borak, ou de ce plat byzantin qu'est le bouclier de Hamzet, et qui a au moins pour lui d'être un chef-d'œuvre de ciselure.

Au sud de la mosquée d'Omar, la mosquée El-Aksa, vieille basilique justinienne, glorifiant la fête de la pré-

Le mur d'enceinte du Haram-ech-Chérif.

sentation de la Vierge, s'adosse à la muraille méridionale du Haram surplombant la vallée de Josaphat. — C'est en quelque sorte l'université de Jérusalem, comme El-Azhar est celle du Caire. Mêmes ulémas, le Coran à la main, mêmes auditeurs épelant à voix haute les notes qu'ils prennent sur des cahiers de parchemin.

Ici d'autres souvenirs nous attendent; c'est l'empreinte du pied de Jésus, son berceau de pierre; les musulmans ne vénèrent pas moins ces reliques que les précédentes. — En chemin, nous rencontrons, comme intermède comique, un pacha ventru qui s'efforce, mais

en vain, de passer entre deux colonnes, dites du Paradis, ce qui doit assurer son salut éternel. C'est, paraît-il, la troisième fois que le digne homme tente cette sainte entreprise. Le jeune custode qui l'accompagne lui dit avec un joli sourire : « Il faudra repasser. »

En faisant le tour du rempart, on aperçoit un fragment de maçonnerie avançant dans le vide, en face du mont des Oliviers; c'est la culée du pont invisible « plus fin que le tranchant d'un rasoir », qui franchit la vallée de Josaphat, sur lequel les fidèles passeront pour aller au Paradis au jour du jugement dernier. Un peu plus loin on peut admirer la Porte-Dorée, murée avec soin, car c'est par là que les chrétiens rentreront dans la Ville Sainte. Les colonnes de porphyre, qui encadrent la double issue du *Repentir* et de la *Miséricorde*, ont d'admirables tons orangés. — La tradition veut que ces colonnes aient été données à Salomon par Nicaulis, reine d'Égypte et d'Éthiopie, qui aurait pris soin de les transporter sur ses propres épaules, ce qui donne une idée on ne peut plus flatteuse de la force de cette royale négresse.

Mais on n'en est point quitte avec les vieux souvenirs lorsqu'on a parcouru en tous sens le Haram-ech-Chérif; il faut encore visiter les vastes substructions humides et enténébrées, séjour des djinns et d'une foule de petits démons orientaux, que l'on apaise facilement en jetant du seuil un caillou. Ces salles, encombrées de colonnes gigantesques, soulevées en voûtes mystérieuses, percées de citernes et d'impasses communiquant avec des labyrinthes plus profonds encore, forment un système compliqué de dégagements et de corridors. C'étaient là, disait-on, les prodigieux travaux du roi Salomon; mais on fut forcé de reconnaître tous les caractères de l'architecture hérodienne et d'abandonner la première hypothèse, malgré tout ce qu'elle avait de séduisant. — Les Croisés ne pénétrèrent pas sans effroi dans ces demeures souterraines; ils en firent des écuries, redoutant pour eux-mêmes l'odeur de sépulcre qu'on y respirait. Ce fut en effet le tombeau des milliers de juifs qui s'y réfugièrent lors de la conquête romaine, et dont les cadavres ensanglantèrent les eaux de la fontaine de Siloé.

C'est avec satisfaction que l'on se retrouve sur l'Esplanade, à l'air libre. — Il est midi, les muezzins apparaissent sur les petits balcons circulaires qui entourent le sommet des minarets, et entonnent leurs psalmodies nasillardes. Les croyants qui circulent sur le Haram s'agenouillent et se groupent autour des fontaines, où ils font les ablutions prescrites. — Le muezzin fait l'office de cloche. Mais quel regret de ne pas entendre les ondes profondes et sonores des bourdons d'une cathédrale, que les admirables échos de la roche nue multiplieraient à l'infini et qui, des hauteurs de Sion, avertiraient les pêcheurs du Jourdain de quitter leurs filets et de se mettre en prières!

En considérant les visages des musulmans assis sur leurs talons, et murmurant leurs oraisons en se balançant dans une cadence sans cesse plus rapide, on rencontre dans leurs yeux et sur leurs lèvres la marque d'une certaine agitation, mais point de ces larmes, de ces exténuements voluptueux qui donnent aux fidèles agenouillés sur les dalles sacrées du Saint-Sépulcre une attitude délicieusement prostrée et défaillante. Ces pâmoisons ne sont point naturelles chez les Orientaux, dont les sens sont endormis et qui négligent les êtres qu'ils pourraient aimer, parce qu'ils ne prennent pas la peine de les élever jusqu'à eux. « Il faut se baisser pour que les lèvres atteignent la chevelure d'une femme », dit un dicton musulman, qui ne fait que traduire sous une forme vulgaire, un enseignement coranique. Le trouble qui apparaît sur ces visages n'est que le résultat des mouvements désordonnés qui accompagnent la litanie chargée de réveiller une sensibilité et de susciter des émotions, qui perdent tout leur charme en cessant d'être inconscientes. De telles dévotions ont vite fait de devenir des curiosités; les cérémonies des derviches tourneurs, ou autres manifestations de ce genre, en sont l'exemple le plus frappant.

* * *

Le mur d'enceinte du Haram, du côté de l'ouest, formé de blocs énormes, domine une sorte de cul-de-sac auquel aboutissent des rues étroites : c'est le mur des Juifs. Ceux-ci avaient acheté le droit de venir se lamenter sur les ruines du temple de Salomon, depuis une époque fort ancienne, car saint Jérôme en indique déjà la tradition. Les musulmans les chassèrent de l'enceinte sacrée et menacèrent ceux qui tenteraient de s'y introduire du sort qui les attendait déjà au Saint-Sépulcre. C'est encore moyennant une forte somme d'argent qu'ils obtiennent aujourd'hui d'aller pleurer sur ces pierres qui remontent peut-être à Salomon ; les Romains, les Perses et les Croisés prélevaient déjà ce même impôt.

Tous les vendredis, ils viennent en foule gémir dans l'étroit couloir ménagé entre la vieille muraille et les constructions modernes. Ils arrivent par les petites rues adjacentes, un gros pentateuque sous le bras, vêtus de leurs plus beaux habits, suivis de leurs enfants et de leurs serviteurs; les plus riches coudoient les plus misérables; en chemin ils se rencontrent, se serrent la main ou s'embrassent.

La malédiction jetée sur la grande famille hébraïque apparaît là, mystérieuse et inexorable. Le sentiment de pitié que nous inspire cette foule loqueteuse et gémis-

Le mur des Juifs.

sante, se complique d'un peu d'admiration. Une telle persistance de la foi dans le cœur de ces êtres d'abjecte apparence n'est point, dans sa douloureuse manifestation, un spectacle indifférent. Ce ne sont pas seulement

26.

des prières que les Juifs viennent murmurer auprès de la muraille; ils versent des larmes, s'agenouillent, lèchent ces pierres, les étreignent, les caressent. Des femmes s'arrachent les cheveux; un vieillard appuie son front ensanglanté contre une arête vive. Tous psalmodient des litanies en vingt langues diverses et découvrent leurs cheveux aplatis et huileux, emprisonnés sous des turbans de toile grise ou sous des calottes de fourrure mangées de vermine.

N'importe, fussent-ils plus répugnants encore, ces pauvres désespérés sont plus nobles dans leur attitude humiliée, citoyens pleurant encore la patrie perdue depuis deux mille ans et dont ils ne peuvent attendre la résurrection que d'un miracle, que le mahométan qui, du haut de la terrasse, jette à leur vue des paroles d'insulte et de mépris, et que nous-mêmes, venus là par une curiosité toujours profane et souvent hostile, pour contempler une douleur à laquelle nous savons par avance ne pas devoir compatir.

La voix des rabbins domine les gémissements des fidèles; il énumère les raisons de leur douleur : « A cause du palais qui est démoli, du temple qui est détruit, des murs qui sont abattus, de notre majesté qui est passée, de nos grands hommes qui ont péri, des pierres précieuses qui sont brûlées, de nos prêtres qui ont trébuché, de nos rois qui les ont méprisés. » A chaque lamentation, la foule des Juifs répète avec un bruit confus, mêlé de sanglots et de hoquets : « Oui, à cause de cela, nous sommes assis solitairement, et nous pleurons ». Comme si une providence justicière voulait leur donner l'apparence du repentir qu'ils n'ont point, les Juifs viennent ainsi au pied du mur de la cité de David exhaler leur douleur, le jour même où ils mirent en croix un jeune homme de trente-trois ans, parce qu'il disait qu'il voulait racheter le monde.

Il n'y a pas à Jérusalem un quartier des Juifs, comme à Constantinople; ils vont partout. Les uns parlent espagnol, d'autres russe ou allemand. Les femmes ont pour la plupart la tête rasée et couverte de fleurs de papier. Les hommes ont de longues papillotes qui pendent, tristes et comme malades, le long des joues. Ce mode de coiffure leur fut inspiré par le désir, dont on retrouve partout les effets, de se différencier des musulmans autant qu'il serait en leur pouvoir, comme s'ils s'étaient complu, par un sentiment généreux et fier, dans la réprobation dont ils étaient l'objet et avaient voulu affirmer leur religion proscrite et maudite. Or, les Arabes se rasaient les tempes, obéissant par avance aux recommandations du Prophète qui fut, comme chacun sait, un hygiéniste consommé. Jérémie les appelle ironiquement les hommes « aux coins coupés ». Les Juifs voulurent alors être les hommes aux « coins non coupés. » C'est là l'origine de ces affreuses mèches qui encadrent leurs visages scrofuleux où les yeux, petites vrilles vert pâle, éclairent leur teint de tons livides.

Tels sont les descendants dégénérés d'un peuple admirable, attachés avec passion à ce sol aride où règne la Mort, « cette Reine des épouvantements ». Les insultes, les privations, les mauvais traitements leur sont indifférents, pourvu que sous les murs du Haram où le temple du Grand-Roi s'élevait et dont « il ne reste plus pierre sur pierre », ils trouvent un jour quelques pieds de terre accrochée au ravin du Cédron, sous laquelle ils puissent reposer au milieu de ce désert que n'ombrage aucun cyprès, que n'égaye pas, même en ce printemps, une violette, un brin d'herbe fraîche.

***

Nous retournons au Saint-Sépulcre à l'heure des cérémonies orthodoxes. Trois heures sonnent. La procession arménienne devrait déjà être là; les gardiens musulmans sont inquiets : on attend la procession grecque; on craint un conflit. A la porte, un groupe d'Albanais manifeste sa mauvaise humeur par de sourds grognements; deux d'entre eux sont armés : les Turcs leur parlent avec douceur et les prient de quitter, durant la visite des Saints Lieux, leurs pistolets et leurs poignards. Voici les popes grecs, presque tous originaires des îles, qui font leur entrée, revêtus de riches ornements dus pour la plupart à la prodigalité des pèlerins russes; ils sont couverts de gemmes et de pierreries, la tête ceinte d'un voile noir; l'évêque est escorté de jeunes acolytes aux corps minces et vigoureux, tenant de longs cierges, et précédé d'une troupe nombreuse d'adolescents, élevant vers le ciel les nuages parfumés de leurs encensoirs d'or.

On les arrête; ils veulent passer outre : les Albanais s'échauffent. Les Turcs redoublent de zèle et de douceur; la procession arménienne fait entendre ses lentes psalmodies : les Grecs comprennent la cause de l'arrêt qu'on leur inflige; leurs yeux flamboient, ils serrent leurs ostensoirs rageusement, comme des armes; les lances des bannières s'agitent, les Arméniens commencent à murmurer ; les deux cortèges vont se croiser : les Turcs se placent entre eux; les lèvres crispées par la colère, les archimandrites et les popes interrompent les chants sacrés pour s'injurier; mais, grâce à l'habileté et au tact des infidèles, les deux processions s'éloignent.

Et, chaque jour, ce sont des scènes analogues, des

dissensions, des rivalités, des compétitions dans le temple de Celui qui prêcha la concorde. Et l'on se rappelle, non sans effroi, l'origine hébraïque du nom de Jérusalem : l'Héritage de la Paix! Et l'on comprend l'utilité de la présence des infidèles, ces « hommes-tampon ». On en arrive à se demander ce que deviendrait le Saint-Sépulcre s'il n'était resté aux mains des musulmans? Il serait perpétuellement le lieu de sanglantes collisions. On a reproché à ces vigilants gardiens, qui depuis longtemps conservent une flegmatique impartialité, une odieuse et féroce intolérance. Dans le passé cependant certains faits parlent pour leur défense.

Ne devrions-nous pas nous souvenir que, lorsqu'il reprit la ville sur les chrétiens, ce charmant Saladin se contenta, pour purifier la mosquée qu'avait arrosée le sang de ses ancêtres, de revêtir une blouse de toile et de laver les murs et les pavés avec l'essence de rose que cinq mille chameaux de l'Yemen suffirent à peine à transporter, dans des outres en poil de chèvre. Mais les Croisés reprennent Jérusalem et affectent le soir-même la mosquée d'Omar au culte chrétien. Les musulmans, lors de leur seconde conquête, concèdent la jouissance du Saint-Sépulcre aux différentes communions. Dans le présent, il suffit d'avoir parcouru les rues de Jérusalem, d'être entré au Saint-Sépulcre, pour juger de la tolérance des croyants, et il est permis de se demander quelle serait la conduite des chrétiens s'ils occupaient la Mecque par droit de conquête.

Les Musulmans n'ont point de haine pour qui ne partage point leur croyance; ils pensent que « l'idée sanctifie la forme ». Leurs rapports avec les chrétiens sont plus pacifiques que les relations qu'ont entre elles les communions rivales. Ce n'est là qu'un simple exemple d'une loi générale : les disciples d'une même foi, séparés seulement sur quelques points de détails ou de forme, ont plus d'âpreté à s'entre-déchirer que les fidèles de deux religions différentes. Le jour de la Fête-Dieu, dans les rues de Constantinople, le Saint Sacrement, porté en procession, est abrité contre les violences des Arméniens et des Grecs par une double haie de soldats turcs.

* * *

La vue de toutes ces querelles peut étonner et choquer dans les murs de la Ville Sainte, mais le caractère unique de cette grande « ruche religieuse » n'en est pas amoindri. C'est un des charmes de l'Orient que de se prêter, grâce à son immobilité à travers les siècles, aux plus minutieuses investigations dans le passé. C'est ainsi qu'on peut apercevoir encore, par delà la Jérusalem moderne, le mouvement et la physionomie des siècles disparus.

Certes oui, les marchands et les pharisiens sont toujours triomphants; on les a chassés de l'enceinte du temple; ils se sont répandus par la ville; ils ont transporté un peu partout leurs tréteaux et leurs marchandises dans la vallée de l'Hinnôm; et ils peuvent retrouver encore le figuier feuillu, mais ne portant point de fruits, que la parabole désigne comme leur symbole. La persistance de ces hommes, restés semblables à leurs ancêtres, et de cet arbre qui pousse pareil à ceux qui poussèrent à cette même place, évoque d'une façon plus frappante le souvenir du divin Maître. Il n'est plus là pour renverser les tables des marchands et leur parler avec sévérité. Il n'est plus là pour dessécher le tronc du figuier stérile; cependant la ville est encore telle qu'Il la trouva; rien n'a changé. Lui seul a disparu, mais ses paroles vivent sur la bouche et dans le cœur des hommes : on baise la trace de ses pas comme au jour où Il gravit, monté sur l'ânesse, les hauteurs du mont Sion; jamais Il ne fut plus ineffablement et plus véritablement présent.

La cité apaisée et tranquille, privée de ses pharisiens et de ses marchands, ne vaudrait point ces grises murailles entre lesquelles circule une foule toujours prête à la sédition, fanatique jusqu'en des minuties, énervée et violente. Si Jérusalem avait l'aspect d'un couvent habité par des pèlerins résignés et silencieux, nous n'y sentirions pas aussi vivante l'idée de Dieu. Cette idée s'impose nécessairement.

La Ville Sainte n'est point une de ces villes, gentilles maîtresses, indulgentes à toutes les fantaisies du voyageur, offrant à ses pensées, légères ou sérieuses, des cadres gracieux ou mélancoliques; personne ne franchit les portes de ses murailles sans être fatalement et à son insu associé à l'exaltation générale. Il semble tout d'abord que cette puissante action du milieu sur l'individu doive l'annihiler. Et pourtant, c'est ici que les costumes nationaux ont gardé toute leur originalité et un cachet spécial, qu'il serait souvent impossible de retrouver aussi marqué dans le pays même de ceux qui les revêtent.

Les Moujiks conservent en dépit d'un ciel torride leurs pelisses et leurs bonnets de fourrures, les Abyssins leurs draperies de cotonnade bleue, les Circassiens leurs lourdes ceintures et leurs pesantes cartouchières, les Arméniens leurs hauts bonnets. Questionnons un riche marchand de blé, arrivé d'Odessa il y a quelques mois, il nous dira : « Pourquoi je garde ce costume qui m'étouffe? Mais pour que chacun, en me voyant, sache de quel pays je suis. Si j'agissais autrement, je n'aimerais point mon pays; on me prendrait pour un Autrichien ou pour un Arménien; c'est cela qu'il ne faut pas. Je viens ici pour mon âme, pour celles de mes amis, pour celle de mon pays tout entier. » Passons : voici un gros négociant, entrepositaire des bois du Liban; abordons-le. « Pourquoi je viens ici trois mois par année? parce que je n'ai point de pays. Nous autres Arméniens, nous sommes un peu les Savoyards de l'Orient, bien que M. de Lamartine nous ait comparés aux Suisses d'Europe. Le lien religieux est le seul qui nous unisse aujourd'hui et qui nous permette encore de parler au nom de notre nationalité, en dépit de notre langue corrompue. A Jérusalem, nous trouvons plus vivace cette religion qui nous est doublement chère. Nous sommes bénis par le patriarche d'Eschmiadzin; c'est nous qui avons découvert les curieuses tombes du mont des Oliviers. Ici nous sommes relevés de notre déchéance par les souvenirs que nous y avons laissés. Le jour où l'on pourrait leur fournir un abri, vingt mille des nôtres envahiraient la Ville Sainte. » Ces Coptes, ces Jacobites vous tiendront un langage analogue.

Nous avons vu l'opiniâtreté que mettent les Juifs à se distinguer par leur coiffure, en dépit de leurs costumes divers — gombaz de soie s'ils sont Orientaux ou pelisses fourrées s'ils sont Polonais — des Chrétiens qui les entourent.

Les musulmans, eux aussi, sont restés fidèles à leurs vieux costumes, à leurs turbans évasés et à leurs gandouras primitives. À leur insu, ils se sont laissé toucher par la belle gravité de l'Évangile. Leurs légendes et leurs traditions se ressentent de cette influence. Est-il rien de plus chrétiennement parabolique que cette affabulation expliquant les raisons qui déterminèrent Salomon à édifier le temple de Dieu sur le sommet du mont Moriah?

« Jérusalem était un champ labouré; deux frères possédaient la partie de terrain où s'élève aujourd'hui le temple; l'un de ces frères était marié et avait plusieurs enfants, l'autre vivait seul; ils cultivaient en

Moujiks en pèlerinage.

commun le champ qu'ils avaient hérité de leur mère; le temps de la moisson venu, les deux frères lièrent leurs gerbes, et en firent deux tas égaux qu'ils laissèrent sur le champ. Pendant la nuit celui des deux frères qui n'était pas marié eut une bonne pensée; il se dit à lui-même : mon frère a une femme et des enfants à nourrir, il n'est pas juste que ma part soit aussi forte que la sienne; allons, prenons dans mon tas quelques gerbes que j'ajouterai secrètement aux siennes, il ne s'en apercevra pas, et ne pourra ainsi les refuser. Et il fit comme il avait pensé. La même nuit, l'autre frère se réveilla et dit à sa femme : Mon frère est jeune, il vit seul et sans compagne, il n'a personne pour l'assister dans son travail et pour le consoler dans ses fatigues, il n'est pas juste que nous prenions du champ commun autant de gerbes que lui; levons-nous, allons et portons secrètement à son tas un certain nombre de gerbes, il ne s'en apercevra pas demain et ne pourra ainsi les refuser. Et ils firent comme ils avaient pensé. Le lendemain chacun des frères se rendit au champ, et fut bien surpris de voir que les deux tas étaient toujours pareils; ni l'un ni l'autre ne pouvait intérieurement se rendre compte de ce prodige; ils firent de même pendant plusieurs nuits de suite; mais comme chacun d'eux portait au tas de son frère le même nombre de gerbes, les tas demeuraient toujours égaux, jusqu'à ce qu'une nuit, tous deux s'étant mis en sentinelle pour approfondir la cause de ce miracle, ils se rencontrèrent, portant chacun les gerbes qu'ils se destinaient mutuellement. Or, le lieu où une si bonne pensée était venue à la fois et si persévéramment à deux hommes, devait être une place agréable à Dieu ; et les hommes la bénirent et la choisirent pour y bâtir une maison de Dieu ! »

De ces gerbes de blé remuées par des mains infidèles, ne se dégage-t-il pas un doux parfum biblique ?

Tout respire l'enthousiasme sur la plus âpre des montagnes. Les froids Luthériens, qui y arrivèrent avec des caravanes chargées de bibles allemandes, ne purent y réussir; et pourtant, dans les autres parties de l'Orient, leurs progrès sont chaque jour plus considérables.

Toutes les conditions d'influence se trouvèrent déplacées. Le cosmopolitisme qui ailleurs, pour les besoins du négoce, amène des concessions réciproques qui produisent une foule indifférente en dépit de sa bigarrure, eut à Jérusalem des exigences toutes contraires, qui commandèrent à chacun de ne céder aucune parcelle de son individualité et de l'affirmer jusque dans les moindres choses. C'est cette idée, sans cesse présente, qui donne aux esprits déjà enflammés par les pensées religieuses, une perpétuelle surexcitation. Tout se transforme devant leurs yeux pleins de flammes; cette terre dénudée et stérile est « un paradis où le vin a le souffle de la vie, la poussière le parfum de la myrrhe et l'eau des fleuves la saveur du miel ». Merveilleuse puissance d'un saint délire! Les visions, les révélations, sont si communes qu'elles perdent la qualité de miracle. — Un médecin depuis longtemps établi en Judée constate chez les malades chrétiens le rêve, qui là-bas est classé, du « Retour des Croisés. »

Mais la folie « hyérosolomitaine » a de moins inoffensives manifestations. Elle engendre la manie des persécutions, la jalousie, les haines, les conflits, les complots, les émeutes et les révoltes. Toutes les violences et toutes les dissimulations de la nature humaine sont mises au service de la cause sainte et exercées soi-disant à son profit, aussi bien que les plus sublimes vertus et que les dévouements les plus enthousiastes. C'est l'unique pensée autour de laquelle tout gravite, mais d'où justement découlent, dans l'ordre politique, les plus graves conséquences.

Ceux-là mêmes qui n'éprouvent pas de trouble et qui ne peuvent s'émouvoir directement participent à l'émotion des autres.

Tous les autres lieux de dévotion apparaissent comme créés par la fièvre mystique du pays qui les entoure, et pour cela même, ils sont propices aux exaltations spéciales, à l'édification de ces chapelles couvertes d'*ex-voto* dans lesquelles on ne saurait pleurer si l'on n'est pas de la paroisse. Sous cette coupole, où tant de larmes furent versées par des princes ou des mendiants venus de tous les coins de la terre, on retrouve toutes ces fièvres représentées et unifiées en une puissante harmonie. L'esprit éprouve une plénitude dans la satisfaction qui ne saurait plaire à un dilettante, ne goûtant dans sa souffrance ou dans sa jouissance que sa façon de souffrir ou de jouir. Aussi n'y en a-t-il pas à Jérusalem.

Quelle que soit l'âpreté et la mesquinerie de ces dissensions devinées à chaque pas dans Jérusalem, il faut, sans s'arrêter à l'apparence, pénétrer jusqu'au mobile de toutes ces passions déchaînées et de ces funestes contradictions. Alors seulement on découvrira la force commune qui leur donne une incomparable noblesse, on les aimera pour leur désintéressement et leur abnégation. On sera consolé par la pensée que ceux qu'elles agitent et qu'animent entre eux les haines les plus violentes, sont poussés aux pires excès par un même dévouement à une cause supérieure, à une « vérité abstraite, que chacun d'eux voit sous un angle partiel. » Et le nom de Jérusalem vous reviendra sur les lèvres : « l'Héritage de la Paix » singulièrement expressif, et chargé des plus graves enseignements. Il rappellera que c'est dans la Ville Sainte que fut déposé le précieux trésor de la concorde universelle, et le but unique, vers lequel chacun tend de tout son cœur et de tout son esprit, témoigne de ce legs divin. Mais aussi les discordances de toutes ces voix, qui chantent un même hymne, révèlent assez l'infirmité humaine de ces héritiers qui, au mépris des liens puissants qui les unissent, gaspillent de leurs mains infâmes « l'Héritage de la Paix » et montrent comment jusqu'en ses plus nobles élévations « l'esprit est suivi par la chair. » Le parfait ne peut nous apparaître qu'en cessant d'être parfait.

En réunissant entre ses murs les plus ardents disciples de toutes les églises, quelle que soit la pierre qu'ils baisent de leurs lèvres enfiévrées, la roche du Calvaire, l'autel des Holocaustes ou le mur du vieux Temple, Jérusalem, triste et glorieux rocher où brilla pour la première fois aux yeux des hommes la lumière de l'unité divine, a restitué à la religion son véritable sens en

Sur la route de Béthléem.

dégageant des contingences formelles et passagères, la formule essentielle qui seule est éternelle.

* * *

Autour de Jérusalem, que de souvenirs plus simples et plus émouvants, semés à travers la campagne, embellissant d'humbles bourgades : un arbre, un rocher, une citerne vide.

C'est à Bethléem que va tout d'abord la pensée, dès qu'on a franchi les limites de la Ville Sainte. Bethléem s'étage sur une colline pierreuse, plantée d'arbres aux pâles feuillages. On place volontiers dans les champs qui l'entourent de beaux troupeaux paissant l'herbe fraîche, sans doute parce que le roi David y garda les brebis. A la vérité, on voit au bord des routes de maigres agneaux quêtant une rare verdure, et des chèvres léchant sur la roche les lichens séchés. Mais une tranquillité prodigieuse donne à ce paysage une physionomie spéciale. Sur les crêtes dénudées des collines, sur les bois d'oliviers qui couvrent le coteau, de l'horizon noyé tombe sur la terre une admirable sérénité, un grand apaisement; je ne sais quel calme vous entoure qui vous pénètre de douceur. On sent qu'on est auprès d'un berceau, et que la petite cloche qui s'agite dans le couvent latin retentit jusqu'au bout du monde dans la nuit de Noël, annonçant à tous le divin anniversaire. Ce n'est pas sans une profonde émotion que l'on voit se lever derrière les terrasses plates des maisons, à travers les branches torses et maigres des oliviers, bien pâle encore mais si fraîche, l'étoile tremblante comme une goutte de lumière, l'étoile que l'on aime pour sa douceur et sa mission, l'étoile des Rois Mages.

C'est à Bethléem, que Joseph « qui était de la maison et de la famille de David », s'en vint « pour se faire enregistrer avec Marie, son épouse, qui était enceinte ». Et tous les propriétaires des champs environnants, à quelque religion qu'ils appartiennent, montrent sur le sol rougeâtre de leur petit domaine une pierre où Marie se reposa, un figuier où Joseph cueillit un fruit, un filet d'eau où il se désaltéra.

Sur le penchant de ce monticule, une tour écroulée rappelle le passage de Paule et de sa fille Eustochie, ces princesses romaines qui délaissèrent leurs villas urbaines pour venir en Terre Sainte se consacrer à Dieu.

« Ce furent de grandes dames, très belles et très bonnes », nous enseigne une vieille femme, qui possède les dernières pierres de l'édifice élevé par les soins des deux patriciennes. Une charmante toile nous les montre mortes, et étendues dans le même cercueil. « Par une idée touchante, dit Chateaubriand, — que la présence de ces deux romaines dans le saint lieu transportait d'aise, — le peintre a donné aux deux saintes une ressemblance parfaite ; on distingue seulement la mère de la fille, à sa jeunesse et à son voile blanc. L'une a marché plus longtemps, et l'autre plus vite, dans la vie, et elles sont arrivées au port au même moment ».

Il est juste qu'à Bethléem les femmes soient en possession du souvenir ; tout y est ineffablement doux et tendre, depuis l'eau des sources jusqu'à la voix des enfants et des vieillards, qui vendent dans les rues des chapelets et des objets de nacre sculptés.

Chacun sait la grâce étrange des Bethléemitaines, la coquetterie et l'antiquité de leur costume. La chemise de laine rouge, le voile blanc chargé de broderies s'échappant d'un haut bonnet couvert de pièces d'or et d'argent et de chapelets en grains de corail, leur donne une silhouette étrange : toutes ont les yeux clairs et doux, et, lorsqu'elles portent dans les bras un petit enfant, la pensée de la Vierge vous vient inévitablement à la mémoire. Elles marchent fièrement, toutes bruissantes de métal ; et il faut les avoir vues puiser, avec des gestes lents et gracieux, l'eau fraîche à la source voisine dans une cruche de forme ancienne. Elles vivent au milieu de leurs enfants, elles leur apprennent à leur manière l'Évangile, qu'elles ignorent souvent mais dont elles n'altèrent point pourtant la merveilleuse simplicité. Elles ont de vieux souvenirs fidèles et tranquilles, et pour leur quenouille une laine abondante. Elles n'ont point de soucis, point de peines. Dans ce repos digne des civilisations disparues, dans cette vie paisiblement religieuse, est le secret de leur beauté sereine, de leurs visages réguliers, de leurs regards que l'on n'oublie pas plus que le ciel étoilé des nuits de Syrie, une fois qu'on en a senti le charme tendre et profond.

La grotte de la Nativité, sur laquelle est construite la

Bethléem.

Basilique, bénéficie de son exiguïté, des ténèbres qui l'emplissent et de ses corridors mystérieux, qui aboutissent à l'oratoire de Saint-Jérôme.

Des roses d'or et de vermeil brillent sous la roche obscure. Depuis Louis XIII, une belle lampe d'argent, dont il fit don aux saints lieux, ne s'est pas éteinte. Les cierges imprègnent l'air d'une forte odeur de cire, et la nuit est piquée de leurs petites flammes livides. On reconstitue sans peine la scène de la crèche ; la minutieuse exactitude de l'Évangile permet une complète évocation. Avec quelle joie émue on enlève par la pensée toutes ces richesses, tous ces ornements constellés de gemmes, pour placer au fond de cette niche creusée dans la roche, la paille du petit berceau !... Mais ces trois hommes aux traits graves et calmes, agenouillés dans cette autre excavation, ne diffèrent point beaucoup sans doute des rois mages : comme eux ils ont de beaux regards ; leurs présents sont plus humbles peut-être, mais leur visage respire la noble majesté des races

La porte de Damas.

éveillées au pied des cèdres du Liban ; ils ne sont point déplacés dans le tableau que notre esprit fait revivre.

Dans le petit enclos du couvent latin, de bons moines espagnols et italiens lisent leurs oraisons en se promenant à travers les allées étroites plantées de buis. Le chant lointain d'un pèlerinage arrive à leurs oreilles et, tout en murmurant leurs litanies avec des yeux tendres et joyeux, ils regardent dans l'atmosphère transparente du soir le soleil descendre sur les pâturages des montagnes d'Idumée. Un faible cri dans la campagne, la clochette d'une chèvre dans les rochers ;... tout s'endort, tout s'éteint doucement, tout doucement, dans le grand apaisement de la nature.

Nous rentrons à Jérusalem, le soleil couché. Bien que le ciel soit rempli d'étoiles, la nuit est ténébreuse : les rues sans fanaux, obscures, presque sinistres. La ville est déserte; un juif passe en maugréant, ivre à demi, une lanterne vacillante guide, autant qu'il se peut, ses pas incertains ; un chien hurle lugubrement dans le lointain; de rares lumières agonisent derrière les car-

Le Tombeau des Rois.

reaux ternis. Un froid glacial tombe sur la ville. Mais voici la petite croix brillante éclairée par une lampe plus vivace, et dans le silence la clochette du couvent tinte argentine et sonore. Le père portier tire le cordon et, à peine éveillé, murmure avec un léger zézaiement italien : « Bonne nuit, bons messieurs, le Sei-
« gneur vous soit en aide et habite avec vous cette
« demeure ». Puis tout retombe dans le silence; les longs corridors de pierre déserts et froids retentissent seuls du bruit de nos pas.

JÉRUSALEM

* * *

Au hasard de la promenade, nous sortons par la porte de Damas aux créneaux pittoresques, et nous suivons la route crayeuse. Sur le bord du fossé qui longe la fortification, quelques Arabes déguenillés et superbes préparent le café sur un petit feu doux qu'ils alimentent

Le Tombeau d'Absalon.

d'herbes sèches et de fiente de chameau; ils mangent à belles dents des galettes de maïs en regardant dans l'air monter la fumée bleuâtre, tandis qu'à la porte d'un gourbi de roseaux, deux enfants, à moitié nus et couverts de vermine, sucent mélancoliquement le jus grisâtre d'une canne à sucre taillée en petits morceaux.

Nous gagnons la campagne, transformée en une véritable nécropole. On ne trouve que des hypogées mystérieux aux longs couloirs. Ce cimetière souterrain est en même temps une carrière; la pierre extraite est remplacée par un cadavre. Nous rencontrons un tombereau chargé de matériaux qui se dirige vers la ville, et bientôt quelques Juifs portant en terre l'un des leurs dans une petite caisse de bois.

Le paysage est d'une singulière beauté. Au loin le Moab se teinte de pâle lilas, et une buée transparente monte de la mer Morte. De grands noms retentissent à nos oreilles et l'on nous montre : « le Tombeau des

Siloé.

Rois », celui « des Juges », dont les attributions hypothétiques donnent à ce champ de mort, s'il est possible, une plus grande solennité. En tournant vers l'est, nous gagnons la vallée de Josaphat; ce sont encore des tombes qui nous entourent indéfiniment. Les innombrables taches blanches des pierres taillées éclatent au soleil. Ici les corps sont déposés à fleur de terre; de temps à autre on rencontre d'étranges édicules, auxquels sont attachés des noms fameux de l'ancien Israël : c'est le tombeau d'Absalon, celui de Josaphat, celui de Zacharie.

La vallée de Josaphat et le mont des Oliviers

28

En poursuivant sa course on atteint, à l'extrémité du ravin du Cédron, Siloé, petit village étagé sur la montagne, dont les habitants ont aménagé en maisons les anciens tombeaux. On y rencontre une singulière population au visage hâve et fantômatique; des vieillards ont l'air de squelettes vêtus d'un reste de chair en décomposition.

Auprès de cette étrange bourgade, il est une petite oasis où jaillissent des sources vives que l'on embellit encore du souvenir de la Vierge, qui venait y puiser l'eau « comme les filles de Laban au puits dont Jacob ôta la pierre ». C'est là peut-être, dans cette cavité taillée dans le rocher, que de ses mains si douces elle lava les langes divins. Mais en cette terre de la douleur, on ne peut longtemps s'attendrir auprès d'un charmant souvenir, et voici à quelques pas de nous un prodigieux mûrier, qui marque la place où Isaïe fut scié en deux sur les ordres de Manassa.

Aussi bien de toutes ces vallées étroites, de toutes ces stations pieuses, il en est une qui nous impressionne plus profondément : c'est cet enclos cultivé aujourd'hui par d'habiles jardiniers et planté de tulipes et d'anémones, qui porte le nom de Gethsémani. Un religieux s'y promène et surveille les travailleurs; mais en dépit de cet inconcevable sacrilège, à l'ombre de ces vieux oliviers, des pensées inconnues envahissent votre esprit, et votre cœur s'agrandit comme pour recevoir des émotions nouvelles.

Nous gagnons le sommet du mont des Oliviers. Le canon de la ville annonce qu'il est six heures. Derrière les montagnes qui bornent notre vue, le soleil décline, un reste de clarté voltige encore sur les hauteurs de Bethléem.

Constantinople.

Constantinople.

> Un charme dont je ne me déprendrai jamais,
> m'a été jeté par l'Islam au temps où j'habitais les
> rives du Bosphore.
> (PIERRE LOTI.)

Dès le petit jour qui se lève au-dessus du flot de Marmara, au fond d'un ciel laiteux, nous croisons mille embarcations se dirigeant vers les Dardanelles, dont nous avons franchi les passes. Dans la nuit nous avions aperçu les rives vallonnées dominées par les tumuli, tombeaux d'Achille et de Patrocle, sur lesquels des moulins à vent dessinaient leur silhouette ailée. Les embarcations qui dansent dans le sillage de la *Touraine* et qui viennent de quelque crique du Bosphore ont des noms prestigieux : ce sont des « pyroscaphes » des « argosils », des « mahonnes » et plus près de la terre, des « caïques », chaloupes longues et légères fendant l'eau avec une prodigieuse rapidité.

Le rivage se dessine, la mer se resserre; les côtes

d'Europe et d'Asie semblent courir l'une au-devant de l'autre comme pour se joindre, estompées par une gradation insensible de teintes gris perle et bleu cendré. Les lames courtes, troublées par le fort courant qui vient de la mer Noire à travers le Bosphore, clapotent contre le flanc du navire; des vols d'alcyons s'envolent bruyamment dans la direction de l'île des Princes, baignée dans la vapeur rose du matin. Les dômes et les minarets brillent sous le soleil plus haut, et le sommet de l'Olympe de Bithynie apparaît, dominant la côte d'Asie et les montagnes d'Anatolie, couvertes de neiges éternelles. Les murailles qui enserrent la ville resplendissent, le château des Sept-Tours dresse sa masse sombre et imposante au milieu d'une verdure fraîche et fleurie; à droite, la pointe du Seraï avance toute blanche dans le flot bleu; autour des rochers, la mer transparente prend des teintes d'aigue-marine et de claire émeraude. De nouveaux minarets étincellent dans la lumière; à chaque instant leur nombre se multiplie; les coupoles inondées de soleil s'étalent lourdement au-dessus des murs et des maisons.

On double la pointe du Vieux Seraï, qui laisse deviner, à travers les créneaux de ses murailles, ses villes de kiosques et ses labyrinthes d'allées et de bosquets. Un plan incliné et lisse tombe presque à pic dans la mer; c'est là qu'on laissait glisser, enfermées dans un sac, avec un chat et un serpent, les odalisques infidèles.

La rive d'Asie se développe, toute parsemée de villages, de blanches mosquées, de bois de platanes et de jasmins. Voici Scutari, avec ses maisons roses et jaunes entourées d'un immense bois de sapins et de sycomores, avec ses baies fleuries d'ombre et de soleil, bordées de cyprès qui se reflètent dans l'eau transparente comme dans un miroir, avec ses lourdes casernes et sa couronne de montagnes aux cimes bleuâtres. Plus loin Kadi-Keuï, la ville des juifs, l'antique Chalcédoine, toute brillante à travers une buée scintillante et comme nuancée. Voici enfin la Corne-d'Or, dominée à gauche par Stamboul, au fond par la mosquée d'Eyoub, à droite par les villes franques de Galata et de Péra, dont les rues s'enchevêtrent et dégringolent vers la mer. Toute une nuée de petits vapeurs, de barques étranges aux voiles bizarrement découpées, couvrent le flot. La tour de Séraskier et celle de Galata élèvent vers le ciel leur haute silhouette au-dessus de la ville, qui semble être la réunion de cent villes débordant d'Europe sur l'Asie, cachée dans les vallons, éclatant sur les hauteurs et les plages, ne perdant pas un pouce de terrain, ruisselante de clarté et de couleurs, jetée indolemment sur sept collines, prodigieuse courtisane qui se mire depuis des siècles dans les eaux profondes de ce bras de mer taillé dans un saphir. Et, au milieu de cette cité des *Mille et une Nuits*, jaillissent des bois, des jardins, qui vous souhaitent la bienvenue en vous envoyant les chaudes et lourdes senteurs des térébinthes; une forêt de cyprès gigantesques se dresse à côté de celle non moins fournie des minarets; un rayonnement d'or éclabousse ces splendeurs et vous annihile, vous enlève jusqu'au sentiment de cet éclat et de cette majesté.

* * *

Le charme de l'Orient a souvent séduit l'Occident. Les récits à demi inventés, que les voyageurs du XVIIe et du XVIIIe siècle rapportaient de ces lointains pays, étaient un des divertissements des ruelles et des salons; ils excitaient tantôt le rire, tantôt les larmes, et ce mélange même était d'une grande volupté. Le décor et les personnages ne variaient guère : des femmes glissant demi-nues sous l'œil terne des eunuques à travers une vapeur d'encens, parmi les satins chatoyants et les gazes légères; tandis que, dans les cours pavées de faïences étranges, le cimeterre du bourreau et les poisons du médecin secret accomplissaient leur sinistre besogne. C'est de ces contes de sang et d'amour que se grisait le plus volon-

Le château des Sept-Tours.

tiers cette singulière courtisane qui fut Ninon de Lenclos; et, dans les plus gais soupers du Régent, la Parabère et la Sabran se plaisaient à faire chanter à l'oreille, par quelque coquillage exotique, les vagues des rivages d'Asie.

La vapeur et l'électricité ont rapproché de nous cette féerie, elles ne l'ont point détruite; l'enchantement subsiste, mais pour des raisons différentes, presque opposées. L'Orient apparaissait aux esprits du XVIIIe siècle comme un décor d'une richesse inouïe, non seulement en couleurs, mais en parures de toutes sortes; aujourd'hui nous l'aimons, sans doute pour la beauté d'un ciel prodigue d'inoubliables mirages, mais aussi pour la mélancolie que lui donne la gloire évanouie du passé, pour ses citernes abandonnées, pour ses joyaux éteints, pour ses panaches fripés, et nous nous plaisons à contempler les étoffes qui nous sont rendues précieuses par leurs couleurs mourantes.

Les quais.

Tout le prestige merveilleusement fané de ce seul nom : Byzance, plane dans le vieil or dont le soleil couchant drape les dômes et les minarets. La mer, bleue tout à l'heure, devient violette, mauve vers l'horizon où le ciel éclaire encore faiblement la côte, les arbres de la plaine : cyprès, arbousiers poussés entre deux rocs, pâles oliviers accrochés à la falaise, mêlant un peu de nature à tous ces palais qui sommeillent.

* * *

Mais, avant de contempler les ruines de ce passé, on est frappé par le mouvement incroyable de voitures, de piétons de toutes couleurs aux costumes les plus divers, de chaises à porteur bariolées, de portefaix (hammals), d'Arméniens « ces chameaux turcs », de Grecs, de Bulgares, de Serbes, de Croates, d'Égyptiens, d'Anglais, de Russes et de Circassiens, dont le double courant traverse le pont de bois jeté sur la Corne-d'Or, qui conduit de Stamboul à Galata. Mille cris s'entrecroisent en mille langues diverses; un gardien, vêtu d'un long sarreau blanc, perçoit à chaque extrémité la pièce de menue monnaie qui constitue un fructueux péage. Il y a tant de choses à regarder qu'on n'en voit aucune; ébloui par tout ce bruit et tout cet éclat, vous baissez les yeux pour vous reposer, et les centaines de bottes, de bottines, de sandales, de babouches que vous apercevez, vous disent assez déjà la bigarrure de cette foule; il y en a de toutes formes et de toutes couleurs : de pointues, de carrées, de recourbées, d'aplaties, à talons, sans talons, montant jusqu'au genou, n'arrivant pas à la cheville, en maroquin rouge, noir, jaune ou bleu, en cuir verni ou lisse, en fourrure, surchargées de cent pierres diverses, tout unies, en étoffe, en soie, en brocart, en velours. On dirait une exposition universelle de la chaussure, et ce simple détail du costume vous donne une idée de la diversité prodigieuse de toutes les nations défilant devant vous, comme ces gravures qui illustrent le chapitre « Races et peuples », dans les livres de géographie destinés à l'enseignement primaire.

Et pourtant, en dépit de ce mélange, les rues de Galata sont tout européennes, celles de Stamboul tout orientales et asiatiques; ce double courant est semblable à un ruisseau qui arrive dans la mer, sans parvenir à en changer la couleur. Stamboul est aussi éloigné de Péra que si un océan les séparait, et cependant quelques planches jetées là suffisent pour relier les deux villes.

* * *

Du milieu de ce pont, Stamboul vous attire, comme la solitude au milieu de la foule, comme le silence au milieu du bruit. A peine, en effet, a-t-on dépassé l'extrémité du pont et la petite place couverte de poissons, de coquillages, de coraux et de toutes sortes de marchandises marines, que l'on trouve dans les rues montantes et mal pavées, un paisible recueillement. Les habitations sont petites, souvent striées de raies jaunes ou rouges; sur les portes sont peints des signes énigmatiques; des grilles d'un travail bizarre et compliqué en défendent l'accès; peu à peu le jour diminue, on ne voit plus le ciel que comme un étroit ruban. Les parties hautes des maisons avancent sur les étages inférieurs; et parfois semblent prêtes à se rejoindre. Des treillages de bois placés devant les fenêtres, font de ces moucharabiés surplombant la rue, des vérandahs mystérieuses et closes. A travers les fines découpures du bois on aperçoit l'éclat bariolé de vitraux adoucis par une couche de gypse fouillée au couteau. Par moments on entend un éclat de rire, et le murmure de voix féminines parvient jusqu'à vous; mais le bruit de vos pas fait bientôt cesser toutes ces démonstrations. Des murs bizarrement enluminés abritent de petites cours intérieures, parfois couvertes d'un velum; une eau vive s'y égoutte joyeusement en jet d'eau minuscule dans un bassin de marbre; des carreaux de faïences aux tons passés donnent à la paroi de ce « patio » une agréable fraîcheur. La rue est toujours déserte; c'est à peine si l'on y rencontre quelque enfant suçant une figue verte, assis sur un pavé; il semble que toute la population ait quitté le quartier pour aller à une fête voisine, et l'on s'étonne de n'en pas entendre la rumeur lointaine.

Vers le sommet de la colline que l'on gravit, des troupeaux de chèvres broutent l'herbe poussée à l'ombre des murs. Les maisons deviennent plus riches; vous rencontrez sans cesse de belles fontaines et l'on ne voit même pas, auprès de la vasque remplie d'une eau pure, un pieux musulman lavant jusqu'au coude ses bras bronzés. Où chercher quelque être vivant, puisque la fontaine est déserte? Des monuments, grands ou petits, apparaissent au milieu des jardins; des minarets s'élancent parmi les arbres au noir feuillage; des saules couvrent de leurs branches pleureuses et fleuries quelque mausolée de marbre ou de lapis, oublié là dans cette fraîche oasis, abandonné dans sa splendeur. Rien n'est triste comme ces tombes couvertes d'arabesques, de mosaïques, de lettres d'or, de statuettes en bois de cèdre, près desquelles ne vient s'agenouiller personne, pas même un ami. Les balustres dorés, qui entourent ce charmant édicule où dort un vieux sultan, entre deux mimosas, ne se sont pas ternis sous les mains trempées de larmes.

Mais voici des voitures de pachas, traversant de grandes places éblouissantes de soleil, des officiers portant un ordre, des eunuques à gueules de chien, une troupe de comédiens d'Asie, et, dans une chaise à porteurs peinte à grands ramages et couvertes de fleurs et d'oiseaux, à travers les rideaux de soie noire, l'ivoire bruni d'une main longue et fine. On regarde les porteurs, aux vestes roses chamarrées d'or, s'éloigner allègrement avec leur charmant fardeau, bien léger sans doute; et longtemps on pense à la belle main à peine entrevue, à la démarche facile des serviteurs, à la grâce mystérieuse de la petite chaise à grands ramages, couverte de fleurs et d'oiseaux. Deux grands lévriers, tenus en laisse par un négrillon, suivent un bey habillé à l'européenne ; ils sont vêtus de paletots brodés au chiffre de leur maître. Ces gens, ces bêtes ont je ne sais quoi de factice et de puéril. Avec moins de pompe et plus d'hypocrisie, on devine un peuple de sophistes et de courtisans. Mais où sont les chiens magnifiques de Bajazet, qui étaient couverts de soie brochée et dont les colliers étaient d'or massif ?

Tous les abords des vastes places qui couronnent Stamboul sont remplis de beaux monuments, et respirent dans la lumière une majestueuse splendeur. Dominant la pente inclinée vers la mer, l'enceinte du Vieux Seraï, dont les kiosques s'élèvent parmi les feuillages, est la « perle célèbre, le vieux diadème de Stamboul ». Il règne en souverain sur toutes les petites rues dégringolant vers la Corne-d'Or ; sur toutes les maisons bleues et roses où les femmes sommeillent dans une atmosphère languissante, imprégnée d'essence de rose et de tabac parfumé, enfermées comme de beaux oiseaux dans les cages suspendues des moucharabiés, véritables « rêvoirs aériens ».

* * *

Le Vieux Seraï, couvre la pointe de terre qui s'avance entre la Corne-d'Or et les flots de Marmara ; il est en quelque sorte le cap de Stamboul. Du côté de la mer, les jardins sont entourés de murs à créneaux. Mais à travers les pans écroulés on aperçoit des platanes troués par les cyprès pointus ; des maisonnettes de laque, des kiosques japonais aux toits en pagode, des fontaines, des vasques de jaspe, tout un monde de pavillons semblables à de grands bibelots. Tout cela paraît abandonné, ruiné, d'une richesse misérable. Et pourtant, depuis Mahomet II jusqu'à Abdul-Medjid qui le délaissa pour le Dolma-Bagtché et plus tard pour Yldiz, les sultans ne cessèrent d'y résider. Que ce mot de Seraï, qui faisait frémir Crébillon dormant sur un divan, n'éveille point l'idée d'un harem rempli de houris demi-nues; seraï veut dire palais.

Je ne pense pas pourtant qu'il soit un lieu plus étrange et plus voluptueux; tous les souvenirs d'une dynastie dorment sous ses vieux ombrages. De ses hautes terrasses on domine la ville entière : Péra, Galata, les monuments de la Corne-d'Or, l'entrée du Bosphore, Scutari et immédiatement la vieille ville officielle et misérable, bourgeoise et marchande.

La merveilleuse demeure pour la vie d'ambition et d'amour d'un prince oriental! Le souverain pouvait à la fois surveiller les bains de ses sultanes, ne point quitter les lèvres de sa favorite et voir si dans la buée de l'horizon, n'apparaissaient point des vaisseaux d'Europe ou des galères africaines. Mais que sont ces quelques arbres, ces branches vert pâle ou ce cèdre noir, auprès de la forêt qui jadis couvrait la colline? Que sont ces quelques plates-bandes encombrées de géraniums, à côté des hautes moissons des iris de Suse, fleur mystérieuse de deuil et de joie, mauve et ténébreuse et, selon les jours, de parfum doux ou violent? Auprès des portiques de marbre, des arcs de triomphe, des margelles finement sculptées, des colonnades et des piédestaux, les colombes impériales ne viennent plus prendre leurs ébats; les élégantes cigognes ne plongent plus leurs longs becs au bord des étangs endormis, dans les vases au long col remplis d'une nourriture abondante et parfumée que leur apportaient les esclaves nubiens.

Malgré la ruine et l'abandon des cours à arcades, malgré les jardins déserts, les citernes comblées, les piscines oubliées, les marbres brisés, les pilastres renversés, les fleurs disparues, on retrouve, à travers ces vieilles choses surannées et abolies, une civilisation ancienne et morte, et jusqu'aux marques mêmes de son agonie. A chaque pas, quelque vestige ressuscite des fêtes prodigieuses, des cérémonies mystiques, de délirantes amours et aussi, et tout près de ces bosquets, lieux de plaisir et de délices, les massacres, les supplices, les empoisonnements, les égorgements, les noyades, toute une saisissante et inoubliable évocation de lèvres extasiées et de mains sanglantes. Des deux côtés de la porte d'entrée de Bab-Humaïoun, toute de marbre, dans l'épaisseur d'une forte muraille, on voit deux cavités : c'est là qu'on déposait chaque matin les têtes encore chaudes des favoris de la veille, décapités pendant la nuit; le peuple y venait assidûment, comme à un spectacle dont il ne se lassait point.

L'église Sainte-Irène, devenue un arsenal, la cour des Janissaires avec ses colonnes qui servaient de billots, n'attestent point de moindres violences.

Le Seraï était une véritable ville d'établissements de toutes sortes : mosquées, cours, écoles, hospices, cuisines, casernes, écuries à râteliers d'or massif, capables de contenir mille chevaux (Mourad IV en eut neuf cent), logements pour les esclaves, quartier des eunuques. Dès l'aube, des milliers de serviteurs dans des costumes éclatants, chatoyants, scintillants et chamarrés, rouges, bleus, verts, jaunes, pourpres et dorés, allaient, venaient, couraient, discutaient, ramenaient au harem les femmes choisies la veille par le sultan, inspectaient le trésor assez riche « pour que l'on puisse en construire toute une flotte aux ancres d'argent et aux cordages de soie », effaçant le sang des exécutions, aiguisant les haches et les cimeterres, mettant les cadavres dans de larges sacs de toile épaisse, tandis que du haut de trente-deux minarets les muezzins, d'un chant plaintif et traînant, annonçaient le lever du soleil. Et c'était un véritable fourmillement de savants, de professeurs, de médecins, d'ulémas, d'eunuques, de soldats, janissaires, ou gardes vaillants; de veneurs tenant en laisse des lévriers, unis entre eux par des chaînes d'or; de cochers conduisant aux abreuvoirs de marbre veiné de Thessalie les chevaux arabes ou circassiens; de camériers, d'esclaves, de magistrats, de vizirs grands et petits; de gouverneurs couverts de poussière, arrivés pendant la nuit de leurs provinces; de marchands charriant sur leurs voitures attelées de mules de Tartarie des tapis, des essences fabriquées exprès pour Sa Hautesse et faites avec des roses Lybiques; puis des poètes d'Asie, des rhéteurs, des sophistes, des messagers en bottes de cuir à franges de soie; des seigneurs étrangers, suivis d'un convoi de présents; des généraux en disgrâce, des princes persans; des envoyés indiens, tenant des coffrets remplis de diamants de Golconde, de rubis du Népal et de topazes de l'Himalaya; des intendants, des financiers, des banquiers grecs, des architectes de Rome, des moujiks, des chefs Tartares, les oreilles coupées; c'était une palette prodigieusement garnie de toutes les couleurs de la chair humaine, brique, brune, jaune, grise, bronzée, dorée, cuivrée; un résumé de tous les teints mats et basanés; une collection de tatouages de toutes sortes faits au kohl, à l'antimoine ou au fer rougi; d'yeux bridés, de croissants dessinés sur le front, de lèvres épaissies; une foule basse, poltronne, servile, cruelle, débauchée et ambitieuse; un monde d'esclaves, de traîtres, de bourreaux, de voleurs et de financiers, vers rongeurs déjà groupés sur un cadavre moribond dont ils craignent encore un subit réveil.

* * *

Par une série de portiques on pénètre dans une se-

L'arbre des Janissaires.

conde cour, lieu des réunions diplomatiques, jadis préparé pour les réceptions du sultan; un pavillon s'y élevait, contenant le célèbre divan : en face s'ouvrait une fenêtre garnie d'une grille dorée. C'est à travers ce guichet que le sultan, assis sous un dais de soie surchargé de pierreries, conversait avec les envoyés des puissances étrangères, sans doute pour que l'éclat de sa face « qui a dérobé au soleil sept de ses rayons » ne les aveuglât point. Au fond de cette seconde cour, la porte Seadet ou de la Félicité conduisait à une troisième enceinte et à des jardins ombrageant des piscines, lieu secret, mystérieux et caché, divine résidence du souverain, de son auguste famille et du troupeau de ses femmes : Grecques au pur profil, Arméniennes aux lèvres petites et aux dents blanches, Levantines aux chairs nacrées, Circassiennes aux lourdes chevelures, Égyptiennes aux yeux mélancoliques, Syriennes au regard triste, vierges du Liban terrifiées et muettes, Smyrniotes à la voix douce et harmonieuse, Thraces violentes et irritées ; une légion de houris résignées, douloureuses, à la fois faibles et puissantes, chair à plaisir ou à massacre, esclaves de la veille, reines du lendemain, vivant dans les coussins, les soies, les roses et l'encens, agitant des écharpes et des palmes, toutes sonnantes de bijoux et de colliers de sequins, s'élevant dans la lumière sans y prendre garde ; insouciantes et vaines, parfois regrettant un pays lointain, des montagnes toutes bleues dans la vapeur du soir ou bien un horizon familier, songeant à mille jeux, à mille riens : un oiseau, un arbre, un mot, une robe, pauvres petits souvenirs dont elles nourrissaient pendant la vie entière, au milieu de ces jardins trop somptueux, leur âme enfantine, indifférente et distraite.

Ce sont là les inévitables pensées, les soudaines évocations que produisent à travers le Vieux Seraï, toutes les impressions rappelées et aussitôt accourues du fond de la mémoire. Mais la ruine de ce palais lui est restée semblable ; elle indique suffisamment les mystérieuses cachettes, les sanglants enfantillages, les fantaisies désordonnées de mœurs oubliées. C'est là un jeu des années écoulées que tout ce déploiement de splendeurs qui devait témoigner de la puissance supra terrestre du « frère du soleil », nous apparaisse aujourd'hui comme quelque chose d'infiniment fragile, comme un joujou puéril, comme l'œuvre d'un ou qu'on aurait oublié de faire enfermer.

Les mille bosquets, les recoins innombrables, les allées en labyrinthe, les sentiers détournés de ces parcs fantastiques, sont maintenant solitaires, et on peut s'y livrer au charme de ces souvenirs de sang et d'amour.

O marbres du Vieux Seraï, arceaux mauresques, faïences ternies, que votre grâce sarrazine, que votre turquerie empruntée a de pouvoir sur qui s'abandonne à vous contempler! — Au milieu de ce gazon qui pousse aujourd'hui épais et dru, la redoutable « cage des oiseaux » où les princes du sang, dont le sultan prenait ombrage, étaient enfermés et d'où ils ne sortaient que pour descendre au tombeau ou pour monter sur le trône, est encore debout, elle qui fut témoin de tant de folles cruautés.

Mais qu'êtes-vous devenues, cigognes des vieux jardins, colombes des pigeonniers dorés où le grain de Trébizonde ne vous fit jamais défaut!... Un vieux poète trouva la mort pour avoir répondu. Il avait compris que les unes et les autres avaient été laver leurs ailes teintées de sang dans les sources limpides qui jaillissent du rocher sauvage des monts de Bythinie.

O verdure, bosquets, prairies dont la rosée fut parfois sanglante, musiques surannées, silences redoutables déchirés soudain par les cris des victimes, spasmes d'amour ou d'agonie, votre souvenir trouble encore, mais délicieusement, la somptueuse et monotone retraite où achèvent de vieillir les larges platanes qui vous abritèrent, où fleurissent encore les myrtes que vous aimiez et où, humble parure que votre splendeur ignora, entre deux dalles brisées de marbre de Laconie, pousse, discrète et fragile en ces premiers jours de printemps, une touffe de violettes!

Dans une salle donnant sur la première cour, on peut visiter, si l'on est muni d'un firman, ce qui subsiste du trésor. Chacun de ces sabres, de ces coutelas, enrichis d'émeraudes et de diamants quelquefois remplacés par du verre taillé, vous transportent de nouveau au milieu de cette atmosphère déjà respirée à l'ombre des vieux arbres. Ce ne sont que panaches, qu'aigrettes de pierreries, que plumets, que vêtements couverts de broderies, chamarrés de rubans, étoilés de crachats, encadrés de bijoux d'une grosseur incroyable; que selles garnies d'or, que colliers de perles noires et blanches cueillies au fond de l'eau par les plongeurs de Ceylan, que coupes incrustées, que ceintures de soie et d'argent, que croissants de vermeil, qu'opales enchâssées, qu'agrafes d'émeraudes, d'améthystes, de béryl ou de topazes; une richesse trop grande et trop fastueuse pour qu'on puisse y trouver autre chose que la défroque d'un carnaval de conte de fées. Le trône impérial, couvert d'émaux, de perles et de rubis, a seul quelque élégance. A toutes les vitrines pendent de longues et soyeuses queues de cheval, symbole de la puissance militaire du padishah. Il est d'usage que chaque sultan ajoute à cette précieuse collection un objet lui ayant particulièrement servi; c'est toujours quelque arme ou quelque bijou, et lorsque Mahmoud, érudit calligraphe, légua au trésor sa plume et son écritoire, il faillit y avoir une révolution. De lourdes portes ferment ces salles précieuses, mais il y a peu de chance aujourd'hui pour que les janissaires viennent y renverser leurs célèbres marmites, terreur des vieux sultans.

C'est avec un soupir de soulagement que l'on quitte ces appartements, où le soleil ne pénètre qu'à travers des vitraux de couleurs aveuglantes, et que l'on se retrouve dans la première cour.

La nuit tombe au loin sur la mer; la Corne-d'Or étincelle des mille feux des barques qui rentrent et des vaisseaux qui gagnent le Phanar. Le phare de l'île des Princes perce l'obscurité; peu à peu Scutari s'illumine. La lune monte au ciel et argente les cimes de l'Olympe et les faîtes neigeux des montagnes plus éloignées. Dans les jardins que l'ombre envahit, un officier élégant et musqué indique complaisamment quelques souvenirs: cette dalle était le lieu accoutumé du supplice des Validés; celle-là recevait les têtes des eunuques; admirable organisation du meurtre! tout était réglé à l'avance pour qu'il n'y eût point de désordre au dernier moment.

Près d'une piscine, une jeune femme est assise qui contemple cette calme soirée; c'est une princesse nubienne, de passage à Constantinople. L'officier l'invite à goûter une cuillerée de confitures de roses qu'un soldat porte derrière lui dans une large coupe de cristal. Très effrayée, la jeune femme pousse un cri et disparaît derrière un bosquet. Petite princesse d'Abyssinie, une houri d'autrefois n'avait-elle pas emprunté tes traits et ton noir visage pour venir près de ces pierres désertes rêver à quelque nuit lointaine, comme celle-ci étoilée et sereine, au prince qu'elle aima sans qu'il le sût jamais — puisqu'elle était forcée de l'aimer — et qui peut-être l'immola sous ces feuillages? Étais-tu la belle Miliclia qui apaisa le cruel Othman II en lui fermant les yeux de sa petite main, ou Rebia Gulnuz « la boisson des roses du Printemps? » Pourquoi t'es-tu sauvée si vite, petite princesse de Nubie?

L'officier prend congé et s'éloigne, avec un inquiétant dandinement d'adolescent gracile.

Tout est tranquille dans les jardins du Vieux Seraï; la tête des cyprès est toute mouillée de lune; les feuilles des platanes frémissent dans la brise du soir, et les cris des pêcheurs qui rentrent, montent de la mer avec le bruit du courant bouillonnant. Dans l'ombre, les fleurs exhalent de fortes senteurs; des eaux pleurent sur les marbres brisés; on pense être dans une merveilleuse nécropole. Le mystère du passé n'a pas abandonné ces allées muettes. Il vit toujours parmi les lianes, il s'accroche aux branches, il respire dans chaque brin d'herbe, il se cache dans les kiosques et dans les pavillons, il filtre sous les mousses avec l'eau des sources, et il semble que quelque invisible magicien habite cette terrasse close et qu'un coup de sa baguette magique ferait jaillir hors de l'ombre, au milieu d'une clarté éblouissante, califes, houris, odalisques, eunuques, janissaires et bouffons, couverts de soie, de pourpre, d'or et de sang.

Mais tout dort dans les jardins du Vieux Seraï; et, à la grande voix d'une foule innombrable et cosmopolite qui monte vers ces murs de toute une ville immense débordant d'Europe sur l'Asie, et des deux mers couvertes de barques et de vaisseaux, le silence seul répond : la voix du passé s'est tue. — Un bruit d'ailes trouble l'air; c'est une colombe revenue des monts de Bithynie pour voir si une main généreuse lui donnerait encore le grain de Trébizonde au bord d'un pigeonnier doré. Mais elle s'enfuit vers les libres horizons, effrayée du bruit de nos pas dans ce cimetière, plus triste encore de n'avoir pas de tombes.

* * *

Derrière le Seraï s'étend l'Atmeïdan, c'est-à-dire l'arène aux chevaux; c'est précisément l'emplacement de l'ancien Hippodrome, aujourd'hui aride et nu; cet abandon n'est même point mélancolique; on ne sait à quoi se prendre pour s'émouvoir; il faut que l'imagination s'en mêle : on se souvient de vieilles images feuilletées dans de vieux livres aux papiers écrus, représentant le promenoir, orné d'un peuple de statues de bronze et d'argent plaquées, de nacre et d'ivoire; les loges du patriarche et des grands dignitaires au-dessus des écuries; la petite rivière de l'Éripe, amenée dans un fossé à faire le tour de l'arène, séparant la double piste des spectateurs; la terrasse du Py, étincelante des casques et des cuirasses des scholaires, des cubiculaires et des silentiaires; les quadriges d'or, les chevaux couverts d'écume, la crinière en désordre; les spectateurs penchés sur des balustrades de marbre; l'empereur entrant par les portes de bronze du Khatisma, prenant place dans la loge impériale et suivant, l'œil fixe, le teint blême, la course folle. Près de lui, Théodora, applaudissant ses camarades du cirque, au milieu de ses suivantes, anciennes compagnes d'orgie : Chrysomalo aux yeux pers, Indara petite et malicieuse, Macédonia les dents serrées par l'émotion. On croit entendre le grincement des essieux se mêlant aux cris d'angoisse ou de triomphe, les hurlements de douleur des attelages renversés, les vociférations des cochers, les bleus et les verts, insultant la loge impériale ou l'embaumant de l'envol des encensoirs. Le bruit redouble : les quadriges arrivent au but, la foule fuit en désordre tremblant devant l'émeute qui gronde. C'est alors une prodigieuse mêlée de soldats et de patrices, de comtes, de ducs et d'exarques allant de la loge impériale aux tribunes. La sédition grandit, le peuple monte des bas carrefours; on a su la nouvelle sur la côte d'Asie; les barques sillonnent le Bosphore amenant de nouveaux auxiliaires; des cris de haine et de vengeance dominent le tumulte : « Empereur de boue ! plût aux Dieux que tu ne fusses jamais venu au monde : tu ne serais pas là, fils injuste et sanguinaire. » Et des noms criés comme des sentences de mort : « Eh bien! Jean, peste de Cappadoce, il est temps d'apprendre à lire. » — « Eh! Tribonien, on a découvert en Pamphylie le sac de tes écus et de tes crimes. Les lois sont une bonne marchandise. » — « Ris donc, Calepodius, on va te donner de la pourpre pour te faire un collier. ». — Et, comme terrible refrain, la rumeur profonde, lointaine, immense, répète : A mort, à mort! — L'empereur s'agite, quitte son trône et ordonne à Basilide de lui tenir prête une barque sur le Bosphore. Théodora le retient par sa dalmatique; mais les armes sont hors des fourreaux, les Hérules de Mondon avancent en bon ordre : un choc, puis des spasmes, le bruit mou des têtes qui tombent, la vapeur qui s'élève de cette foule ensanglantée, au milieu d'une poussière aveuglante, où se mêle la poudre rouge et bleue dont l'arène est sablée....

Le bruit diminue, les cris faiblissent et, quand la nuit tombe, sur la terrasse inondée de lune, apparaît l'Impératrice fière, souriante, droite et souple dans sa longue robe de lin ruisselante d'améthystes, de saphirs et d'émeraudes. Elle lève vers le ciel deux doigts unis ; les émeutiers murmurent, puis se taisent et s'enfuient en courbant la tête ; et lentement l'Impératrice s'éloigne dans la nuit.

Aujourd'hui la place est vide ; un petit gamin se sauve en courant et disparaît derrière l'obélisque de Théodora, dont le granit rose se désagrège.

Non loin de là, brisée par un de ces coups de cravache dont les sultans ont laissé la trace partout où ils ont passé, on voit la colonne serpentine, avec la pyramide murée que fit élever Constantin Porphyrogénète et qui, après avoir été l'une des sept merveilles du monde, n'est plus aujourd'hui qu'un amas de pierres effritées; ce sont là les seules traces, sans grandeur et sans intérêt, d'un illustre passé. Pourtant il est encore loisible de se promener sur le sol raviné de l'Et-Meïdan, petite place qui succède à la précédente. C'est là que Mahmoud fit massacrer les janissaires qui s'y étaient réfugiés en grand nombre; on ne sut jamais fixer le chiffre des victimes, mais les corps ayant été jetés à la mer, on ne put, à Byzance, durant une année goûter la chair putréfiée des poissons qui s'en étaient nourris.

De grands espaces sans constructions, des terrains vagues se succèdent. Ici était le palais de l'ambitieuse Augusta Placidie; là les Thermes d'Arcadius; beaux noms majestueux et sonores, dont il faut se contenter.

La mosquée d'Achmet, au milieu de ce désert, au bord de l'Atmeïdan, dresse ses minarets, cerclés de balcons, véritables dentelles de cuivre. Une grande coupole et de petits dômes de plomb, une cour où jaillit dans une fontaine compliquée une eau claire et jasante, la porte, la chaire, les chapiteaux, les frises, les corniches ne sont qu'un prétexte aux plus fins treillis, aux arabesques d'un beau désordre, ingénieusement mathématique et symétrique, aux rinceaux les plus variés, aux appliques niellées d'or, marquetées de nacre et d'ivoire, enchâssées d'argent, de turquoises, bosselées de pierres précieuses. — Des inscriptions, des noms de califes, courent sur les murs en bandes sinueuses ou droites; elles festonnent les coupoles secondaires et retournent se perdre dans le fouillis étincelant du grand vaisseau.

Près de la mosquée qui porte son nom se trouve, selon la coutume, le tombeau du sultan Achmet. — Le souverain repose entre deux gros cierges, ceint du diadème, tenant entre ses mains la queue du cheval symbolique. Bajazet, lui aussi, a sa tombe près du sanctuaire qui lui est dédié. Mais il est touchant de savoir que la tête de l'illustre pàdishah repose aujourd'hui sur une brique faite avec la poussière recueillie sur ses habits. Un verset du Coran ne dit-il pas : « Celui qui s'est couvert de poussière dans les sentiers d'Allah n'a pas à redouter les feux de l'enfer. »

Le Seraï, l'Atmeïdan, ces sombres souterrains que l'on visite un peu partout, les citernes glaciales et abandonnées, transformées en manufactures, n'égalent point la glorieuse basilique qui éveillait jadis Byzance au son de ses trente-deux cloches, élevant aujourd'hui dans les airs ses minarets, sacrés entre tous, vénérés parmi les dix mille flèches de Constantinople, prodigieuse mâture de ce grand vaisseau arrêté entre deux mers.

***

On peut à présent, alors même qu'on est giaour, pénétrer dans les mosquées pourvu qu'on soit muni du firman et accompagné du sabre recourbé d'un cavas. C'est pourtant le vingt-sixième jour de Ramadan, la veille d'une grande fête ; la nuit qui viendra précédera celle de la Puissance, au cours de laquelle le sultan recevra dans sa couche une jeune fille que la sultane Validé lui aura donnée le jour même. Mais il est avec le ciel des accommodements ; il en est aussi avec ceux qui aspirent à franchir la porte d'or du Paradis. Brillant au soleil, une pièce d'argent a sur les croyants les plus fidèles un étrange pouvoir. Leurs yeux s'éclairent soudain, et leurs lèvres, tout à l'heure serrées, s'épanouissent dans le plus gracieux sourire ; et toujours leur politesse est si exquise, si affable et en même temps si discrète, que l'on oublie presque ce qu'elle vous a coûté.

De loin, Sainte-Sophie ne se distingue pas des autres

mosquées; mêmes minarets, si élancés qu'ils en sont grêles; mêmes coupoles sans grandeur, dominant une série de petits dômes: on ne peut saisir l'aspect général, enfoui sous de lourdes bâtisses et sous l'encombrant appui des murs de soutènement. Extérieurement, toutes les faiblesses de cette architecture sont trahies par l'épaisseur et la maladresse des contreforts destinés à y suppléer. Point d'arceaux, point d'ingénieuses arcades, trompant l'œil par leur élégance sur la cause véritable qui les groupe autour de l'édifice pour le consolider.

Comme toujours en Orient, le monument ne se dégage point; des bains, une école, les masures des croyants attachées à la mosquée, un hospice, semblent indissolublement accrochés à ses flancs et rivés à sa destinée, formant une sorte de petite cité de malades, d'enfants et de sacristains comme autour de nos vieilles cathédrales. Cette masse confuse est d'un blanc mat, que le soleil dardant d'aplomb ne parvient pas à égayer. Les larges assises de la coupole rayée de rose s'effritent; les pierres en sont disjointes; de petits pans de mur sont à demi écroulés. C'est le spectacle d'un monument encore debout qui semble devoir être ruiné demain.

Tout d'abord rien qui rappelle le passé; la pierre n'a point changé, le soleil ne l'a pas colorée de teintes plus chaudes. — Le temps n'a pas embelli le vieil édifice; il n'a point daigné lui faire quelque noble blessure, et il s'est contenté de l'égratigner. Sur la place qui s'étend devant Sainte-Sophie, on ne manque point de se consoler de la déception du premier instant, en admirant un joli kiosque, grand comme une ombrelle ouverte, et entouré d'une grille dorée d'un délicieux travail. On dirait un bijou d'étagère légèrement agrandi, mais aussi délicatement ciselé, fouillé, découpé, enrubanné, brodé, soutaché, marqueté, enluminé, niellé, guilloché..... une merveille trop petite, trop précieuse pour faire chanter les grandes orgues d'un violent enthousiasme, capable plutôt de charmer le goût de quelque royal amateur; c'est une sorte de délicieuse pagode d'une grâce à la fois turque et chinoise, avec ses mille arabesques, ses cinq coupoles et ses minarets en miniature. Ce pourrait être un exquis joujou pour les somptueux enfants de quelque empereur oriental: Son éclat terni, sa taille infime, ajoutent encore au plaisir que l'on éprouve en le voyant, il semble que l'on soit le premier à le découvrir et à l'aimer. C'est en réalité la fontaine du sultan Achmet.

Les Orientaux apportent toujours un goût parfait dans l'embellissement de leurs fontaines, et ils ne veulent point que l'on y vienne sans plaisir. Goûter une eau fraîche est une jouissance délicate, qu'il convient d'éprouver auprès d'un beau marbre orné de fines arabesques.

Un mendiant est assis à l'ombre courte du toit; il est couvert seulement d'un manteau déchiré. Une jambe étendue, l'autre posée à terre, le coude soutenu sur le genou, la figure immobile entre deux doigts de la main placés en équerre, il médite. Il paraît heureux et fier; ses grands yeux disent la satisfaction; l'expression paisible de son visage témoigne de la belle ordonnance de ses pensées. Il semble être un prince des contes de fées qui s'est couvert de guenilles pour quelque ruse amoureuse. Ne suffirait-il pas, en effet, pour qu'il connût le bonheur d'une aimable aventure, qu'il s'endormît et rêvât auprès de la fontaine d'Achmet? — « Un artisan qui rêverait toutes les nuits qu'il est roi, serait aussi heureux qu'un roi; un roi qui rêverait toutes les nuits qu'il est artisan, serait aussi heureux qu'un artisan. »

Mais il faut abandonner ce beau mendiant, cette délicieuse fontaine pour chercher l'étroite et mesquine entrée de Sainte-Sophie. La pompe justinienne exigeait pour ses défilés des portes plus grandioses, murées aujourd'hui.

On pénètre d'abord dans une sombre galerie très élevée, mais froide et nue. Au fond de ce couloir, le pérys-

La fontaine d'Achmet.

tile se développe et, dans la pénombre, miroitent les mosaïques d'or des arcatures. Soudainement le temple tout entier nous apparaît; ce n'est point par sa richesse, ses mille couleurs et ses précieuses colonnes qu'il nous saisit tout d'abord, mais par son immensité. On croit entrer dans l'infini, « voir suspendu un abîme au-dessus de sa tête; » on reste stupéfait que des hommes aient pu, par leurs propres forces, enfermer sous des pierres un aussi vaste espace; il semble qu'ils aient atteint le ciel, et qu'ils l'aient emprisonné.

La grande coupole repose directement sur quatre

grands arceaux. Des deux côtés s'ouvrent deux demi-coupoles; chacune d'elles en contient deux autres plus petites; une dernière couvre l'abside. Ces sept demi-coupoles s'élèvent sur deux étages et entourent la grande coupole, sans aucun appui extérieur, sans l'intermédiaire d'aucun ornement. Cette masse prodigieuse est si légère que les chrétiens pensèrent que les quatre anges en mosaïque des pendentifs la portaient sur leurs six ailes tourbillonnantes et diaprées, et que le poète grec affirmait que sept fils l'attachaient à la voûte du ciel. Les architectes durent avoir recours à la pierre ponce et aux moellons de l'île de Rhodes, réputés pour leur poids minime; et, pour sanctifier ce triomphe aérien, Justinien surveillant les travaux, vêtu d'une simple tunique de lin, faisait sceller de temps à autre dans la voûte de pieuses reliques; sur une petite terrasse circulaire, située à la base de la coupole, s'ouvrent quarante fenêtres en arcades, par lesquelles s'engouffrent les flots de lumière qui envahissent l'édifice tout entier. De toutes les parties de la basilique on aperçoit un point de cette couronne éclatante; et réciproquement, les moindres recoins, directement éclairés, n'échappent point à l'effet général. A travers cette atmosphère fluide et irradiée, qui rend l'ombre pour ainsi dire lumineuse, la coupole paraît transparente et comme flottante entre le ciel et la terre. Une multitude de lustres en descendent, et les cordes de soie qui servent à les suspendre, enserrent dans de fins réseaux des œufs d'autruche et des boules de cristal.

La mosquée a déjà sa toilette d'été; mais pour la fête du lendemain, on recouvre ses nattes de jonc de magnifiques tapis; on les dispose obliquement aux lignes architecturales, en sorte qu'ils soient de travers par rapport aux murailles. Le mihrab au-dessus duquel une loque grise est tout ce qui reste du tapis de prières de Mahomet, n'est point davantage au centre de l'abside. La consécration de la vieille basilique au culte musulman exigea cette singulière ordonnance; il fallut corriger la disposition du monument, qui n'était point orienté vers la Mecque, en indiquant par l'emplacement du mihrab et par l'obliquité des tapis la direction de la ville sainte.

Deux galeries supportées par quatre colonnes de brèche verte assemblées en portique, courent des deux côtés de la nef et supportent d'autres galeries, bordées de piliers en porphyre. Ce squelette de la basilique, avec ses prodigieuses dimensions, baigné dans une lumière diaphane, est recouvert d'une profusion de marbres, d'or, de nacre, d'ivoire, dont les couleurs sont diversifiées à l'infini selon les jeux des rayons du soleil. L'éblouissement du premier instant aveugle, ce luxe incroyable accapare vos regards; l'admirable variété des marbres, des chapiteaux, le mélange des ordres, des styles, confond l'esprit, défie l'imagination et la dépasse. Éclatantes de blancheur, des colonnes d'albâtre soutiennent la tribune du sultan, entourée de grillages dorés, derrière lesquels s'abritent les femmes du harem. D'autres terrasses, sortes de promenoirs surélevés, munis de balustrades, s'enrichissent d'arabesques et de colonnettes de marbre. Mais tout cela est sans valeur; voici les colonnes de jaspe, de granit, de serpentin, de porphyre; les marbres rayés de noir du Bosphore, les agates brunies des carrières gauloises, les grès verdâtres du Taygète, les quartz de Lybie, le granit étoilé des Balkans, les silex jaunes de Tripoli, la pierre de Paros semblable à une chair transparente. Et tous ces blocs sont si merveilleusement taillés, usés les uns contre les autres jusqu'à ce qu'ils s'unissent, qu'il est impossible d'en voir les joints que ne remplit aucun ciment. Mille ornements divers couvrent les balustrades, les rosaces, les frises, les corniches, les chapiteaux où se confondent les lotus, les chimères, les lys, les croix, les bêtes sauvages, les gnomes, les dragons, les gypaètes, les tourterelles, les monstres marins, les triangles allégoriques, les symboles incompris de mille divins attributs, se joignant, se mordant, se piétinant, s'entrelaçant jusqu'à former tout un peuple bizarre, charmant, terrible et sacré, d'un goût déplorable s'il n'était dominé par l'inspiration désordonnée, brutale et puissante d'une époque abolie.

L'esprit est déconcerté en présence de ce formidable chaos, dont le miraculeux ensemble enlève le moyen de concevoir et de formuler toute critique de détail.

La seule intention que l'on puisse apercevoir à travers ce fouillis de ciselures, de sculptures, de peintures et de mosaïques, c'est la règle qui se passe de toute règle. Cette œuvre est de l'art parce qu'elle est le résultat d'efforts démesurés qui défient[1] tous les principes de l'art. Sainte-Sophie ne peut être jugée, parce qu'elle domine le jugement. Le païen, le chrétien et le musulman peuvent s'y émouvoir également, puisqu'elle est à la fois un temple, une église et une mosquée.

Ne distinguons-nous pas encore la place des chapelles, les dalles que recouvrait l'autel de platine, d'or et d'argent cerclé de perles noires et blanches, quadrillé d'opales lumineuses, étoilé de diamants, empourpré de rubis, rayonnant de saphirs aux eaux profondes et d'émeraudes taillées en bizeau? Sur la porte de bronze, ne voyons-nous pas encore une croix de forme grecque? Les ailes des quatre anges dont les visages, sans doute suaves et délicats, objets d'horreur pour les musulmans, disparaissent sous une couche de chaux, ne palpitent-elles pas toujours dans l'air à travers les blocs de cristal, enduits de poudre d'or? Ne trouvons-nous pas la place des mosaïques, mal éteintes sous un grossier badigeon; des candélabres somptueux, scintillant de cent mille cierges, étoiles en cet immensité; des vases précieux, des calices sacrés, des tabernacles soutenus par des colonnes d'or massif? Ne devinons-nous pas, cachée sous ces plâtres, mais en dépit des siècles et des hommes, vivante en son pur dessin, la colossale image de Hagia Sofia, la divine Sagesse, dont nous baisons les pieds nus, tandis que de sa main élevée, elle touche la porte du ciel. Sur ces lutrins le Coran n'a pas effacé le souvenir de l'Évangile; la mosquée n'a pas détruit l'église.

Mais est-il possible d'oublier la provenance de ces plus belles richesses, de ces marbres, de ces colonnes, de ces pierres « précieuses comme des joyaux et solides comme un dur acier ». Ces piliers de brèche verte ne viennent-ils pas du temple d'Éphèse, et Diane ne les en arracha-t-elle pas, comme par miracle, à la flamme qu'y alluma Érostrate? Ces pilastres de porphyre n'ont-ils pas soutenu la voûte du temple de Balbek, dédié au Soleil? Ces colonnes ne furent-elles pas élevées dans Cyzique à la gloire de Jupiter? Chaque temple de Palmyre, de Thèbes, d'Athènes ou d'Alexandrie, ne fournit-il pas à la grande œuvre quelques-uns de ses plus riches trophées? — Les ouvriers de Justinien, en édifiant sur ces admirables débris un *second firmament*, n'empêchèrent point le souvenir des dieux de rôder autour des dépouilles de leur temple. Mais voici le mihrab, les tapis obliques, les nattes enroulées, les Corans ouverts. Voici de longs rubans, couverts d'inscriptions turques, et, sur la voûte même, inscrite en lettres immenses : « Allah est la lumière du ciel et de la terre ». Sur ces plaques de porphyre, voici le nom du Prophète et de ses successeurs et, peintes en couleurs éclatantes sur des disques verts, quelques sourates du livre saint. Voici la « fenêtre froide » par laquelle pénètre la brise sacrée qui inspire les orateurs, la « pierre resplendissante », la « colonne toujours mouillée ».

Sur le sol, semblables à des insectes vus d'une galerie supérieure, voici des femmes qui dorment, un malade qui gémit, deux enfants qui jouent aux billes, des hommes en prières, d'autres en dispute, toute une humanité vaquant aux mille occupations inséparables de sa vie quotidienne et de sa religion. — Deux vieillards font un marché et l'un tend la paume de sa main pour que l'autre y frappe en signe d'acquiescement; deux jeunes filles rient aux larmes sous leurs voiles blancs, et des individus vous assaillent avec des saluts dignes d'une cérémonie de Molière en vous proposant des poignées de mosaïques arrachées... Ne leur objectez pas qu'ils commettent un sacrilège; ils vous répondront en souriant, qu'ils en sont les conservateurs... Trafics, divertissements, pratiques religieuses, se confondent; et voici des croyants en guenilles, se livrant à mille ablutions et plongeant leurs pieds nus dans les vasques de marbre où Théodora trempait à peine les ongles roses de ses longues mains d'ivoire, chargées d'inestimables pierreries.

Mais l'occupation musulmane, ses coutumes et ses mœurs, plus nettement révélés dans ce vaisseau sacré que nulle part ailleurs, ne font pas oublier les cérémonies et la pompe des vieilles religions. De ce mélange de souvenirs ravivés par la présence de mille objets divers, naît une impression complexe et troublante, attristée pourtant.

Cette basilique, qu'abrite un ciel de pierre vers lequel devraient seuls monter les fumées d'encens, les prières et les chants religieux, a, malgré sa beauté, sa richesse et la splendeur de ses voûtes et de ses ornements, quelque chose de délabré, non par l'effet du temps qui n'aurait pas manqué d'en rendre le spectacle plus majestueux encore, mais par la brutalité, la cupidité et l'ignorance ; les coups de cimeterre sont encore visibles, et les traces d'une barbarie nouvelle viennent obscurcir la radieuse vision du passé. On y respire un air de conquête ; ces murailles ont gardé je ne sais quoi de soldatesque ; le souvenir d'un grand carnage est encore présent. Les cartouches ornés d'inscriptions semblent des boucliers accrochés là par des mains sanglantes, et comme des *ex-voto* de la victoire. Ce n'est pas en vain que sur la voûte éclate le cri de guerre : « Allah est la lumière du ciel et de la terre ! » que poussa Mahomet II lorsque, fendant une foule compacte de bourreaux et de victimes, il arrêta son cheval couvert de sang au milieu même de la basilique, et donna l'ordre de cesser le pillage à ses soldats ivres, déguisés avec les saints vêtements des patriarches et des évêques laissés nus sur les dalles rougies. Et aujourd'hui encore, du haut de la chaire aux balustrades finement sculptées, entre deux étendards noirs de poudre, le serviteur d'Allah n'ouvre point le Coran pour le lire aux croyants assemblés, sans tirer hors du fourreau et tenir à son côté la lame tranchante d'un cimeterre, pour ne pas laisser oublier que Sainte-Sophie est une mosquée conquise.

Tel est bien en effet le caractère de ce lieu étrange et magnifique, à la fois païen et chrétien, habité par les hordes d'Asie, que l'Ange annoncé par les prophètes ne sut pas arrêter aux portes de bronze derrière lesquelles cent mille chrétiens attendaient la mort.

Rien ne saurait effacer ce souvenir ; et l'occupation qui suivit la bataille n'abolit point la trace du passé ;

elle s'attaquait à des choses qui ne se conquièrent point et qui flottent dans l'air, à des vapeurs d'encens rôdant autour des corniches, à l'écho persistant d'hymnes et de cantiques, plus éloquent aujourd'hui encore que les tapis et les étendards suspendus aux murs comme des trophées. Les clairons musulmans n'ont point retenti en vain; leurs bruyantes fanfares ont troublé le recueillement et le silence; et, en chassant l'émouvant cérémonial du catholicisme, elles ont donné au cadre grandiose qui les abritait je ne sais quoi d'artificiel et de théâtral; mais elles n'ont pu qu'atténuer sans les détruire les splendeurs lumineuses et diverses, unies dans un même essor vers l'admirable fardeau qu'elles supportent, vers la gloire suprême d'un Dieu unique.

Lorsque Mahomet II entra dans la basilique, un prêtre y disait la messe; soudain l'officiant disparut par une porte latérale, tenant sur son cœur l'hostie et le calice; derrière lui le mur se referma, et les assaillants qui voulurent le renverser, y brisèrent leurs armes; la légende grecque ajoute que, lorsque Sainte-Sophie sera rendue aux chrétiens, le prêtre ressortira de sa miraculeuse cachette, et achèvera la messe commencée.

Ce conte n'est qu'un symbole. Quoique caché, le mystère du catholicisme vit encore parmi les marbres de Sainte-Sophie, fastueuse et princière, asservie au joug des Barbares, toujours prêt à jaillir hors de ses pierres qu'il anime et à apparaître au milieu de la pompe sacerdotale, parmi le vol parfumé des encensoirs, au son du *Te Deum* d'un peuple entier.

La procession suivra l'antique parcours du défilé impérial; elle ne trouvera plus que des tombes abandonnées, à peine fleuries de quelques brins d'herbe, et des arbres séculaires étendant leurs rameaux sur les murs écroulés, à la place où jadis s'épanouissaient des bosquets de myrtes et de lauriers, ombrageant les rampes de l'avenue embaumée de myrrhe et d'encens. L'empereur ne sera plus là, la mitre au front, couvert de la trabea de pourpre; les seigneurs auront dévêtu leurs simarres de soie, les eunuques ne crieront plus : « Gloire à Dieu » de leur voix aiguë; le char d'or attelé de mules blanches ne roulera plus sur un pavé de porphyre et de

Musulmans à la fontaine.

jaspe; mais elle trouvera encore debout, l'humble et bienheureuse procession, les cent sept colonnes du temple de la Sagesse, et, pour goûter leurs splendeurs, des cœurs agrandis et des âmes vibrantes.

* * *

A ces espaces déserts et plats, sorte d'acropole d'où jaillissent la ruine du Seraï et la gloire de Sainte-Sophie, succèdent de légers vallonnements et de petites collines. C'est un quartier régulier et silencieux, d'une gravité tout officielle. C'est là que s'élève la Sublime-Porte par laquelle on pénètre dans une large cour entourée de monuments semblables à des casernes, le palais du grand vizir et le ministère des affaires étrangères, qui servait autrefois de retraite aux vieilles sultanes. Au milieu se dresse une haute tour de pierre et de marbre; les Turcs l'appellent le « Nombril de la Cité », bien qu'elle soit presqu'à une extrémité. C'est en revanche le point le plus élevé de la ville.; un veilleur, jour et nuit, y annonce les incendies, avec un cri lugubre et, des minarets voisins, les muezzins y répondent par leurs chants nasillards. En poursuivant sa route, on trouve de nouveaux recoins, de nouvelles ondulations, des quartiers cachés dans un pli de terrain, qui surgissent dans la lumière, avec de petites rues étroites et sinueuses dégringolant sur le flanc des collines, ainsi que des avalanches éblouissantes. Sur une hauteur, l'ancien Forum laisse pour tout vestige de ses mille portiques, arcades et piédestaux, une colonne élevée par Constantin.

Les incendies sont, à Constantinople, un spectacle des plus banal. Point de soirée où dans la nuit on n'aperçoive crépiter et rougeoyer l'étincelle et la flamme dans quelque coin de la ville. C'est une maison ou un quartier qui brûle. Une femme du harem, vêtue de rouge, couleur du feu, se présente au sultan. A sa vue il comprend, et doit quitter toute occupation, si douce soit-elle, pour se rendre sur le lieu du sinistre, comme un simple préfet de police. L'omnipotence orientale fut toujours soumise à de singuliers revers.

Stamboul a son bazar descendant par mille ruelles et impasses couvertes ou à jour, tantôt à pic, tantôt repliées en longs anneaux sur de petites plates-formes, formant une vaste cité marchande depuis les hauteurs de la mosquée de Bajazet jusqu'aux abords de Validé-Djami.

L'aspect en est semblable à celui du Mousky du Caire, bien que la foule y soit moins docile et moins calme. — Le cosmopolitisme est ici poussé à l'excès. Qu'il avait raison, l'enfant qui, par lapsus, appelait la vieille capitale Cosmopolitople! Tout y est plus violent et plus exaspéré, sans doute par le contraste qui jaillit, sous ce ciel ardent, entre les vives couleurs de l'Orient et la grisaille européenne.

Les longues galeries en gradins, souvent couvertes par une succession de petites coupoles, ne reçoivent le jour que par le haut; et, dans la pénombre, les couleurs outrées des tapis et des écharpes éclatent plus vives, comme des lumières dans l'obscurité; les étoffes déployées, rose clair, vert pomme ou bleu tendre, semblent de petits brouillards, de jolies nuées légères et gracieuses, éclairées par les pourpres brochées d'or et d'argent; les babouches brillent constellées de pierreries, couvertes de filigrane, comme les miroirs incrustés de nacre et d'ivoire, cerclés de coraux et de turquoises. Près d'une jolie boutique décorée d'arabesques où un jeune garçon au teint olive, enveloppé d'une belle douillette zinzoline, range avec de longs doigts ivoirés et ornés de bagues, des objets sculptés, une jeune femme aux pantalons bouffants, aux babouches de maroquin rouge relevées en pirogue, couverte d'un féredjé jaune paille, la tête cachée sous un léger yachmack presque mauve dans la lumière bleuâtre du soir, essaye à travers ses voiles une main à gratter en bel ivoire. Et cela est agréable et mystérieux : elle pousse de petits cris de surprise et de volupté et dit en une langue infiniment gazouillante : « ça me chatouille, ça me chatouille »; et cette main entr'aperçue demeure dans le souvenir. L'air circule difficilement et reste chargé d'un parfum d'encens, de cannelle et de bergamote.

Les demi-ténèbres sont piquées ainsi que de petites fleurs par les foulards cerise ou jonquille; tout cela fleure acide et doux, dans l'ombre fraîche, parmi la gaieté de ces mille couleurs et l'éclat des orfèvreries.

C'est toujours la même exquise politesse du marchand; il vous offre un café mousseux et léger dans de petites tasses de chine; vous ne lui achetez rien, il proteste quand même de son dévouement et vous baise les mains, reconnaissant de l'honneur que vous lui avez fait en franchissant son seuil. Dépliez ses tapis; remuez selon votre plaisir les cassolettes d'or filigrané ou d'argent brûlé, remplies de chapelets d'ébène ou de santal, il vous tendra encore, pour que vous vous en amusiez, des fourrures de zibeline et de chinchilla, des brocarts d'orfroi éclatant, des yatagans et des kandjars dans leurs étuis de cuir d'Yémen, des camées de jade et d'agate, des coffrets en bois précieux incrustés de grenats et d'or sur un semis d'argent, et toute une féerique richesse de bijoux aiguisés, tranchants comme de l'acier et de poignards niellés, damasquinés, burinés et ciselés comme d'admirables joyaux. « Rien n'est beau, dit un poète turc, comme le sang d'un ennemi ruisselant sur une lame ornée d'un verset du Coran, et sur les pierres précieuses qui la décorent ». Il vous montrera aussi mille babouches; les plus petites seront les plus surchargées et les plus brillantes; le pied qui les chaussera sera charmant en cet écrin. La Cendrillon orientale qui les portera pourra défier toutes ses rivales.

Mais après s'être attardé à toutes ces richesses, il faut revenir vers le quartier des marchands d'étoffes, alors qu'un rayon de lune, filtrant à travers les croisées des coupoles, tremble parmi les soies de Brousse, claires et délicates comme les eaux pures d'un pâle bijou, parmi les voiles transparents à raies opaques, les draps vert émir, les dalmatiques soutachées, les brocarts et les draps sombres des caftans et des gandouras autour des-

Une impasse à Stamboul.

quels, frissonnantes et mousseuses, ondoient les vagues légères des écharpes et des foulards.

Mais toute cette joaillerie, tout ce luxe chimérique n'est que la défroque d'une vie mystérieuse et cachée. Il faudrait la contempler au seuil d'un vieux palais rempli d'odalisques, de princes et d'eunuques ayant revêtu et dévêtu, parmi les montagnes mouvantes des coussins, cet appareil à la fois somptueux et léger; dans des cours de faïences lavées par les eaux vives; au milieu des jardins suspendus, des vasques de marbre, et des mosaïques d'or et d'argent. Et ces palais n'existent plus; pour se les figurer il faut retourner au « seuil du passé ».

C'est bien en effet vers le passé que vous rejette ce bazar, malgré sa vie exubérante et jamais ralentie. Les étoffes trop colorées, les orfèvreries trop étincelantes disparaissent. Le souvenir seul persiste, des draperies passées, fanées, des couleurs ternies, des parfums moins violents. Tout ce qui leur manque, c'est à l'imagination à le compléter, et nous éprouvons un merveilleux plaisir à rechercher dans l'autrefois, à travers les époques disparues, ce qu'ils ont perdu de leur fureur et de leur intensité. Aussi, si l'on voulait emporter du grand bazar, de ce féerique Bezestin, quelque témoignage capable d'en fixer la vision, ce serait ce poignard au manche de jade, à la lame ornée de lettres arabes, au fourreau d'argent ciselé, enchâssant la goutte limpide d'une pierre de lune que Saladin y avait fait placer, pour qu'elle lui rappelât sans cesse par ses feux, les yeux clairs d'une favorite qu'il aima; ou bien encore ce cimeterre orné d'aigues marines et d'opales de Bohême, avec lequel ce sultan coupait d'un seul coup, en présence des chevaliers de Richard Cœur-de-Lion, des oreillers de plume larges d'un pied.

En montant vers la mosquée de Bajazet, le bazar change d'aspect et devient une sorte de Temple, un fouillis informe de guenilles et de haillons, de défroques souillées et maculées, de soies fangeuses, de splendides velours, disparaissant sous une épaisse couche d'huile sur laquelle se traînent péniblement des araignées; de caftans et de tarbouchs rongés par les vers et les poux.

Aux allées couvertes et bien construites, succèdent les échoppes renversées par le tremblement de terre de l'an dernier; ces ruines couvrent le sol. Un lambeau du vêtement de quelque marchand écrasé sous sa maison, pend à un bloc gigantesque. A côté de ces débris, des hommes de la campagne marchandent gravement un gros couteau de chamelier, et une juive dont les cheveux sont emprisonnés dans une gaine de soie noire, débat le prix d'un flacon d'essence vulgaire; et ils ne paraissent point s'apercevoir de la dévastation qui les entoure. Ce passage sans transition de ces galeries ornées par les fées, à ces taudis, pour la plupart écroulés, que des sorcières auraient refusé d'habiter, nous saisit péniblement; mais c'est une impression à laquelle on s'accoutumera vite et que l'on retrouvera partout à Constantinople, non sans une agréable mélancolie.

La magnificence tant vantée de la vieille capitale de Constantin, provient de ces contrastes réunis du voisinage étrange et merveilleux de monuments d'une incomparable richesse et de décombres amoncelés.

Nulle ville au monde ne renferme de pareils trésors, et c'est là pourtant que gémit la plus douloureuse misère. Si ce n'était l'éclat du Bosphore et du ciel qu'il reflète, le mouvement des barques chargées de fruits et de poissons, le chant des mariniers, la grâce lointaine et voilée de brume de l'île des Princes, et la vie apparente des rues européennes de Péra, ce serait une tristesse profonde qui étreindrait le cœur en face de ces ruines somptueuses. Un sentiment d'orgueil déçu semble animer ces édifices, dont les pierres sont brisées, déchaussées.

Mais cet extérieur ruiné n'est qu'un manteau d'une suprême coquetterie qui permet, lorsqu'on l'écarte, de goûter mieux encore le pur triomphe des coupoles hardies, la perfection délicate des mosaïques de nuances fondues, d'harmonieuse composition; la richesse des marbres : porphyres asiatiques, brèches vertes d'Égypte, granit rose des Cyclades. Ces mosquées sont silencieuses, que ce soit la prodigieuse basilique justinienne ou bien ces gracieux petits temples byzantins d'une décoration subtile et variée; ces palais sont déserts; déserts les jardins alanguis; les pavillons mystérieux et les piscines profondes de la pointe du Seraï; désert le Dolmat-Bagtché tout endimanché de déplorables sculptures et dont l'architecte fut sans doute un commis en confiserie. Les grillages en bois des maisons de Stamboul empêchent la vie intérieure de filtrer au dehors. Des ombres passent, rapides et muettes; seul de temps en temps le rire d'un enfant jaillit hors de cette mélancolie.

Ces différents quartiers religieux, officiel ou commerçant sont reliés entre eux par un dédale de rues bourgeoises. Là est la vraie Stamboul. Les humbles maisons sont sans couleur, les vasques brisées; les fontaines coulent dans une pierre à peine creusée, les mosquées sont de bois, les minarets sont couverts de plantes grimpantes, lierres et chèvrefeuilles; et sur les murs lézardés serpentent, se chauffant au soleil, les lianes des vignes vierges. Partout le silence, l'abandon; des bruits d'oiseaux qui s'envolent, de prières dites à voix basse; les frissons des feuilles de platane. La nature toute seule, toute simple, est plus brillante que la vie qu'elle ombrage.

C'est là peut-être un tableau peu séduisant de cette cité au nom magique. Et pourtant mille paysages, mille beautés cataloguées et célèbres ne valent point ces petites rues noires et tranquilles. C'est par là que Stamboul se différencie profondément du reste du monde.

Elle est déserte, direz-vous; point de passants au beau visage, point de femmes voilées foulant à peine, oh! si peu! le pavé de leurs petits pieds chaussés de

Une rue de Stamboul.

babouches d'argent. La présence mystérieuse de tout ce peuple, devinée seulement, dont le souffle arrive jusqu'à votre joue avec un vague parfum d'encens, cet œil noir aperçu à travers une grille finement ouvragée, ou derrière les découpures des moucharabiés incrustés de nacre et niellés d'or et d'azur, ne nous inspirent-ils pas une exquise et voluptueuse curiosité ? Oh! le froissement d'une soie glissant dans les coussins d'un divan!

Stamboul ne travaille point, Stamboul ne sort point, Stamboul est paresseuse, nonchalante, insouciante. Tout cela est vrai; mais elle a la grâce et le charme d'une fée qui ne veut point faire de miracles, et ce sont là les meilleures fées; elle a jeté sa baguette dans les eaux du Bosphore et maintenant, elle sommeille à demi, regarde les étoiles à travers des grillages, écoute la chanson d'un jet d'eau et rêve, rêve toujours sans jamais se lasser de son inaction.

N'allez point la réveiller avec de gros mots tels que civilisation, progrès, industrie, travail; vous lui feriez peur. Souvenez-vous de la petite mendiante d'une légende circassienne, qui dormit dans un grand coquillage au bord de la mer et qui était si merveilleusement belle, qu'en la voyant, les agonisants oubliaient leur douleur. Un soir, une princesse jalouse lui reprocha son inaction, et la petite mendiante quitta sa demeure. Comme ses yeux n'étaient point habitués à la lumière, elle souffrit, versa beaucoup de larmes, d'abord sans le vouloir, et ensuite parce qu'elle trouvait doux de pleurer ainsi; mais ses traits se creusèrent, sa bouche perdit sa fraîcheur, ses cheveux leur éclat, et les agonisants qui venaient la voir s'en allaient en disant : « Il nous faut mourir puisque la petite mendiante elle-même qui est si belle, a laidi affreusement en voyant nos visages », et les agonisants moururent dans d'atroces douleurs.

Laissez la mendiante Stamboul rêver dans son coquillage de dentelles selon sa fantaisie, dispersée et charmante; ce n'est pas une cité, c'est un grand village mystérieux et sans lien. Ne la réveillez point, elle est heureuse et belle. Elle console par son aspect humble et reposé, par sa vie silencieuse et parfumée : ayez pitié des agonisants.

* * *

Il est un autre coin de Stamboul, sans doute moins délicieusement recueilli, mais d'une majesté singulière, charmant encore par la solitude et le silence qui y règnent. Le nom de Byzance y résonne mieux que partout ailleurs, avec tout ce qu'il a de sonorité amortie et de magnificence surannée. Qui, en faisant le tour des grandes murailles, ne sentirait présente l'ombre de la vieille puissance impériale ?...

Lorsque, d'un point quelconque de Stamboul, on veut gagner la campagne, on trouve les maisons de plus en plus pauvres; les conques des fontaines sont envahies par la mousse, et les pierres des turbés, cachées sous les lianes des plantes sauvages. De loin en loin, de vastes places, sortes de « khans » dénudés, sont animées par la halte de quelque caravane venant d'Andrinople; mais bientôt on ne trouve plus que des petits marabouts grossièrement plâtrés et abandonnés, que des murs écroulés, un désert de fleurs, de lierre, de ronces et de chardons roses ou bleus, d'où jaillit parfois le bruissement des eaux vives. La dernière voix humaine entendue, est celle d'un muezzin perché sur un petit minaret de bois, auquel une mauvaise échelle tient lieu d'escalier.

C'est à travers cette plaine de verdure et de décombres que l'on gagne la triple enceinte qui entourait Byzance. La première muraille que l'on rencontre, est flanquée de tours massives et carrées, dominant une seconde fortification commandée par une série de tourelles rondes. Un dernier rempart, plus bas que les autres, est bordé d'un fossé intérieur, que remplissaient jadis les eaux de la Corne-d'Or et de la mer de Marmara. Se dressant au fond des vallonnements, hérissant le sommet des collines, ces murs prodigieux se continuent sans fin, minuscules et à peine visibles à l'horizon, formidables et colossaux près de nous. Le passé, tout le passé, vit encore parmi ces pierres ; d'anciennes générations les avaient élevées pour se protéger, pour s'abriter contre l'envahisseur ; elles n'ont point failli à cette tâche, et leur ombre puissante, leurs vieux souvenirs ont gardé toute leur intensité et toute leur grandeur ; on y respire une atmosphère solennelle et pompeuse, et, sur l'immense plaine qui fuit là-bas, vers Andrinople, frangée d'argent par le flot de Marmara, leur silhouette surgit, toujours pareille et redoutable, d'une profonde et majestueuse tristesse, sur la joie rayonnante du ciel.

Mais la monotonie de ce noble rempart est rompue par une admirable variété de ruines. Le soleil a bruni les calcaires friables, poli les granits rouges ; le vent a semé entre les créneaux brisés, les graines de mille plantes diverses. D'une tour à l'autre rampent et s'enchevêtrent les lierres et les églantiers ; sur la plateforme des bastions, une végétation vigoureuse s'épanouit et redescend en guirlandes vers le sol ; un cyprès pousse entre deux arbousiers ; des gerbes de fleurs, d'interminables chapelets de liserons roses et jaunes, s'échappent à travers les meurtrières et les barbacanes, s'étalent contre le mur, s'accrochent entre les pierres, maintenant dans leur réseau, à la fois si fragile et si fort, les blocs que le ciment depuis longtemps séché, ne saurait plus retenir et que le vent descelle et secoue.

Entre ces parures sauvages, inhabiles malgré leur vigueur, à cacher tant de ravages, apparaissent en teintes chaudes et rousses, dorées par le temps, les masses effritées et brisées de la muraille et les parois éventrées des courtines. Par une farouche coquetterie, ces plantes folles et vivaces ont laissé intactes les crevasses et les lézardes; les brèches sont encore ouvertes, et, à la ruine plus complète de certaines tourelles, on pourrait désigner dans la plaine l'endroit où était braqué sur la vieille cité des Constantins le formidable canon d'Orban qui exigeait pour le servir sept cents soldats, qui lançait des boulets de porphyre de six cents livres, et qui engloutissait chaque jour un tonneau d'huile; l'œuvre des balistes et des catapultes est toujours visible; les pierres ont gardé la trace du choc des béliers. Mais ces glorieuses blessures ont été pansées et guéries par l'admirable végétation qui couvre aujourd'hui ces remparts, et qui, sans les effacer, a su les parer et consolider les débris fracassés, afin que se perpétue dans l'avenir, le souvenir des sièges épiques et des assauts légendaires.

Une haie de mûriers géants unit les deux tours qui défendaient la porte Charsias, par laquelle Justinien entra triomphalement dans « sa bonne et belle ville de Byzance ». Près de la porte d'Andrinople, l'herbe est plus épaisse et plus drue à la place où pourrirent les cadavres des Avares et des Bulgares qui s'y ruèrent, et qui, penchés sur leurs chevaux petits et nerveux, terrifièrent la plaine, traversée encore par cette longue route qui serpente, toute blanche sous le soleil. Plus loin voici les portes de Russion, de Selymbria, des Blaquernes, la porte dite du Canon, toutes également mutilées, attestant encore la fureur de la lutte de deux peuples, de deux religions et de deux races; enfin la porte Saint-Romain, par laquelle Mahomet II se précipita, précédé d'une meute de molosses hurlant, dont le poil fauve était couvert de sang et de poussière, suivi de cent pachas, de trois armées, de dix-huit batteries, entouré de janissaires, de derviches, de timariots, de tschaousch, de Tartares, d'Arabes et de Caucasiens, aux lueurs sinistres du feu grégeois, au son des trompettes et des timbales, à travers l'épaisse fumée, sillonnée par les éclairs innombrables des cimeterres.

Au pied de ce cyprès étroit et grêle, on retrouva le lendemain, au milieu des cadavres d'une élite de soldats grecs, le corps de Constantin, le visage méconnaissable; des pillards l'avaient laissé nu et souillé de boue; mais, agrafant ses cothurnes de pourpre, deux aigles d'or étincelaient encore, que les mains scélérates n'avaient osé toucher et qui veillaient jusqu'au dernier jour sur la dépouille mortelle du dernier empereur de Byzance.

Les murailles s'étendent toujours, à perte de vue. Des cabanes de bohémiens et de mendiants sont abritées contre un pan à demi écroulé; un couvent de derviches reposé au milieu d'un petit bois de platanes bas et touffus: un nid d'aigle dans l'échancrure des courtines, un cimetière musulman émaillé de bleuets et de boutons d'or, une croix chrétienne sur deux petits mausolées couverts d'asphodèles, et de place en place, comme des bornes, des cippes funéraires, tel est le gracieux et sévère paysage dont on goûte doucement la gravité, le long de ces ruines fleuries.

On traverse le Lycus, petit ruisseau caché sous les buissons, et sur lequel flottent les lianes des saxifrages. Près de là, les margelles des citernes abandonnées resplendissent sous l'épais ombrage des saules et des pruniers, à travers la robe parfumée des chèvrefeuilles et des jasmins. Plus on approche de la mer, plus la végétation devient fraîche et vigoureuse; chaque pierre brisée est un vase où s'épanouit un bouquet. Une vigne, un carré de blé, poussent au milieu des ronces, étoilées de marguerites et de plantes ombellifères; un vautour poursuit un roitelet, une fontaine chante sous les décombres; toute la puissance du printemps agrandit encore ce paysage, en faisant ressortir à la fois, au milieu de cette nature en fête, toute d'éclat et de jeunesse, la vieillesse ruinée et la majestueuse misère de ces murs démantelés.

Ce ne sont plus, à vrai dire, des sultanes demi-nues sous leurs voiles, ou de magnifiques empereurs, que l'on revoit animant ces remparts, mais quelque chevalier de France vêtu du heaume et de la cotte de mailles, une troupe de marins génois défendant une brèche, un monde d'écuyers, d'arquebusiers et de varlets, tout notre moyen âge que l'on s'étonne d'évoquer aussi spontanément sous ce ciel d'Orient. Et pourtant qui ne placerait auprès de ces tombes ombragées de cyprès, se dessinant nettement sur la masse sombre de la muraille, la silhouette délicate et précise d'une châtelaine long-vêtue, l'escarcelle au côté, lointaine exilée sous la fureur de ce climat, respirant sur le lys qu'elle tient du bout de ses doigts d'ivoire, tous les parfums de la terre de France.

Mais tout vous ramène à la réalité : les inscriptions des pierres tombales du pacha de Janina ou de Saalih, commandant de Lépante, et surtout la fontaine miraculeuse de l'église de Baloukli, aujourd'hui abandonnée au milieu des lentisques et des orties. C'est à cette place, dit la légende, qu'un moine faisait frire des poissons lorsqu'on vint lui annoncer que Constantinople était prise : « je le croirai ! s'écria-t-il, quand les poissons sauteront de la poêle et se mettront à frétiller dans l'eau ». Aussitôt une source jaillit du sol, et les poissons s'élançant hors du plat nagèrent dans l'onde vive. On voit encore leurs descendants dans la fontaine de Baloukli, et leur gardien, dont ils font la fortune, les appelle d'une voix émue : « mes petits poissons sacrés ». Ce digne homme ne manque point de faire observer que ses divins élèves ont, sur le côté, des taches rousses qui sont les traces vénérées de l'antique friture, et, pour rendre vraisemblable leur antiquité, il les a choisis de grande taille. Un voyageur facétieux a écrit sur une pierre : « Petit poisson est devenu grand », et le gardien d'ajouter : « Puisque Monseigneur Mohammed a bien voulu lui prêter vie. »

Soudain l'herbe fraîche devient grise et comme séchée; les troupeaux de chèvres s'arrêtent à cette limite, et le vent du large vous souffle en plein visage : la mer de Marmara s'étend à perte de vue, toute blanche dans la lumière trop ardente du midi. Se découpant en noir sur le flot, au point où le rempart continental vient se joindre à celui qui borde le rivage, le château des Sept-Tours dresse sa lourde silhouette sépulcrale, sorte de bastille orientale, forteresse et prison, que Mahomet éleva là pour surveiller les routes d'Europe.

Dans des tours écroulées où l'humidité suinte à travers les mousses couvertes de champignons, on aperçoit de petites salles basses, des antichambres à cachettes communiquant avec des caveaux et des puits; — dans la pierre subsistent encore la trace des ferrures qui fixaient les chevalets de torture, les anneaux où l'on suspendait les suppliciés; — des bornes semblables à des billots, des cavernes si profondes que les hurlements des patients ne pouvaient arriver à l'oreille des vivants; des potences de pierre, des murailles cimentées avec de la boue d'ossements; les cavités où l'on cachait les cordons de soie destinés aux prochains étranglements; la salle des exécutions ordinaires, encore remplie des débris de faïence qui couvraient les murs « pour que le sang puisse y être effacé plus facilement ». Comme dans les vieux contes orientaux, terribles et lascifs à la fois, on respire entre ces lugubres murailles une atmosphère glacée et souterraine, obscurcie de ténèbres, par endroits livides autour de la lueur vacillante des lampes accrochées au plafond, succédant brusquement à l'éclat des salles de fêtes où des convives couronnés de roses buvaient, dans des coupes de jaspe et d'onyx, les vins de Chypre ou de Chio adoucis d'un peu de miel ou d'une goutte d'essence lybique. Ici nul raisin sur une vigne sauvage, nulle tombe fleurie; le soleil qui inonde ces scènes ne les égaye point; elles sont quand même tristes et noires. Dans l'ombre des gibets la plus humble fleurette refuse de croître; les lichens qui lèchent les crêtes déchirées sentent la décomposition.

En cet affreux château où l'on jouit à peine d'une brise marine, plus faible que d'une feuille de platane qui se balance, tous les vieux mots de cruauté, de barbarie, tous les noms d'outils de torture, toutes les histoires de courtisanes sacrifiées à un caprice ou de princes immolés à quelque billevesée d'ambition ou de jalousie, quittent l'ombre indifférente où ils étaient relégués comme inutiles pour leur férocité excessive, et prennent une valeur d'émotion qui nous bouleverse. Par une crédulité spontanée et enfantine, en voyant les lieux où se passèrent des événements que jusqu'alors nous jugions invraisemblables et plus conformes à la légende qu'à la vérité, nous attribuons immédiatement à ces contes de la veille une réalité précise et, jusqu'en les moindres détails nous les localisons sur tel pavé, auprès de tel brin d'herbe. Ce passé, aussi complètement évoqué, ne tarde point à nous troubler par l'exactitude même de sa résurrection et à éveiller en nous la source des sensibilités confuses.

En continuant la visite de cette sombre prison, on ne ressent plus qu'une violente pitié pour tous ceux qui périrent là, sur les dalles trempées; et dans ces salles de torture, — quelque chose de sensuel vit encore qui en avertit, — des coussins furent jetés certain soir pour le Grand Seigneur ayant à son cou, collier vivant, les bras d'une fille de Circassie, parce qu'il voulait tonifier ses amours défaillantes, en respirant l'odeur du sang chaud.

Mais pour vous permettre de secouer la torpeur qui vous envahit en face de ces sinistres paysages, le rempart se prolonge jusque dans la mer où il s'écroule en formant une sorte de môle. La vague est crêtée de blanche écume, et de petites voiles proprettes et bien enflées par un vent régulier, se balancent au large dans la brume de Prinkipo.

L'îlot de Léandre, petit rocher d'amour, surgissant du flot dans une vapeur lumineuse, se détache sur le fond plus obscur de Scutari, et, toujours vers le lointain, les cimes neigeuses des montagnes d'Asie, formant une couronne immortelle, étincellent de feux clairs dans l'atmosphère transparente et légère.

* * *

Ces promenades à travers Stamboul nous transportent si loin des rues montantes de Péra et de Galata que l'on s'étonne, en traversant le pont de bois de la sultane Validé ou le pont de fer jeté plus loin sur la Corne-d'Or, de se retrouver dans une ville européenne. Toutes les manifestations de la vie orientale qu'on y rencontre, deviennent des curiosités et dès lors perdent tout leur charme. Une noce arménienne, trouvée dans le funiculaire qui monte des rues basses de Top' Hané vers la ville haute, est un spectacle aussi peu intéressant qu'un groupe de Chinois, aperçu dans un tramway du bord de la Seine.

La demi-civilisation a gâté ces quartiers européens, et le médiocre confort qu'elle y a apporté ne vaut pas l'amoindrissement qu'elle a causé dans tout le reste. Les rues sont étroites, boueuses; il y a des trottoirs, mais plus de moucharabiés. Le cimetière de Taksim, dissimulé derrière une caserne aux murs étrangement bariolés, est gêné par ce voisinage; les cyprès n'y ont plus d'oiseaux; la corne du tramway de Péra les a effrayés. Le vendredi, les Turcs viennent flâner devant les boutiques et regardent la rue comme un spectacle, ainsi que des étrangers arrivant d'un autre pays; ils ont l'air fort étonnés de voir des visages exprimant l'inquiétude ou l'agitation, au milieu de ce va-et-vient de diplomates et d'hommes d'affaires.

La rue est bordée par les palais des ambassades et par des maisons à peu près régulières, souvent aménagées en chapelles. Des plaques de cuivre indiquent le siège des sociétés interlopes qui pullulent sur les hauteurs de Péra : « Le Grand Seigneur a des pierreries sur son manteau qui ne tiennent que par un fil; la belle proie pour les voleurs d'Asie », dit une chanson arménienne. « La belle proie pour les voleurs d'Europe », ajouterait-on volontiers.

Constantinople est le pays du monde où l'on vole le plus honnêtement; c'est là que les gens délicats viennent se livrer à la spéculation. La Porte accueille avec une inépuisable naïveté, les vieux fonds que les nations plus civilisées lui font l'honneur de lui proposer par l'intermédiaire de gentilshommes décavés et déplumés, qui viennent refaire sur les bords du Bosphore, leur fortune et leur santé.

Ceux qui ont réussi dans ces belles missions s'en vont en disant : « C'est un bon pays. » Pendant leur séjour oriental, ils ont rajeuni leurs vices auprès de courtisanes exotiques; ils ont pris deux fois par jour un café tonifiant et délicieux, très capable de reconstituer leur moelle épinière en voie de désagrégation; ils ont fondé plusieurs sociétés qu'ils ont cédées avec bénéfice, grâce à la protection, souvent peu désintéressée, d'un ministre, ou tout au moins de quelque petit vizir; ils ont joué au cercle avec des grecs dégénérés qui ne savent même plus tricher; ils ont écrit à leurs femmes « qu'ils n'avaient pas un instant à eux, et qu'ils reviendraient bientôt dans ce cher Paris qu'ils pleurent chaque jour ». Ils ont calmé cette douleur dans un caïque léger filant sur la soie vert bleu des Eaux-Douces, auprès de quelque corsage mauve pâle ou jaune mourant. Oui, « c'est un bon pays », utile exutoire d'une société où beaucoup de gens désirent faire peau neuve, afin que l'on oublie certains désagréments qui ont pu leur arriver, bien malgré eux, un peu partout, dans le monde, à la Bourse, dans la politique, sans pour cela recourir à la solution, toujours désagréable, d'un coup de revolver à minuit et demi sur le bord du lit d'une chambre de bains de mer.

Constantinople, c'est le suicide provisoire; c'est le lieu de rendez-vous de toutes les ambitions impuissantes ou déçues, qui perdent là leur timidité qui n'était que de la prudence. Les effrontés y triomphent sans effronterie, ce qui n'est pas ordinaire; ils sont en vacances, et ne perdent point pour cela le bénéfice que leur a valu l'attitude lucrative qu'ils ont prise dans la vie. On y retrouve aussi tous ceux qui, ailleurs, n'osent plus avoir d'audace, pour en avoir eu trop. Alors même qu'ils ne pourraient, ce qui est invraisemblable, obtenir quelque concession fructueuse, ils sont sûrs de trouver bon gîte et copieuse nourriture. Qui ne se souvient du célèbre communard qui passa plusieurs années près de la Corne-d'Or, dans un pavillon que l'on mit gracieusement à sa disposition, et qui recevait chaque jour pour lui, la ration d'un officier, et pour son domestique, la ration d'un soldat.

Oui, « c'est un bon pays », point médiocrement utile, qui a permis à plus d'un d'éviter la faillite pécuniaire ou morale, d'entrer le front haut et la poche sonnante, dans le noble faubourg, de saluer avec ostentation la petite comtesse, de plaire à la belle et grande duchesse, qui n'est même pas de Gérolstein, d'aider la douairière dans ses bonnes œuvres des vierges récalcitrantes ou des veuves inconsolées, d'avoir à l'Opéra un fauteuil et une danseuse, une situation dans le monde, des opinions politiques élégamment conservatrices, relevées par une pointe de scepticisme méprisant, enfin d'être pour la fin de ses jours, et dans toute la force du terme : un honnête homme.

L'influence de la France est cependant encore vivace dans cette capitale de l'Orient, où tous les intérêts de la chrétienté sont placés, depuis de longs siècles, entre les mains de nos nationaux. Notre ambassadeur, M. Paul Cambon, maintient cette tradition avec une remarquable autorité; et l'on ne tarde pas à ressentir les bienfaits de cette éminente représentation. Une telle politique a d'autres moyens d'action que les garden-party des colonies étrangères, et que les aimables réceptions, où, entre deux sorbets, des jeunes hommes aussi soignés que décorés luttent de coquetterie, en faisant au nom de leur pays, mille concessions gracieuses, quitte à ce pauvre pays à souffrir le dommage d'avoir des enfants aussi bien élevés.

* * *

Les chiens qui peuplent les trottoirs de Péra, comme les ruelles de Stamboul, sont peut-être le seul trait commun que l'on aperçoive entre les deux cités. Les chiens de Constantinople font partie des curiosités classées. Ce sont à vrai dire de pauvres chiens, timides, pelés, la queue basse, l'œil terne, et sans intelligence. Les étrangers leur attribuent une férocité dont ils paraissent bien incapables. Ils ont perdu toute indépendance, et ont l'air piteux de petits fonctionnaires résignés à n'avoir jamais d'avancement. C'est en effet une fonction qu'ils remplissent; le service de la voirie leur est confié: Ils n'en ont point d'orgueil et meurent souvent de faim.

Au moins les Turcs ont-ils pour eux un peu de déférence, et chacun connaît-il le chien de sa rue; ce sont de bons voisins, des mendiants utiles. Ils se nourrissent comme le quartier. Sur le port leur aliment ordinaire est l'arête de sardine ou la tête de dorade. A Péra, ils ont des ventres de rentiers; à Stamboul, ils traînent une carcasse famélique; à Balata, ils sont couverts de croûtes et de plaies. Un impôt qui serait réparti sur chaque habitant, d'après le bon ou le mauvais état des animaux qui rôdent autour de sa maison, paraîtrait établi sur des bases équitables. Le piéton fait un détour pour ne point réveiller le chien paisiblement roulé devant sa porte et plongé dans le sommeil qui peut-être lui tiendra lieu de dîner. Les voitures s'arrêtent pour lui permettre de se garer; les passants, étant éveillés, ne méritent point de semblables égards.

Ces balayeurs quadrupèdes ont chacun leur territoire, leur circonscription administrative. Si quelques-uns de ces citoyens, qui en valent bien d'autres, tentent de changer de résidence, il s'ensuit une violente bataille qui remplace avantageusement toute procédure de bureau. Deux camps se forment; et c'est une guerre à mort. Mais leur sort, peut-être, ne tardera pas à s'améliorer : un généreux donateur, ne vient-il point de leur léguer une somme assez ronde pour leur permettre de varier leur ordinaire ? Le testateur invoque, il est vrai, de puissants arguments; il se souvient que le Coran recommande de pratiquer la charité à l'égard des animaux, et que Mahomet II menait à la guerre une bande de dogues fanatiques et cruels qui entrèrent les premiers dans la ville prise, par la brèche ouverte de la porte Saint-Romain. Dès lors, ils devinrent d'incomparables serviteurs. Un sultan, Abdul-Medjid, que leurs aboiements incommodaient, les fit transporter dans l'île de Marmara, mais aussitôt une révolte éclata, et le rappel des exilés put seul apaiser l'émeute. Un grand vizir envoyé en disgrâce n'excita jamais de pareils regrets. Ce que c'est que de nous !

Néanmoins, en dépit de ces souvenirs dont un peuple s'accommoderait fort bien, les chiens de Constantinople ont l'air humble, triste et morose, et n'ont point de personnalité; le moindre carlin, la plus mince levrette, portent plus haut la tête. Leur fourrure, par endroits entamée par la gale, a la fauve sauvagerie du chacal ou du renard, et pourtant ils sont plus soumis que des moutons — Ce spectacle n'est pas indifférent, la sensibilité à l'égard des bêtes en est comme agrandie. Là, seulement, dans ce vaste chenil, on peut voir tout ce monde, l'observer à toutes les périodes de son existence; on peut s'émouvoir en apercevant côte à côte les petits à la mamelle, et le grand-père dont les os crèvent la peau. On peut étudier leurs amours et leurs courtes jalousies; ils ne se vengent point en effet de l'affront que leur fit un de leurs semblables; ce qui cause leur rage, c'est la pensée ou plutôt l'instinct du plaisir qu'un autre donne à leur chienne favorite. — N'y a-t-il point dans cette sorte de vengeance instinctive de l'instinct déçu, brutalement grossi, le propre de la jalousie humaine?

Mais il faut une préalable sympathie pour s'attarder auprès de ces quadrupèdes si misérables. Ils sont pauvres et honteux, et ils répugnent à la plupart. Ils n'appartiennent à personne. Là est le secret de leur bassesse.

— Les caresses que l'on prodigue à un chien l'embellissent singulièrement, c'est de l'intelligence et de la dignité qu'on lui donne. Pour un chien, le maître dont il lèche les mains, qu'il suit à la promenade, c'est à la fois sa famille et son pays; c'est son honneur. Si dans l'espèce animale, le chien semble avoir une sorte de royauté, c'est qu'il a plu à l'homme de la lui donner; il eût aussi bien pu y élever l'âne, le mouton ou le pourceau; il lui eût suffit de permettre à un de ces animaux qu'il ne le quittât point, et de se plaire ainsi à l'ennoblir.

Voilà pourquoi les chiens abandonnés, les chiens vagabonds, les chiens errants de Constantinople ont l'air si triste et si morose. Ils n'ont pas de maître; il n'est point de mains qui se tendent vers eux, et qu'ils puissent lécher. — La reconnaissance qu'on leur témoigne leur importe peu, puisqu'eux-mêmes n'ont point de reconnaissance. Ils n'ont que faire de cette considération qui ne sait point chatouiller leur museau et lisser leur poil bourru. Ils sont désespérés et mélancoliques; ils évoquent directement, dans l'esprit capable de s'émouvoir de leurs infortunes, la vision de ces hommes que l'on rencontre dans la rue, sur le bord des routes, n'importe où et partout, qui viennent de quelque part et qui vont ailleurs, et que la vie, après les avoir créés, semble avoir à tout jamais oubliés.

* * *

Que de quartiers encore profondément différenciés de l'asiatique Stamboul et de l'européenne Galata?

C'est Top'Hané, avec ses *hammals* portant, aux deux bouts de longues poutres reposant par le milieu sur leurs épaules, d'énormes fardeaux, avec le va-et-vient de ses pêcheurs et de ses mariniers de toutes races et de tous pays, rendus semblables par le sel qui se mêle à leurs cheveux et par leurs visages hâlés. C'est Pancaldi, faubourg chrétien, proche du cimetière de Taksim, avec ses villas et ses jardinets d'où débordent de sombres feuillages; San Dimitri, propre et élégant, presque entièrement grec; et Tataola, abritée au fond d'une petite vallée; Kassem-pacha hérissé de nombreux minarets, sanctifié par la présence de plusieurs couvents de derviches hurleurs, tourneurs et autres; Pialé-Pacha, toute cachée sous les sycomores et les platanes, d'où jaillit, entourée de cyprès, la coupole grossièrement plâtrée d'une mosquée. — C'est encore Ok-Meidan et ses vastes jardins, semés des colonnettes blanches qui portèrent les cibles impériales; c'est là que le sultan vient essayer sa force au jeu de l'arc, selon une vieille coutume persane.

Mais c'est à Balata qu'il faut aller pour apercevoir, puante et grouillante, la foule juive loqueteuse et dépenaillée, sèche et crochue, poussant mille petits cris stridents et pesant des pièces d'or sur des tas de fumier, au moyen de petites balances de platine posées sur le bout d'un ongle jaune et racorni. — Les enfants teigneux jouent dans la boue aux pieds de leurs mères, jeunes et belles sous leurs haillons sordides, ayant les cheveux et les oreilles enfermés dans un sac de soie, et raccommodant de petits vêtements faits de chiffons bariolés. Et le long de ces rues noires et infectes, plus resplendissant et plus lumineux, le flot de la Corne-d'Or fait entendre son éternel bruissement.

Le Phanar présente un tout autre aspect. Les maisons ressemblent à des forteresses, les fenêtres à des meurtrières; les portes sont de fer et chargées de lourdes serrures, sombres et fortes retraites des riches banquiers génois, qui avaient déjà élevé pour leur vigie aérienne la tour de Galata. — De ces retranchements habités, sortirent par ordre du sultan en quête d'expédients, des financiers et des gouverneurs; mais il n'y avait pas plus loin du Phanar aux salles basses du château des Sept-Tours, que du Capitole à la roche Tarpéienne, et « c'est un chemin qu'on ne refait pas le soir lorsqu'on l'a fait le matin », dit le vieux couplet d'une chanson populaire.

De nobles familles grecques occupent encore ces maisons fermées, qui n'ont plus le charme des vérandahs à jour; la vie ne filtre plus au dehors : si elles n'étaient les parois du coffre-fort où s'entassèrent de prodigieuses fortunes, ces murailles seraient celles d'une prison. Elles abritent aussi le trône en bois sculpté du patriarche orthodoxe; mais tout cela est désert, froid et mort; le soleil ne parvient pas à dissiper l'humidité qui suinte à travers ces vieilles pierres. Sur les balustrades de fer, des femmes sont accoudées et accroissent par leur présence muette le poids du silence. Un verrou tiré grince lugubrement;

un pigeonnier sans pigeons, jadis orné de guipures de stuc, s'écroule sur un toit plat recouvert de tôle.

Ces antiques résidences des Paléologue et des Commène ne purent les défendre contre la petitesse de leur esprit, contre les mesquineries acharnées de leur caractère. Dans leurs églises ruinées, tristes et nues, et malgré cela sans grandeur; à peine décorées de quelques vieilles icônes, dont les enluminures sont à demi effacées par le temps, on devine encore les réunions des sycophantes, histrions et courtisans, hérésiarques sans courage, rhéteurs incolores et pâles sophistes, qui gaspillèrent sou par sou le trésor de gloire que leur avait confié l'empire Romain, amassé depuis des siècles, et précieusement conservé par les soins d'une belle et noble tradition. Et lorsque des barbares infidèles renversèrent les murailles pour venir mettre fin à leurs dissensions, aucune voix ne vint dire à la population qui jetait ses derniers bijoux, ses cheveux coupés, et ses vêtements sur le passage du vainqueur, un mot de consolation, une parole de pitié.

***

Au hasard de la promenade, il faut entrer dans un bain turc, subir la rude friction de jeunes nègres, vigoureux et impitoyables, au sortir d'une série d'étuves, où vous vous croisez avec des êtres vagues contre lesquels vous vous heurtez, au milieu d'une étouffante et épaisse vapeur. Il faut encore faire quelques stations dans les cafés, souvent ornés de jolies faïences. De petites scènes d'une belle couleur locale vous y attendent : c'est une femme voilée qui entre et qui fait à son mari, entouré de verres d'eau et de tasses de café, les plus violentes remontrances. Ce sont deux policiers faisant irruption dans la salle de consommations, arrachant de la muraille deux chromos, réclames de poudres dentrifices, et arrêtant le cafetier coupable d'avoir laissé exposés à la vue de tous, deux visages de petites femmes au large sourire. Il est vrai que les images de deux sorcières eussent attiré sur lui les mêmes rigueurs, la religion musulmane interdisant la représentation du visage humain.

Mais nous sommes en plein Ramadan, sorte de carême carnavalesque, durant lequel tout bon croyant ne peut ni manger, ni boire, ni fumer du lever du soleil à son coucher, ou plutôt de trois heures du matin à six heures du soir ; car Sa Hautesse ne s'en est point rapportée à ses sujets du soin de fixer ces deux instants des révolutions astrales. Des coups de canon annoncent la cessation ou la reprise du jeûne.

A mesure que le soir descend et enveloppe de brume transparente la ville haute et de plus lourdes teintes les faubourgs vallonés, les dômes et les minarets s'éclairent de leurs feux nocturnes, étincellent de lampions, cerclant les tours de bracelets ou de couronnes multicolores ; la nuit en est tout illuminée. Chacun pavoise sa fenêtre, se revêt de ses beaux habits ; les noms sacrés de Mahomet ou d'Ali brillent en lettres de feu sur les façades des palais des pachas. On rit, on chante, on gagne les cafés, on s'installe devant les tables de marbre. On regarde l'heure : encore une demi-heure. Pour l'employer on tend son visage au cafetier, qui est toujours habile barbier, et qui, d'une main légère, avec ses rasoirs courts et minces, vous rafraîchit, puis vous couvre d'essence de rose. Les garçons vont, viennent, apportent les verres pleins d'eau fraîche et les coquetiers remplis de café, couvert d'une belle mousse parfumée. Encore dix minutes ! crie une voix. Les yeux brillent de joie, les bouches bâillent de plaisir, les bras s'étirent, les langues gourmandes caressent les lèvres. On se prépare à quelque délicate dégustation. On dispose les *lulés* ou fourneaux à pipes; chacun au râtelier choisit son narghilé d'or, d'agate, de cristal ou de verre de Bohême, le bourre de Tombeki, tabac de Perse, et mouille avec amour le bouquin d'ambre

Un soir de Ramadan.

qui termine le tuyau, taillé dans une branche de cerisier ou de jasmin. Boum! Six heures! Un soupir de satisfaction s'échappe de toutes les poitrines, et tous les narghilés de Constantinople lancent vers le ciel, leurs spirales de fumée bleuâtre. Sur le port, dans la rue, les pêcheurs sur leurs bateaux, les paysans dans la campagne, les femmes dans leurs appartements, chacun rompt gaîment le jeûne et engloutit, au moment précis où retentit la détonation, la bouchée ou la gorgée que la fourchette ou le verre, porté jusqu'aux lèvres, ne lui fait pas attendre.

33.

Après le jour consacré à la pénitence, la fête de nuit commence, toute de plaisir et d'orgie. Constantinople, ordinairement ténébreuse et peu sûre, est alors tout illuminée; on s'y promène comme en plein jour. Ce ne sont que danses et chansons. Il est vrai que les derviches ne tournent ni ne hurlent, pas plus à Scutari qu'à Stamboul; mais on y gagne de pouvoir s'attarder sous les moucharabiés, à entendre les cantilènes des servantes musiciennes, ou parfois même de la maîtresse du logis. On parle sans cesse dans ces chansons du croissant argenté de la lune, de l'étoile qui brille comme dans une coupe céleste et que l'étendard de Mahomet a fait descendre du ciel sur la soie ternie de sa bannière de guerre, ou bien encore d'oiseaux emportant au paradis sur leurs ailes les âmes de ceux que l'on a aimés, ou de gazelles fuyant dans un champ de roses.

Dans les humbles quartiers, accroupis en rond, des *hammals* dévorent à belles dents, des boulettes de riz enveloppées dans une feuille de vigne, du maïs grillé ou des concombres exotiques. Des marchands de mûres blanches sont assaillis par des consommateurs turbulents ainsi que par les petits porteurs de plateaux surchargés de dragées, de mokas et de mille confiseries couvertes de dentelles en sucre de couleur.

Les marches des mosquées se couvrent de mendiants. Ils dormiront là sans être inquiétés par la police, et demain, au lever du jour, ils iront faire leurs ablutions à la fontaine voisine. Ils sont sous l'œil de Dieu; « le prophète regarde de leur côté, ils reposeront en paix » et, sans doute, rêveront de houris, ces anges orientaux auxquels on ne peut croire parce qu'ils n'ont point d'ailes.

Au milieu de cette fête, mieux que nulle part ailleurs, on apercevra dans toute son originalité, la vie orientale.

On peut aller aussi le vendredi à la cérémonie du Selamlick, alors que le sultan se rend à la mosquée pour la prière. On y constate que Sa Hautesse Abdul Hamid II a un visage ressemblant à s'y méprendre, à celui de M. Naquet, et ne paraît pas rassuré en regagnant son palais de Yldiz, malgré la double haie des soldats turcs et égyptiens, et les cris des muezzins qui, du haut des minarets, lancent leurs prières sacramentelles aux quatre points cardinaux. Ce cortège est précédé de fanfares bruyantes et discordantes. Derrière la voiture, que le commandeur des Croyants conduit lui-même, viennent des chevaux tenus en main par des nègres reluisants, la voiture de la sultane Validé et de la jeune épousée qu'elle donne chaque année à son fils le vingt-septième jour du Ramadan; puis la longue file des carrosses du harem.

Osman-Pacha, le défenseur de Plewna, prend place à côté du souverain. Les femmes restent à la mosquée; les chevaux dételés broutent paisiblement l'herbe sèche. Le sultan regagne le palais soit dans sa voiture, soit sur l'un des chevaux qui le suivent, sellés de maroquin et harnachés d'or. Sa Hautesse est vêtue d'une simple redingote et coiffée du fez. Les officiers, les généraux et les dignitaires, sur son passage, ramassent la poussière et la portent à leurs lèvres. Puis, en dépit de leurs ventres proéminents, de l'argenterie clinquante et sonnante de leurs décorations, de leurs grosses petites jambes, ils s'élancent au trot, trébuchant, suant et soufflant autour de la voiture impériale, précédée des fils du sultan, déguisés en maréchaux et montés sur de magnifiques chevaux noirs.

C'est une opérette, mise en scène par un directeur qui fait bien les choses, à laquelle il ne manque que de la musique d'Offenbach. Plumes, panaches, brocarts, poignards damasquinés, qu'êtes-vous devenus? Les beaux jours sont finis. Plus d'intrigues sanguinaires, dignes des Mahmoud et des Bajazet! On est à peu près sûr que Mourad, le frère du sultan, ancien sultan lui-même est encore vivant. On apprend avec horreur que le « Frère du Soleil » s'éclaire à l'électricité, et que les fils des janissaires sont devenus de tranquilles bourgeois. Les harems des plus riches pachas se sont transformés en lingeries; les sultanes favorites sont les plus économes; elles rangent soigneusement dans des armoires les douzaines de mouchoirs qu'on ne pense plus à leur jeter. Les babouches, autrefois de maroquin constellé de pierreries, se couvrent peu à peu d'une belle tapisserie à ramages. Encore quelques années et ce seront des pantoufles.

Sans doute, de temps à autre les fonctionnaires démis de leurs emplois que l'on envoie respirer, dans le but d'améliorer leur santé, l'air salubre des hauteurs de l'Hedjaz, n'arrivent pas à destination; mais toutes les politiques n'ont-elles pas leurs exigences!

* * *

Cependant, où mieux surprendre la vie intime et quotidienne, que ce même vendredi dans les admirables cimetières de Constantinople? Que ce soit à Scutari, à Eyoub ou à Péra, une promenade à travers ces champs des morts est toujours un spectacle émouvant et mélancolique, à cause de la gaieté même qui y règne. Eyoub est le plus vénéré d'entre eux. Les rues qui l'avoisinent, la grande mosquée qui contient une partie de la dépouille sacrée du Prophète, ont conservé une physionomie exclusivement turque; les croyants que l'on rencontre sont encore coiffés du large turban évasé, vêtus de fourrure, soutachés d'or, et pour la plupart hadjis.

Ce cimetière est immense, et s'étend à perte de vue; les cyprès séculaires qui l'ombragent, rivalisent de hauteur avec les plus beaux minarets; mais leur sombre silhouette, élégante et ramifiée, se découpe plus nettement sur le ciel foncé; les racines tordues jaillissent

Le cimetière d'Eyoub.

hors du sol en serpents, et le soleil transperce les feuillages sans décomposer les belles couleurs de leur sombre verdure; nul arbre n'est plus majestueux, plus simple, et n'inspire mieux une douce gravité; chaque mort a son cyprès qui l'abrite; le nombre des arbres égale celui des tombes. Là on est apaisé et consolé de l'aspect de Byzance, impérieuse et déserte.

Dans les longues allées de ce bois funèbre, à travers les échancrures ou les lucarnes formées par deux branches écartées, on aperçoit la mer, dont la perspective lointaine et toujours un peu triste, est l'horizon convenant à ce paysage. Nulle splendeur auprès de ces arbres, véritable forêt, nulle admiration possible, mais un sentiment apaisé et recueilli, qui intéresse toute l'âme, en la faisant attendrie et plus voisine des larmes.

Ce ciel et cette mer, demi-voilés de feuillage, se confondent et paraissent enguirlandés, parés; une petite buée chaude glisse le long des allées et ne vous apporte point l'odeur fade de la mort. Soudain des myrtes et un citronnier apparaissent, baignés d'une lumière charmante et tamisée. Parmi les cyprès, il y en a de tout petits, très fragiles, pourtant déjà fiers et droits, et d'autres très vieux, aux troncs couverts de rugosités, allongés en minces colonnettes. Cette vieillesse, ces jeunes pousses, les fleurs de ce myrte! Quel trouble et quel délice! A cause du voisinage de ces morts, toute chose reçoit une plus grande beauté, la terre qui les contient, le ciel qui les éclaire, les arbres qui se sont nourris de leur chair et de leurs cendres. Cette nature est semblable à cette fille de Tartarie qui n'était jamais aussi belle que lorsqu'elle mettait au cou et aux poignets, qu'elle avait très fins, les colliers et les bracelets, faits avec les dents merveilleusement blanches de deux jeunes hommes qui l'avaient aimée et qui s'étaient tués pour elle. Partout même impression, même poésie flottante, éparse, plus touchante encore d'imprégner ainsi l'atmosphère sans avoir été asservie et limitée dans quelque œuvre d'art. Mais, regardons de plus près : à perte de vue la nécropole s'étend, couverte d'une moisson de cippes funéraires, dont la blancheur contraste avec la noirceur du feuillage qui les abrite; quelques-uns, placés sous les branches d'un acacia, ont de belles teintes chaudes et rosées, dont le soleil a veiné les blocs de marbre de Marmara. La cité des morts s'étend sur un plus vaste espace que celle des vivants. Les Turcs se sont refusés à pratiquer les concessions temporaires; une fois couché sous la terre, le corps y est pour l'éternité; on rencontre des tombes dont les titulaires furent les compagnons de Mahomet II; les inscriptions en sont presque effacées.

A la tête de chaque tombeau s'élève une petite colonnette, surmontée d'un turban de pierre, dont la forme explique la qualité du défunt ; une boule représente, dans les limites autorisées par la religion musulmane, le visage des morts; les tombeaux des femmes qui ont eu des enfants sont ornés d'une grappe de raisin ou d'un cep de vigne, symbole de la fécondité; les épouses stériles reposent sous une pierre tout unie. Taillée dans un beau marbre rose, une coupe d'une forme élégante, où boivent deux colombes d'albâtre, indique la place depuis peu occupée par une courtisane arménienne qui fut d'une grande beauté. Un jeune homme vêtu d'une longue robe lilas, verse dans la coupe avec ses larmes, l'essence de rose, d'une petite aiguière en verre de Bohême. Sur une stèle est figurée une balance en souvenir de la profession de banquier que le défunt exerça ; sur telle autre un cercle de pourpre dit aux passants que ce cercueil contient le corps d'un individu assassiné. La tombe d'une jeune fille est couverte de fleurs de lotus en porphyre. De temps à autre, à travers le feuillage, on aperçoit des grilles dorées, des arcades mauresques, un kiosque couvert d'arabesques d'une grâce persane ou chinoise, ou une fontaine de faïence verte, décorant la sépulture de quelque gros pacha. Mais les plus modestes tombes comme les plus somptueuses ont, aux deux extrémités, un tronçon de marbre. C'est là que les deux anges funèbres, Monkir et Nekir, qui ont le visage brillant comme un diamant noir et les yeux de turquoise, viennent s'asseoir pour converser avec le défunt. Une psalmodie retentit tout près de nous sans que nous voyions les chanteurs, cachés par un rideau de cyprès; c'est un cercueil que l'on porte en terre. L'iman s'arrête devant la fosse, fait les ablutions lustrales, et jette aussitôt quelques pelletées de terre sur la funèbre boîte que deux hommes orientent avec soin dans la direction de la Mecque. Dès lors, le cadavre ne souffre plus, car il est rendu à la terre qui l'a créé. De là vient la grande hâte avec laquelle les Turcs enterrent les morts. L'iman pose ensuite au défunt quelques questions élémentaires du catéchisme coranique et, celui-ci ne répondant rien, il est censé accepter les propositions de son interlocuteur. Ce dialogue s'appelle d'un nom triste et beau : la dernière conversation.

Dans les vieilles parties des cimetières, les corps enterrés à de petites profondeurs, réapparaissent au jour. Les mandibules d'un crâne, les osselets d'une main décharnée, émergent de la terre humide. Mais grâce à l'influence de ce fatalisme et de cette religion qui, comme le paganisme, n'entoure pas la mort de terreurs et d'effrois, ces sinistres restes affleurant le sol n'émeuvent pas plus que des cailloux de forme connue.

D'ailleurs, pourquoi s'affliger? Il n'y a point d'enfer, les défunts n'iront au Purgatoire que pour un temps très court, si on le compare à l'éternité, et ils entreront bientôt dans le paradis de Mahomet; en attendant, on peut vivre auprès d'eux, parmi eux, les réjouir de sa joie, leur demander un conseil, leur faire une confidence; voilà pourquoi les femmes turques privées de toute tendresse, de toute compagne à qui se confier, viennent chaque vendredi en grand nombre dans ces champs funèbres. Les morts sont leurs amis; elles amè-

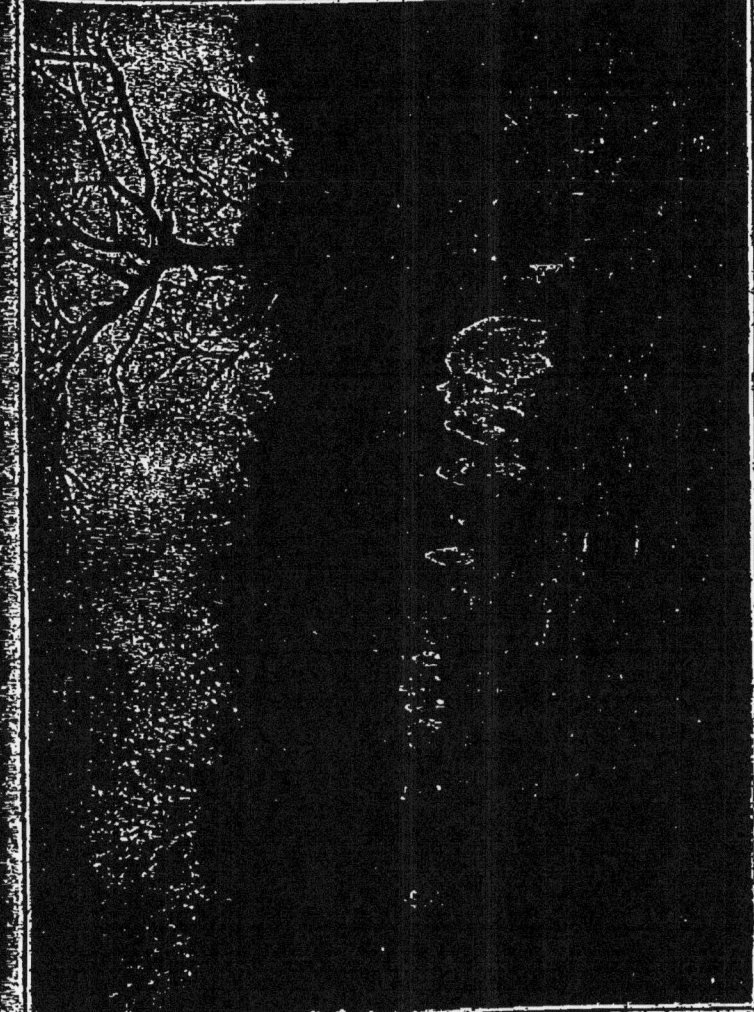

Sur le chemin du cimetière.

nent leurs enfants qui portent des provisions; peu d'hommes les suivent.

Dans chaque pierre tombale un trou est creusé, correspondant au visage du défunt; c'est là qu'on appuie la bouche pour lui parler et qu'on verse les aliments et les liqueurs dont on le régale; c'est encore là que l'on dépose de petits bouquets, pour que le parfum des fleurs puisse parvenir jusqu'à lui et lui prouver qu'on ne l'oublie point. Mais hélas! que de cippes renversés, que de tombes seulement fleuries des violettes dont la nature embaume charitablement les turbés abandonnées! Demain peut-être, le bel adolescent en robe bleue ne viendra plus vider l'aiguière en verre de Bohême dans la coupe qui orne le sépulcre de son ami; demain les colombes tremperont leur bec d'albâtre dans l'eau de pluie tombant goutte à goutte des branches de cyprès, et qui remplacera les larmes parfumées de roses d'une douleur oubliée.

Peu à peu le cimetière s'illumine; on vient s'y promener, en ce soir de fête, avec des lanternes de couleur; on s'installe sur l'herbe, on boit, on mange, on chante; on forme des rondes et des danses autour des cyprès. Une famille assise à terre croque des petits pains de maïs enduits de miel; une négresse allaite un nourrisson et, la tête appuyée sur la mousse d'un sépulcre, un vieillard s'endort, tenant à la main un pot de verre renfermant le reste d'une pâte qui semble lui donner la plus délicieuse rêverie.

Dans les arbres, dont les écorces s'argentent sous les rayons de la lune, mille colombes volètent et roucoulent; on aperçoit, glissant sur la mer miroitante, des caïques chargés de chanteurs et de musiciens; des étoiles scintillent sur les côtes d'Asie; une suprême douceur vous envahit, et vous ressentez avec un inexprimable plaisir des émotions tendres et nouvelles.

Des soldats se promènent en fumant ou en mangeant sur des journaux, des tranches de mouton grillé; d'autres parlent bas à des femmes voilées; les couples glissent et disparaissent; il semble qu'on soit au milieu d'un bal masqué auquel les morts auraient été invités. Les *féredjés* bleu pâle ou vert clair se drapent et voltigent sous des gestes rapides et menus; les êtres qui les agitent semblent avoir des fragilités et des gamineries d'oiseau. Que de baisers échangés, à l'ombre de ces cyprès tranquilles! On ne laisse pas pourtant à ces pauvres amoureux le refuge de la nécropole de Taksim que l'on a clôturée de hautes murailles.

Mais « le Ramadan se moque de la police », dit un proverbe turc, et ce soir les doux propos vont leur train. Le joli séjour pour aimer et se le dire que ces bosquets funèbres remplis de roses et d'oiseaux!

Parmi tous ces passants, trop occupés pour se méfier des regards des étrangers, une femme n'ayant pas au bras de panier plein de fruits et de vin d'Asie, passe lentement et va s'asseoir auprès d'une tombe richement ornée, mais délabrée et ruinée. Elle est vêtue d'étoffes somptueuses et passées; elle respire un bouquet d'hyacinthes et de roses, vite flétries sous ce ciel ardent. C'est, paraît-il, la femme d'un illustre pacha qui s'est faite fille de joie. Ses yeux encore beaux sont ravagés, presque éteints, mais ils jettent de temps à autre un peu de flamme. Si, dans ce décor funèbre toujours prêt à accueillir et à rendre vraisemblables les plus folles imaginations, on se laissait aller à sa rêverie, on serait bientôt persuadé que cette femme vêtue de soies et de fleurs fanées, avec ses admirables regards éclairés de lueurs mourantes, n'est point la femme d'un pacha, mais l'ombre désolée, muette et souffrante de la vieille cité orientale.

Telle est la vision que l'on emportera de ces jardins d'amour que sont les cimetières de Byzance.

Tunis et Alger.

Tunis et Alger.

La baie de Tunis, à l'arrivée du bateau, ne produit pas l'impression enivrante du golfe de Naples; elle n'a non plus ni la poésie incomparable des côtes de Grèce, ni l'aspect étrange et mouvementé de la rade d'Alexandrie, ni l'éblouissement du Bosphore, ni les émotions de la descente de Jaffa; on ne découvre même pas tout d'abord la ville, que les paquebots ordinaires atteignent maintenant, grâce au canal nouvellement établi, mais que les proportions de la *Touraine* ne lui permettent point d'aborder; le bateau doit rester à la Goulette, ou plutôt en pleine mer en vue de la Goulette; c'est avec de petites barques que nous touchons à terre, et par un horrible petit chemin de fer italien, le Rubattino, que nous gagnons enfin Tunis.

La première impression n'a rien de saisissant. Après l'occupation, alors que les maisons européennes s'élevaient rapidement, on a eu le bon esprit de les grouper dans la partie basse qui avoisine le lac, laissant aux quartiers arabes tout leur cachet en construisant à côté d'eux une ville moderne, qui reste distincte. Cette vieille cité musulmane, demeurée intacte, offre les aspects les plus divers et les plus curieux dans les mille détours de ses ruelles étroites, où les moucharabiés ajourés se rejoignent presque à la hauteur du premier étage; mais il faut pour en goûter le charme y pénétrer, y circuler, y demeurer même, afin de s'identifier avec ces souvenirs qui rappellent à la fois l'antiquité et l'Orient. A première vue, la ville n'offre qu'un horizon monotone de terrasses d'un blanc éclatant, que surplombe de temps à autre le dôme d'une mosquée, ou la flèche d'un minaret. Elle ne s'étage point en gradins entremêlés de verdure baignant jusque dans les flots, ainsi qu'Alger la Superbe, et ses remparts à moitié écroulés ne peuvent donner, comme à Sousse ou à Kairouan, l'illusion d'une cité contemporaine des croisades, sous les murs de laquelle on s'attend à voir paraître des chevaliers bardés de fer, ou la haquenée richement caparaçonnée de quelque noble châtelaine.

Du pied des murailles jusqu'au bord de l'eau s'étend la promenade fameuse de la Marine, tracée au milieu de terrains plats qui n'étaient autrefois qu'un amas de boues, et des deux côtés de laquelle des rues entières ont été percées et des maisons hâtivement construites. Mais à peine a-t-on passé les portes fortifiées, qui conservent l'aspect le plus pittoresque, que la ville arabe nous apparaît.

C'est tout d'abord le quartier commerçant dans lequel on pénètre, car sous la porte même et sur la place voisine, une quantité de marchands de comestibles de tous genres sont installés de la façon la plus rudimentaire sur le sol, qui leur sert à la fois de boutique et de siège. On trouve là un peu de tout, depuis les grillades faites sur de petits réchauds et répandant dans l'air une odeur de graisse roussie, jusqu'aux paniers d'oranges portés par des femmes au visage acajou; depuis les galettes arabes, les pâtisseries ornées de morceaux de papier dorés et les bonbons à la rose, jusqu'aux piments baignant dans leur sauce et aux « régimes » de bananes et de dattes s'échappant de vastes paniers tressés en feuilles de palmiers. Les chameaux

Tunis à vol d'oiseau.

et les ânes circulent librement, les cavaliers avec leurs selles à dossiers, couvertes de broderies d'or sur du velours violet, et leurs immenses étriers de fer, bousculent les piétons, et c'est une cohue indescriptible dans laquelle s'entre-croisent les cris les plus divers proférés dans les langues les plus variées : l'arabe, le grec, l'italien, le maltais, et même le mauvais français.

Mais peu à peu les ruelles tortueuses, conservant les quelques traces des demeures semi-européennes, s'effacent et l'on se trouve à l'ombre des voûtes entre-croisées du marché maure; ce sont les « souks » de Tunis, célèbres dans toute la région, et dans lesquels on ne peut pénétrer une première fois sans être à la fois surpris et charmé.

Tout le réseau de ces allées de boutiques, qui s'étendent sur un très grand espace, est couvert, et l'on se croirait transporté dans une vaste cité souterraine, tout entière envahie par des ouvriers et des marchands de toute catégorie. Les métiers, comme dans nos villes du moyen âge, sont groupés par quartiers: voici les selliers qui, de chaque côté de leur rue, découpent du cuir de toutes nuances et de toutes tailles ; des tapis, des selles, des coussins enrichis de fleurs de soie ou d'arabesques d'or, pendent le long de leurs boutiques; ils vous interpellent en cris aigus, idiome mélangé et bizarre qu'on a peine à comprendre, et où l'on distingue seulement ces quelques mots de français : « Monsieur, monsieur, viens ici », qui sont sur toutes les lèvres à chaque porte du bazar.

Dans l'allée des parfumeurs, l'odeur combinée de la rose, du jasmin, du géranium, dont les essences concentrées sont enfermées en de longs tubes de cristal couverts de caractères arabes tracés en or, sature l'air de si lourdes effluves, qu'il serait impossible, quand on n'en a pas une longue habitude, d'y séjourner longtemps, et qu'on se demande comment peuvent y vivre les vendeurs de ces trop délicieuses denrées.

Les boutiques des savetiers sont rangées près les unes des autres, selon la couleur de leurs marchandises; il y a les savetiers en rouge, les savetiers en jaune, et même, également à part, les faiseurs de babouches recourbées en pointes.

La rue des orfèvres nous offre de véritables joyaux comme travail fini, et ciselure dans ces aiguières si élégantes de forme, ces flacons à kohl, ces coffrets damasquinés, à côté de bracelets, d'agrafes et de colliers voyants et clinquants, véritable camelotte qu'on soupçonne venir en droite ligne des étalages soi-disant orientaux de la rue de Rivoli. Mais ce qu'il y a de plus curieux dans le magasin, c'est le marchand, vieux juif au turban noir graisseux, à la barbe longue et inculte, aux doigts fins et crochus; malheur à vous si vous entamez une négociation avec lui sans être accompagné d'un interprète habitué à ses roueries et à ses lamentations, qui sache comment venir à bout de ses discussions, et lutter contre le désespoir et le découragement avec lequel il finit par vous céder l'objet en litige, en s'arrachant les cheveux et en jurant que vous le ruinez.

Il y a la rue des potiers, celle des armuriers qui fourbissent les sabres, les longs fusils à pierre et les gros pistolets à entonnoirs; celle des tailleurs qui brodent les carapaces d'or et d'argent en forme de fourreau que les Tunisiennes (qui ne portent pas de robes mais des pantalons collants) revêtent aux jours de fête.

Les marchands d'étoffe tiennent une grande place : on s'assied longuement dans leur boutique, invité par eux à prendre, dans de petits godets de porcelaine, quelquefois enserrés de réseaux d'argent, un café mélangé de marc. Tout autour, les piles de tissus soyeux, de gandouras, de couvertures multicolores, de burnous blancs, montent jusqu'au plafond; accroupi sur ses tapis, drapé majestueusement dans les plis de son vêtement, le maître du logis proteste, la main sur la poitrine, qu'il vous cède tout à perte, parce que vous êtes son ami.

Mais c'est l'heure de la vente à la criée. Brusquement les souks, tout à l'heure presque solitaires, s'emplissent d'un bruit et d'un mouvement indescriptibles : on vend aussi bien un morceau d'étoffe, un fer à cheval, une paire de babouches, qu'une gandoura en poil de chameau, un flacon d'essence de rose ou un cimeterre incrusté de fausses pierres précieuses ; le crieur hurle la mise à prix, la foule mugit encore plus fort ; on s'approche pour saisir l'objet, on se presse, on se bouscule ; c'est une confusion, une agitation, un tumulte, au milieu duquel il est impossible de se faire entendre ; il faut encore avoir recours à un indigène complaisant, si l'on veut arriver à s'approprier quelque bribe des marchandises mises à l'encan ; parfois, on paie très cher quelque oripeau fané, mais parfois aussi, on a pour une pièce de monnaie une agrafe de vieil argent ou l'un de ces tissus rayés de soie de Brousse, si légers et de si vivantes couleurs.

En sortant des voûtes, on éprouve d'abord un éblouissement en se trouvant au grand jour sur la place de la Kasbah et du Dar-el-Bey ; c'est dans ce palais, sans caractère, que réside le bey pendant ses courts séjours à Tunis. La façade de la Kasbah ou citadelle a été reconstruite il y a quelques années ; mais à peine le seuil franchi, on s'aperçoit qu'on est dans une ruine ; on voit le ciel à travers les étages de voûtes croulantes et les escaliers effondrés ; et, dans toute cette curieuse enceinte, ce ne sont que murs lézardés, arcades brisées reliées entre elles par des haies de cactus qui ont poussé là en liberté : de vieux canons sont cependant encore alignés sur le rempart, assez semblables à des joujoux d'enfants sur une forteresse de carton.

Sur la pente opposée aux souks se déroulent les ruelles tranquilles où s'élèvent les habitations des indigènes, et qui forment un ensemble entièrement distinct du quartier commerçant. Par un bienheureux contre-temps, le Grand Hôtel merveilleusement organisé à l'européenne est plein, et l'on nous a trouvé un gîte dans une maison arabe ; c'est un charme étrange et nouveau de se trouver tout à coup habitant au milieu de cette ville restée tout orientale, et l'on arrive à se figurer qu'on demeure là tout à fait, et qu'on va voir flotter les voiles légers des belles prisonnières à travers les grillages en bois des moucharabiés, qui surplombent les façades toutes blanches de maisons basses et irrégulières. Par la petite porte étroite, on entre dans le patio pavé de faïences aux couleurs éclatantes, où le jet

Une place à Tunis.

d'eau jaillissant sans cesse entretient la fraîcheur, et sur lequel s'ouvrent les chambres qui nous sont destinées, ornées tout autour de ces jolies arabesques fouillées dans le plâtre, dont quelques-unes en ce pays sont de véritables bijoux artistiques. Nous avons pour nous servir un domestique maltais, une vieille juive et sa fille, qu'elle garde avec un soin jaloux dans le fond de l'habitation et qui, malgré tout, surgit de temps en temps comme une délicieuse apparition, avec ses grands yeux de velours, son teint mat bistré, ses beaux cheveux noirs sortant d'un petit bonnet pointu, et son costume éclatant et original.

Au dehors règne un calme, rendu plus saisissant encore par le contraste du mouvement continu que nous venons de quitter dans les souks; les rues sont si étroites que les voitures n'y pourraient passer; à peine de temps à autre, un cavalier enveloppé dans sa gandoura, fait-il sonner sur le pavé les sabots de son petit cheval à la longue crinière flottante; de rares piétons glissent le long des murs, on les entend à peine. Les innombrables arcades, jetées sur la rue pour supporter les maisons, abritent sous leur ombre des mendiants qui reposent accroupis; pas un son ne frappe l'air !

Souvent sur le mur blanc « la main de Fatma » s'étale peinte en rouge, pour écarter le mauvais œil. Les portes de bois brut sont couvertes de dessins formés de clous à grosse tête rouillée; les larges vantaux ne tournent jamais sur leurs gonds; une très étroite et très basse ouverture, pratiquée dans l'un d'eux, donne accès dans l'intérieur. Les idées, les mœurs, les coutumes européennes s'arrêtent sur le seuil; les Tunisiens de la vieille génération vivent en cette cité d'un autre âge, comptant derrière leurs murs l'argent de leurs fermages ou de leurs boutiques, et regardant l'agitation des chrétiens avec une dédaigneuse indifférence. Les femmes ne peuvent prendre l'idée du vaste monde qu'à travers les fenêtres à triple grillage ouvragé; leurs yeux d'enfants se sont ouverts, et leurs regards s'éteindront en face de ce même coin de ciel éternellement bleu, de ce même pan de muraille toujours aussi blanc.

Il est cependant dans ces impasses tortueuses, derrière ces façades tout unies, coupées seulement par les ouvertures irrégulières de petites fenêtres, des demeures somptueuses. Nous eûmes l'occasion d'être introduits dans l'une d'elles, et nous fûmes reçus avec la plus exquise urbanité, par un vieillard à l'air majestueux, à la grande barbe blanche, portant le vieux costume national. Impossible d'imaginer quelque chose de plus charmant que les arcades de cette cour mauresque, de proportions si élégantes et si harmonieuses que l'œil le plus exercé n'aurait pu découvrir la plus légère critique à formuler; de véritables dentelles ciselées dans le plâtre ornent les frises, et les murs sont couverts de carreaux de vieille faïence dont les nuances sont à la fois vives et fondues. Dans une grande salle enrichie d'arabesques, qui sont de pures merveilles, le maître de la maison nous offre une collation composée de gâteaux au miel, de bonbons à la rose et de fruits exotiques, et, pour nous faire honneur, refuse de s'asseoir avec nous et se tient debout, présidant au service fait par quatre grands Arabes, superbes dans les plis de leur long burnous blanc; on pourrait se croire transporté dans quelqu'un des palais décrits par la sultane Sheerazade.

Tous les coins de la vieille cité arabe sont curieux à visiter, depuis ces riches habitations jusqu'aux ruelles plus basses, où s'enterre une population misérable et formant un ensemble d'un cachet tout particulier qu'on ne saurait retrouver ailleurs; mais on y voit peu de monuments qui puissent exciter l'intérêt; les mosquées n'ont rien de saillant et les Européens n'y sont point admis, tandis qu'à Kairouan, la ville sainte, ils y entrent sans même subir la formalité de remplacer leurs chaussures par des babouches dans l'enceinte sacrée, parce que ayant été franchie par les troupes lors de la conquête, elle est considérée comme violée, et désormais ouverte à tous les « roumis ».

Le tribunal musulman ou *chara* présente à peu près le même aspect que celui du Caire ou d'Alger; le grand collège Sadiké, fondé par le bey Sadok, est d'une architecture lourde et vulgaire.

Les palais même du bey n'offrent rien de remarquable.

De la porte Bab-Sidi-Abdallah, située sur la hauteur derrière la kasbah, on aperçoit dans la plaine le Bardo, et, en se dirigeant vers cette résidence habituelle d'un souverain oriental, l'esprit évoque les riches tentures et les lourds tapis aux nuances harmonieuses, qui en semblent l'ornement inséparable; on entre, et dans la grande salle du trône on trouve à terre de la moquette bouclée, le long des murs des crédences du goût le plus douteux, supportant vingt-deux pendules, qui paraissent en zinc, des vases en verre, pareils à ceux des tourniquets de la fête de Neuilly, et de ces grosses boules en métal dans lesquelles les bons bourgeois retirés des environs de Paris aiment à voir se refléter les poissons rouges de leurs bassins minuscules.

Pour se consoler de cette déception il faut descendre dans les merveilleux jardins, où des bois d'oranger embaument l'air de senteurs si violentes qu'elles vous grisent, où les palmiers forment d'immenses parasols; la plus riche végétation semble rivaliser de vigueur et de charme pour faire oublier le mauvais goût des hommes.

Dans les environs de Tunis s'élèvent un grand nombre de maisons de campagne, qui semblent peintes sur la toile d'un décor; puis de jolis villages: la Manouba et l'Ariana, Sidi-bou-Saïd, délicieusement situé au bord de la mer, la Marsa près de Carthage.

Ce dernier nom domine tout le reste du prestige de sa splendeur passée; lorsqu'on arrive à l'emplacement où la vieille cité se dressait jadis, orgueilleuse et superbe, tant de souvenirs de tous genres semblent surgir du sol autour de vous, qu'on ne saurait se défendre d'une émotion profonde.

Que de visions en effet évoquées du haut de cette colline où s'élève le mausolée de saint Louis, ou des bords de cette baie que les flots de la Méditerranée baignent de leurs ondes bleu foncé; en face de ce site admirable, où le ciel et la mer se confondent dans une profonde intensité de couleur et qui fut le séjour de tant de peuples divers, le théâtre de tant de combats fameux : les Phéniciens fuyant la tyrannie de Pygmalion et apportant sur cette plage leurs richesses, leur industrie, et leurs dieux; les Carthaginois, rois de la mer durant sept siècles, leurs luttes légendaires et leurs chefs illustres; Carthage punie et renversée, puis relevée par les Romains, qui imposent à cette terre une si forte empreinte que les traces en subsistent encore aujourd'hui; ces deux civilisations successives disparaissant sous le flot des invasions barbares; la domination byzantine, la conquête des arabes, les croisades de saint Louis, les déprédations des Maures un moment arrêtés par l'expédition de Charles-Quint !

Peu de contrées rappellent tant de nations et tant de faits de si glorieuse mémoire ; mais il est incroyable de penser qu'une civilisation antique aussi extraordinaire que celle des Carthaginois et aussi merveilleusement complète que celle des Romains, ait disparu sans laisser autre chose que des souvenirs et des ruines. Il y a quelques années, on aurait pu croire que ces ruines mêmes n'existaient pas; le calme s'était fait sur ce sol témoin de tant de divisions, de tant de luttes, arrosé du sang de tant de peuples ; et sa surface dérobait aux regards les dernières traces des grandes époques évanouies. On doit à la savante initiative d'archéologues français, et entre autres du Père Delattre, supérieur du couvent des Pères Blancs à Saint-Louis de Carthage, la réussite des fouilles qui ont mis au jour une foule de débris, de documents précieux pour reconstituer l'histoire des siècles passés, et permis de retrouver l'emplacement de plusieurs des monuments de la ville, entre autres des citernes qui jouaient un si grand rôle dans l'existence des habitants.

La destruction absolue de la ville carthaginoise, sur l'emplacement de laquelle les Romains édifièrent la leur, et l'enlèvement par Charles-Quint de toutes les richesses qu'il pût découvrir et emporter, expliquent qu'on ne trouve pas aujourd'hui, malgré les travaux constants auxquels on se livre, autant de trésors que sur d'autres points. Les découvertes récemment faites n'en sont pas moins du plus haut intérêt, soit qu'on visite près de la mer les fragments de colonnes qui indiquent la place des principaux édifices, soit qu'on parcoure le musée organisé par les Pères dans le jardin et dans les salles de leur couvent.

Mais il est en ces lieux un autre souvenir, toujours présent sans qu'il soit besoin pour le rappeler de ruines célèbres, c'est celui de la mort du saint roi Louis, souvenir particulièrement cher pour nous, souvenir très doux à évoquer en ce siècle d'égoïsme et de jouissance avide. N'est-il pas en effet consolant, le spectacle de cette foi vive, de cette générosité chevaleresque qui firent quitter au roi « cette France moult aimée », pour aller délivrer le tombeau de son Dieu et secourir ses frères souffrants ! et si le succès ne couronna point l'entreprise, s'il vint échouer et périr sur cette terre étrangère, ne plane-t-il pas malgré tout sur ce lit funèbre, couvert de cendres par la volontaire humilité du prince mourant, une auréole lumineuse, formée de ce que l'humanité a de plus noble et la religion de plus divin ?

L'inauguration du port de Bizerte, à laquelle la *Touraine* doit assister, l'oblige à abréger un peu le séjour à Tunis, et nous la rejoignons par un temps détestable; les petites barques sautent sur la crête des vagues, et c'est avec un sentiment de bien-être profond, que nous nous trouvons de nouveau sur le pont du paquebot.

Nous voici en route pour la dernière étape de ce voyage, où nous avons goûté tant d'impressions diverses et d'inoubliables émotions; à Alger nous n'aurons que le temps de tout admirer, de tout regretter, et de souhaiter tout revoir.

Là-bas, à l'horizon, au fond de ce golfe radieux, nous en apercevons déjà la silhouette, éclatante en ce plein midi, sur le bleu foncé du ciel. En face de nous l'Atlas profile ses hautes cimes, à l'est se dressent les sommets transparents des montagnes de la Kabylie, à l'ouest, entre les jardins de Mustapha et ceux de Saint-Eugène, tournée vers l'Orient comme un musulman en prière, étageant jusqu'à la mer les terrasses de ses maisons entrecoupées de bouquets de verdure, c'est « Alger la Blanche », « Alger la Superbe », « Alger la Sultane », « Al-Djezaïr-al-Bohadja », jadis, la terreur des mers même lointaines et de tout le littoral, aujourd'hui, « notre Alger ». Un sentiment de fierté s'empare de nous, notre admiration se mêle d'un peu d'orgueil. Trop de partialité nous influencerait, et le coup d'œil que nous pouvons jeter sur toutes ces merveilles sera trop rapide pour que nous songions à les décrire; il faudrait pour cela revenir et séjourner sur cette terre qui déjà nous charme et nous attire, la mieux connaître, en étudier les mœurs, les usages, en un mot y vivre au moins quelque temps et pouvoir démêler les impressions délicieuses, mais nécessairement un peu confuses, que nous cause l'éblouissement de l'arrivée.

C'est en effet l'un des plus saisissants spectacles que l'on puisse contempler, que celui de la rade d'Alger. La beauté incomparable de la mer et du ciel, la plus riche végétation, la situation la plus pittoresque, tout con-

Alger, vu de la rade.

court à créer un enchantement véritable pour les yeux, tandis que les souvenirs les plus émouvants et les plus glorieux envahissent l'esprit et font tressaillir le cœur.

La Kasbah domine toute la ville de ses tours crénelées et de ses ruelles étroites, qui descendent en pentes rapides jusqu'aux constructions modernes; on dirait un vautour planant sur un vol de mouettes. Un long boulevard, soutenu par des arcades, forme à l'amphithéâtre de la vieille cité barbaresque comme un immense socle de pierre; et toutes deux, la ville européenne pleine de mouvement et d'animation, et la ville arabe que les bâtiments nouveaux enserrent de plus en plus, mais qui demeure sur sa hauteur, calme, dédaigneuse et immuable, sont encadrées par une riche ceinture de magnifiques jardins dont les ombrages s'étendent jusqu'aux flots bleus, et viennent y tremper leurs branches.

Voici le vieux port, où s'embarquaient ces mécréants redoutés qui, il y a deux siècles à peine, faisaient encore de sanglantes descentes sur toutes les côtes voisines.

Village kabyle.

Sur la jetée près du phare, une voûte massive, supportée par d'énormes piliers, rappelle le lieu où vivait le forban des forbans, le koptan ou chef des pirates, près de la demeure duquel un long canon de bronze passait à travers les créneaux son col peint en rouge. Par l'ordre du dey, on y attachait les consuls des puissances avec lesquelles la régence était en querelle, et leurs membres étaient lancés dans la direction de l'Europe. Plus loin, se voient encore les restes des vieilles fortifications et des lucarnes, solidement grillées, donnent sur les souterrains humides où étaient enfermés les prisonniers chrétiens, dont le nombre allait parfois jusqu'à vingt mille, et qui n'avaient d'espoir de salut que dans l'arrivée du commandant de la Merci.

Ces quais, que foulèrent si longtemps les pas des captifs employés aux travaux du port, mènent à la place du Gouvernement, centre de la ville française, et là, en quelques minutes, on peut prendre une idée de la population si mélangée qui remplit Alger, de sa variété de types, de sa diversité d'origine, de sa bizarrerie de costumes : l'Arabe de grande tente, le chef au fin burnous de laine blanche cachant une veste rouge soutachée d'or; les bateliers aux larges pantalons, un mouchoir roulé en corde autour d'une chechia écarlate; les porteurs de journaux, avec un voile en lambeaux cerclé par un paquet de ficelles; les juifs au turban noir, luisant et sordide; les Maures, traînant leurs babouches, et venant vous offrir des colliers en faux sequins et des étoffes rayées; les nègres du Soudan, au visage bronzé; les négociants marocains, venus de Tanger ou de Tétouan, avec leurs grandes robes qui les font ressembler à des patriarches; les Kabyles gardant dans son intégrité le costume national; les Européens de toutes les nations : colons à la tournure martiale, officiers français en uniforme, soldats de toutes les armes, Maltais, Italiens, Espagnols, Turcs; et, glissant au milieu de cette foule bruyante et cosmopolite pour y jeter une note poétique, les mauresques, laissant apercevoir à travers la fente horizontale de leur voile le regard troublant de deux grands yeux profonds, et formant un contraste étrange avec les négresses chargées de paniers d'oranges, de citrons et de bananes.

Cette variété extrême de types et de costumes est la première impression la plus saisissante à Alger; la seconde est celle que fait naître la visite de la Kasbah.

La Kasbah, qui n'est pas seulement la forteresse mais toute la vieille cité arabe, a quelque chose d'incompréhensible et de fantastique. On croit rêver en parcourant ces longues ruelles blafardes descendant à pic, où le jour paraît ou disparaît suivant que les maisons se rejoignent plus ou moins par le haut de leurs terrasses, qui souvent deviennent des couloirs si bas qu'on doit courber la tête pour ne pas se heurter contre un arc-boutant, qui forment un tel dédale qu'on ne saurait se retrouver sans un guide dans ce blanc labyrinthe. Pas un passant. Parfois un Arabe, qui pour nous laisser le chemin libre s'adosse au mur; parfois sur le seuil d'une porte entr'ouverte de vieilles femmes, dont l'on regrette qu'un voile ne dérobe pas le visage, et qui ressemblent à de véritables sorcières, avec leurs gestes presque menaçants en face des étrangers qui leur paraissant commettre un sacrilège en passant là; parfois, derrière la grille épaisse d'une lucarne ou le treillage vert d'un moucharabié, les grands yeux noirs brillants d'une femme, qui vous fixe comme une gazelle captive; parfois un Maure au léger burnous gris, portant au bout d'un bâton des chapelets de tubéreuses et de jasmins, éphémère et poétique parure des habitantes de ce lieu; une main aux ongles brunis sortant par un trou, prenant la guirlande, et tout rentrant dans l'ombre et le silence...

Mais la nuit vient, et il faut quitter ces ruelles quelquefois dangereuses pour le « roumi » attardé, en tout cas impossibles à parcourir dans l'obscurité profonde qui bientôt y va régner.

Il faut quitter aussi Alger « la Charmante ». Le voyage est terminé. Demain le paquebot emmènera vers Gibraltar d'abord, ensuite vers l'Amérique, un grand nombre de

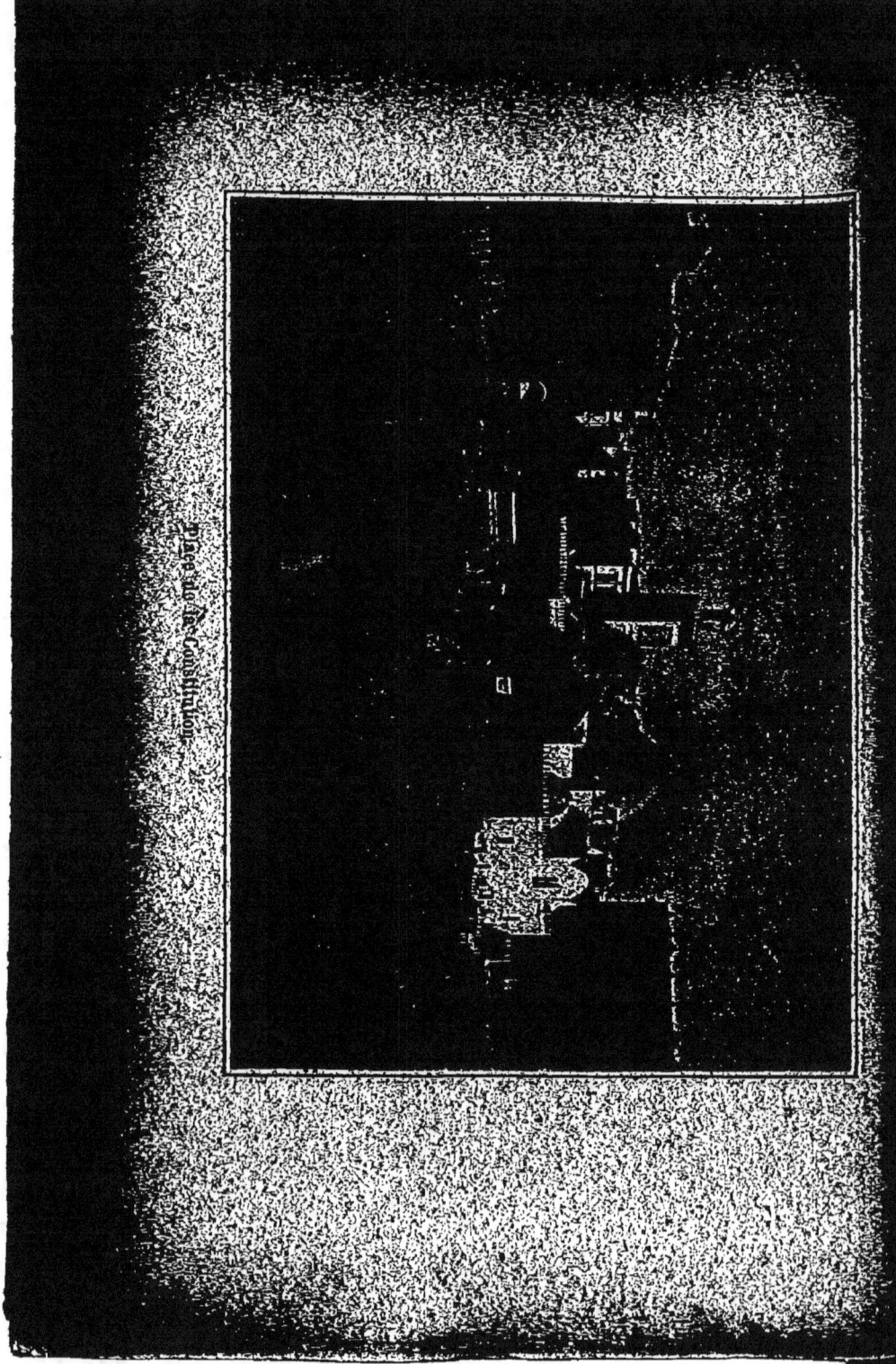

Place de la Constitution

nos compagnons de route. C'est avec un sentiment de véritable tristesse que nous disons adieu à cette terre d'Afrique, sur laquelle nous espérons revenir avec plus de loisirs, au représentant de la Compagnie Transatlantique, M. Dorigny, qui a su nous en rendre le séjour si

Un square à Alger.

attrayant; et aussi à cette *Touraine* majestueuse et superbe, qui pendant tant de jours a été pour nous un magique transport et une merveilleuse « hostellerie », et aux flancs de laquelle il semble que nous laissions quelque parcelle de nous-mêmes, tant nous lui sommes reconnaissants des profondes impressions ressenties à son *bord*.

TABLE DES MATIÈRES

	Pages.
La *Touraine*.	III
En Mer.	X
Naples.	3
Trois Îles.	59
Athènes.	109
Terre d'Égypte.	157
Jérusalem.	267
Constantinople.	329
Tunis et Alger.	403

www.ingramcontent.com/pod-product-compliance
Lightning Source LLC
Chambersburg PA
CBHW072216240426
43670CB00038B/1542